学校全体で取り組む！

特別な教育的ニーズのある児童を含む全ての児童への支援

―公立小学校におけるスクールワイドの多層支援モデル―

堀部 要子 著

はじめに

　特別支援教育は、2007（平成19）年にスタートしました。私は特殊教育から特別支援教育への転換後の混乱期を、公立小学校で教員として過ごしました。通常の学級に在籍する特別な教育的支援を必要とする子どもたちが特別支援教育の対象となり、まだ発達障害の理解や支援方法が十分に行きわたっていない状況の中、試行錯誤しながら目前の子どもたちへの支援にあたったものです。

　当時は、一人の子どもへの支援にあたっている最中に、さらにその向こうに多くの子どもが支援を待っているという状況でした。次から次へ、という言葉があてはまる、それが実情でした。特別支援学級に在籍する子ども、通常の学級に在籍する子ども、それぞれの「個」への支援に全力を尽くしたのですが、人数の多さ、多様なニーズに対応しきれず、四苦八苦するうちに、「個」への支援だけでは足りない、「集団」への支援が必要だと考えるようになりました。そして、支援の内容も、より多くのニーズに対応できるよう、「学習支援」「行動支援」へと広がっていきました。最終的には、ニーズのある子どもだけでなく、彼らを含む全ての子どもに支援の手が届くように、スクールワイドの支援方法を追究することになりました。

　教職人生が残り少なくなった頃、このようにして取り組んできたことが本当に有効なものであったのかどうかを検証したいと考えました。そこで、公立小学校での教職人生が終わる前に、大学院で学ぶことを決意しました。この学びの全てを注ぎ込んだのが本書です。

　私自身、「あの学校だからできた」「あの人だからできた」ではなく、誰でも、どの学校でも、効果的な支援を実現できることが重要だと考えています。本書は実際に行った実践を、部分的に取り出して活用していただけるよう、できるだけ具体的に詳細を記しています。

　多様なニーズ、対象児の人数の多さなど、支援に困っていらっしゃる学校は本当に多いと思います。本書を手に取っていただき、例えば、個への支援システムや取り出し学習支援の方法、スクールワイドSSTの方法など、興味のおありのところをご参照いただければ幸いです。

　公立小学校あるいは学校教育の現場に居られる方々に、多様性に対応すべきこれからの時代の「支援」のヒントにしていただけたらと願うのみです。また、本書が、特別支援教育に関心を持つ方々だけではなく、広く学校教育に関心を持つ方々にとっても、ご参考にしていただけましたら大変うれしく思います。

堀部　要子

目　次

はじめに

序章　全ての児童への「スクールワイドの支援」
　　　　　―「個」と「集団」、「学習面」と「行動面」、包括的な支援への道― ……… 8

1. 特別な教育的ニーズのある児童を含む全ての児童を対象とする支援へ ……… 8
2. 支援に関する課題の検討 ……… 9
（1）小学校における著しい困難さを示す児童の割合と、小学校に着目する意味 ……… 9
（2）特別支援教育の概要 ……… 9
（3）特別支援教育の現況と課題 ……… 9
3. 多様な教育課題に対応するために行った取り組みの道筋 ……… 10
（1）課題への対応策の検討　―スクールワイドの包括的な支援へ ……… 10
（2）校内支援システムの構築 ……… 11
（3）スクールワイドの包括的な支援の実施とその検証方法 ……… 11
（4）「スクールワイドの支援モデル」作成へ ……… 11
4. 本書の内容と構成 ……… 12
（1）実践の方法 ……… 12
（2）本書の構成 ……… 12
【用語の定義及び解説】 ……… 14

第Ⅰ部　「個」への支援
　　　　　―機能する校内支援システムとは

第1章　校内支援システムを構築する ……… 20

1. 特別な教育的ニーズのある児童への校内支援システムの構想 ……… 20
（1）先行研究における校内支援体制等を検討する ……… 20
（2）支援の対象及び手順を検討し、校内支援システム構想図を作成する ……… 27
2. 校内支援システムの内容と運用の方法 ……… 29
（1）コーディネーターを複数（3名）指名し役割分担を明示する ……… 29
（2）機能別に、3つの校内委員会を設置する ……… 32
（3）相談を中心とした保護者への支援システムを構築する ……… 36
（4）支援の実施者である教職員への支援システムを構築する ……… 37
（5）教職員間の共通理解と連携のための支援システムを構築する ……… 38

第2章　システムを運用して「個」への支援を行う　……42
1．事例1：複数コーディネーターと3つの校内委員会が担う機能　……42
（1）対象児童　……42
（2）支援の経過　……43
（3）支援の結果　……46
（4）考察　……47
2．事例2：環境の整備と合理的配慮の提供　……51
（1）支援に際して求められる視点　……51
（2）対象児童　……51
（3）支援の経過　……51
（4）考察　……59

第3章　実践の結果から、構築・運用した校内支援システムの有用性を考察する　……64
1．支援を実施した児童の人数と、3つの校内委員会の有用性　……64
2．支援の手順と、複数（3名）コーディネーターシステムの有用性　……67
3．支援者（保護者・教職員）への支援システムの有用性　……70
4．システムの構築及び運用過程における教師の役割　……72
5．新たな課題　……75

第Ⅱ部　「集団」への支援①
―「学習面」の困難さに着目して

第4章　クラスワイドの学習支援を行う
―「書き」の効果に着目した多層の読み書き指導モデル―　……78
1．クラスワイドの学習支援の実施に至る経緯　……78
（1）小学校入学後の読み書き入門期にみられる課題を考える　……78
（2）通常の学級に在籍する児童全員を対象とする介入モデルを追求する　……79
（3）通常の学級児童全員への学習支援方法として、多層の指導モデルを導入する　……80
2．多層（3層）の指導モデルを用いた読み書き指導プログラムの実施　……81
（1）読み書き指導の計画を立てる　―指導プログラムの作成―　……81
（2）多層（3層）の読み書き指導プログラムを実施する　……84

3．読み書き指導プログラムを実施した結果 ……………………………………87
　（1）指導実施群（F小）における読み書き指導の結果を検討する …………87
　（2）2群のテストⅠ・テストⅡの結果を比較する …………………………90
4．指導の効果と「書き」の学習効果　－考察－ ………………………………95
　（1）多層（3層）指導モデルを用いた指導の効果を考察する ………………95
　（2）2群間比較により示された指導実施群における指導の効果を考える ……97
　（3）「書き」の学習効果を検討する ……………………………………………98
　（4）成果と課題から考察する ……………………………………………………98

第5章　スクールワイドの学習支援を行う
　　　　　－学校全体で取り組む継続的な短時間取り出し学習支援－ ……103
1．取り出し学習支援をスタートさせるまでに検討したこと ……………………104
　（1）RTI導入に伴う課題から指導モデルを考案し、その上で2層目に着目する …104
　（2）第2層　補足的な取り組み「取り出し学習支援」の実施上の課題を検討する …106
2．スクールワイドの取り出し学習支援の実施 ……………………………………109
　（1）全校スクリーニングテストの構成と分析方法を検討する …………………109
　（2）教師及び対象児童のアンケート結果から、学習支援の内容や方法を分析する …111
　（3）学習支援の実施に向けて校内支援システムを構築する …………………111
　（4）学習支援を実施する ……………………………………………………116
3．取り出し学習支援を実施した結果とその考察 ………………………………118
　（1）学習支援と通級による指導の対象人数の推移を考察する ………………118
　（2）スクリーニングテストの結果から考察する ………………………………120
　（3）教師及び対象児へのアンケートの結果から考察する ……………………125
　（4）学習支援の実施に伴う校内支援システムの構築及び運用過程から考察する …128
　（5）学習支援実施のための校内支援システム構築及び運用の要件を整理する …132
　（6）成果と課題から考察する ……………………………………………………132

第Ⅲ部　「集団」への支援②
　　　－「行動面」の困難さに着目して

第6章　クラスワイドの行動支援を行う
　　　　　－スクールワイドSSTの導入方法の検討－ ……………………138
1．全校体制でのクラスワイドSSTを選択するまでの経緯 ………………………138
　（1）子どもへのSSTの研究動向を調査する ……………………………………138

（2）「集団」への行動支援として、SST の導入を検討する ……………………… 140
　2．クラスワイドの SST 実践の実施 ………………………………………………… 141
　　（1）効果の分析方法を検討する ………………………………………………… 141
　　（2）クラスワイドの SST 実践に向けて準備をする …………………………… 142
　　（3）担任教師がクラスワイドの SST を実施する ……………………………… 145
　3．クラスワイドの SST を実践した結果 …………………………………………… 145
　　（1）Q-U 各得点の結果を検討する ……………………………………………… 145
　　（2）担任教師及び児童の自由記述・感想を検討する ………………………… 148
　　（3）管理職・教務主任・特別支援教育コーディネーターの取り組みを評価する ……… 150
　4．スクールワイド SST の導入方法の検討　－考察－ …………………………… 151
　　（1）クラスワイドの SST 実践の効果を考察する ……………………………… 151
　　（2）校内支援システムの機能を考察する ……………………………………… 152
　　（3）スクールワイド SST の導入方法を検討する ……………………………… 153
　　（4）今後の課題を検討する ……………………………………………………… 154

第7章　スクールワイドの行動支援を行う
　　　　　－学校全体で取り組む継続的な短時間 SST 実践の有用性－ ……… 157

1．スクールワイドの行動支援をスタートさせるまでに検討したこと …………… 157
2．スクールワイドの行動支援の実施
　　　－第1層（スクールワイド SST）と第2層（取り出し小集団 SST）の内容と方法－ …… 160
　　（1）効果の分析方法を検討する ………………………………………………… 160
　　（2）スクールワイドの SST 実践に向けて準備をする ………………………… 161
　　（3）スクールワイド SST（第1層）を実施する ………………………………… 166
　　（4）取り出し小集団 SST（第2層）を実施する ………………………………… 167
3．スクールワイド SST（第1層）を実施した結果とその考察 …………………… 167
　　（1）児童へのアンケートの結果から考察する ………………………………… 167
　　（2）評定尺度得点の結果から考察する ………………………………………… 169
　　（3）教師による観察及び教師の自由記述の結果から考察する ……………… 172
4．取り出し小集団 SST（第2層）を実施した結果とその考察 …………………… 174
　　（1）取り出し対象児童へのアンケートの結果から考察する ………………… 174
5．SST 実践の土台となる校内支援システムの検討 ……………………………… 178
　　（1）SST 実践を支えた校内支援システムを分析する ………………………… 178
　　（2）SST 実践を実施するための校内支援システム構築及び運用の要件を整理する …… 180
6．学校全体で取り組む継続的な短時間 SST 実践に関する総合考察と今後の課題 …… 181

第Ⅳ部　スクールワイドの多層支援モデルの開発
―「個」と「集団」、「学習面」と「行動面」を包括する支援モデルへ

第8章　スクールワイドの多層支援モデルを開発する　……………………186
1．各章における実践結果の概観　……………………………………………186
2．校内支援システムの検討　…………………………………………………190
（1）校内支援システムにおける共通理解と支援の手順を図示する　…………190
（2）校内支援システムの各内容について考察する　……………………………193
（3）校内支援システムの構築・運用過程における教職員の役割を整理する　……197
3．公立小学校における全ての児童へのスクールワイドの多層支援モデルの開発　……200
4．本書の意義と今後の課題　…………………………………………………208

索引　………………………………………………………………………………212
あとがきにかえて

序章

全ての児童への「スクールワイドの支援」
―「個」と「集団」、「学習面」と「行動面」、包括的な支援への道―

1 特別な教育的ニーズのある児童を含む全ての児童を対象とする支援へ

　小学校の中で圧倒的多数を占める公立小学校には、障害に起因する教育的ニーズのある児童だけでなく、学習困難、不登校、いじめ、虐待、非行等の諸問題が深刻化し、さらに貧困やニューカマー等を背景にした児童も在籍しており、多種多様な教育的ニーズへの対応が迫られている。「障害なのか障害でないのか」という二分法には意味はなく、実際的に学校にいる児童は多様である[1]という現状をふまえた支援が必要不可欠なのである。多様な個のニーズへの対応のみならず、制度面での通級指導教室の不足や対象児の人数の多さ、障害の有無にかかわらず発生する学級内の問題行動や児童間のトラブル等、課題は山積である。

　現行の特別支援教育は、障害に起因する教育的ニーズのある「個」に対して適切な指導及び必要な支援が行われることを前提としており、それ以外に起因する教育的ニーズのある児童や、多様な教育的ニーズのある児童を含む「集団」への支援を想定したものではない。高橋（2007）は、現代の子どもの生活と学習・発達をめぐる問題が深刻化し、多様な困難・ニーズを有する子どもの急増に対して特別支援教育の枠では収まらないことは明らかである[2]と指摘している。特別支援教育の枠を超えた多様な困難・ニーズに対応できる方略が必要なのである。

　では、どのような方略であれば対応可能なのであろうか。「個」への支援だけでは対応しきれないほど対象児の人数が多い学校がある。さらに、障害の有無にかかわらず発生する学級内の問題行動や児童間のトラブルもあり、それらに対応しきれないという現状を考えると、公立小学校に在籍する特別な教育的ニーズのある児童「個」だけではなく、彼らを含む児童「集団」を視野に入れた支援が必要であろうと考えるに至った。

　安彦（2013）は、障害があると思われる子どもだけを対象にするのではなく、障害のない子ども含む「学級全体」（学校全体）を対象に指導を浸透させる必要がある[3]と提言している。これは、教育課題が山積する学校現場にとって注目に値する示唆である。公立小学校において、多様な教育的ニーズのある児童や障害のない児童を含む全ての児童、すなわち学級や学校という「集団」への支援の具現化こそが、学校現場にある課題の改善に向けての重要な鍵となるのである。

2 支援に関する課題の検討

（1）小学校における著しい困難さを示す児童の割合と、小学校に着目する意味

　小・中学校の通常の学級には、学習面あるいは行動面で著しい困難さを示す児童生徒が約8.8％存在する。その内訳は小学校10.4％、中学校5.6％であり[4]、小学校のほうが高い割合を示している。小学校での支援の在り方を追究することは重要な課題である。また、小学校の段階で支援を開始することで、その後の困難さを軽減あるいは解消できる可能性がある。折しも著者の勤務先は小学校であった。これらのことから、小学校をフィールドとした取り組みを進め、本書ではその実践を紹介する。

（2）特別支援教育の概要

　2007（平成19）年4月、学校教育法の一部改正[5]により、「特殊教育」が「特別支援教育」へと移行した。「特別支援教育」とは、「障害のある幼児児童生徒の自立や社会参加に向けた主体的な取り組みを支援するという視点に立ち、幼児児童生徒一人一人の教育的ニーズを把握し、その持てる力を高め、生活や学習上の困難を改善又は克服するため、適切な指導及び必要な支援を行う」ものであり、「これまでの特殊教育の対象の障害だけでなく、知的な遅れのない発達障害も対象に含めて、特別な支援を必要とする幼児児童生徒が在籍する全ての学校において実施される」[6]ことが示された。全ての学校において、特別な支援を必要とする幼児児童生徒一人一人の教育的ニーズに応じた適切な指導及び必要な支援を行うことが定められ、通常の学級に在籍する知的な遅れのない発達障害のある子どもを対象に加えた特別支援教育がスタートした。その後、国際連合の「障害者の権利に関する条約（略称：障害者権利条約）」の批准[7]を受けて、インクルーシブ教育システム（inclusive education system）の構築に向けた取り組みが始まった。

（3）特別支援教育の現況と課題

　しかしながら、特別支援教育の制度のもとで支援を受けている児童生徒の現況に目を向けると、彼らを取り巻く環境が好転しているとは言い難い。

　実際に、小・中・高等学校で通級による指導[8]を受けている児童生徒数は、2021（令和3）年度には183,879人[9]となり、1993（平成5）年の制度開始時と比較すると、およそ15倍に増加している。小・中学校の特別支援学級在籍者数も、2021（令和3）年度には326,458人[10]となり、1989（平成元）年度に比べ、およそ4倍に増加している。通級による指導を受けている児童生徒数、特別支援学級在籍者数ともに、社会全体の少子化の現状と比較しても顕著な増加を示している[11]。

　しかし、2017（平成29）年度5月段階で、通級指導教室が設置されている小学校の割合

は全体の22.2%（4,399校/19,794校）、中学校の割合は全体の8.5%（809校/9,479校）であり[12]、設置数が絶対的に少ない。通級による指導を受けている児童生徒数でみると、2021（令和3）年5月段階で通常の学級に在籍している児童生徒全体の約1.4%[13]に過ぎず、前出の8.8%さえも大幅に下回っている。障害に起因する教育的ニーズのある児童生徒への支援のためだけにおいても不足していることがわかる。大久保ら（2018）は、インクルーシブ教育という文脈において、特に通常学級支援に焦点を当てて通級による指導を捉えた場合、通級による指導は重要なリソースの一つであるが、制度的、量的にその影響力が限定的であり、発展途上であるといえる[14]と指摘している。すなわち、通級による指導を受けるための教育支援（就学指導）の手続きが必要であるという制度的な課題と、通級指導教室の数と入級可能人数が絶対的に不足しているという量的な課題があるのである。通級指導教室は増加の一途にあってもまだ不足しており、本当に必要としている状態にある児童生徒が通級による指導を受けられないという現状がある。

　もう一つ、特別支援学級の制度のもとで支援を受けている児童生徒の現況について考察する。「特別支援教育資料」（文部科学省，2018）によると、2018（平成30）年5月段階で、特別支援学級数は小学校において41,864学級、中学校で18,326学級であり、平均すると1校につきおよそ2学級設置されていることになり、さらに、特別支援学級を設置する小学校の割合は全体の82.4%、中学校は全体の83.4%であり、通級指導教室と比較すると量的には圧倒的に優位であるといえる[15]。従来通常の学級に籍をおいて学んでいた特別な教育的支援を必要とする児童生徒が、特別支援学級に入級し、個に応じた適切な教育を受けられるように整備が進んだと解釈することができる[16]。しかし別の視点から増加の理由を考えると、例えば不登校や不適応等のように障害はないかもしれないが通常の学級では学校生活が送れないから特別支援学級に入級した事例、保護者が何らかの理由で特別支援学級を選択した事例、通級指導教室が満員で入れないために通常の学級の在籍を諦めた事例等、多様な教育支援上の課題が推測される。いずれにしても、通級指導教室の枠が絶対的に不足しているのは、公立小学校における多様な教育的ニーズのある児童にとって、大問題である。しかし制度は簡単に変わらないし、通級指導教室が突然増加することもあり得ない。だからこそ、学校規模（スクールワイド）の視点での、多様な教育的ニーズのある児童を含む全ての児童への支援が必要なのである。

　このような経緯で、通常の学級に多様な教育的ニーズのある児童が多数在籍する公立小学校に勤務していた筆者は、ニーズのある児童を含む全ての児童を対象とする支援の仕組みづくりに着手した。

3 多様な教育課題に対応するために行った取り組みの道筋

（1）課題への対応策の検討　―スクールワイドの包括的な支援へ

　では、どのように学校に在籍する全ての児童への支援を行うか、先行研究によって得られ

た見解と、勤務する公立小学校に在籍する児童の実態をもとに検討した。そして、学校全体で多様な教育的ニーズのある児童を含む全ての児童への、「個」と「集団」、「学習面」と「行動面」を視野に入れた学校規模（スクールワイド）の包括的な支援を実施することにした。

なお、より多くの児童への指導・支援が可能な支援方法として、「集団」への支援については米国のRTI（Response to Intervention, 以後、RITと標記）[17]を参考にした多層の支援を検討し、「行動面」の困難さへの支援についてはSST（Social Skills Training, 以後、SSTと表記）[18]の導入を検討した。その上で、公立小学校の実情に合う、「個」と「集団」への支援、「学習面」の困難さと「行動面」の困難さへの支援という、スクールワイドの包括的な支援の実施に向けて、具体的な支援の内容と方法を検討することにした。

（2）校内支援システムの構築

また、このようなスクールワイドの支援を行うためには、支援の仕組み、すなわち校内支援システムの構築が必要である。「特別な教育的ニーズのある児童を含む全ての児童」への校内支援システム構築に向けて、これまでの校内支援体制を活用することは効率的かつ合理的な方法であり、特別支援教育で培われてきた知見を参考にできると考え、特別支援教育の先行研究にあたった結果、実践課題が示された。具体的には、特別支援教育コーディネーターに関すること、校内委員会に関すること等が示され、これらの課題に主眼を置いてシステムを構築し、実効性のある校内支援システムのあり方を検討することにした。

さらに、校内支援システムを機能させるのは実質的に教職員であることから、校内支援システムの構築・運用プロセスと教職員の役割に関すること、校長や教職員のリーダーシップに関することについても検討することにした。

（3）スクールワイドの包括的な支援の実施とその検証方法

構築した校内支援システムを運用して、「個」と「集団」への支援、「学習面」の困難さと「行動面」の困難さへの支援という、スクールワイドの包括的な支援を、教職員が連携して実施する。

実施した支援の内容と方法の検討、校内支援システムの構築・運用プロセスの検討や支援の効果の検証に際しては、解析による定量的な分析と観察及び対象者の記述等による質的な分析から検証する。

（4）「スクールワイドの支援モデル」作成へ

そして、検証の結果をふまえて、公立小学校における「特別な教育的ニーズのある児童を含む全ての児童」への「スクールワイドの支援モデル」の開発に取り組む。すなわち本書における支援モデルは、支援の内容と方法、校内支援システムに関する検討を経て、かつ効果が実証された実践的な研究をモデル化したものである。最終的には、他の公立小学校でも再現可能なモデルの開発を目指した。

4 本書の内容と構成

(1) 実践の方法

　筆者が校長として勤務した公立小学校2校（D市立E小学校、D市立F小学校）[19]において、学校にある教育課題改善のためにスクールワイドの実践を行い、解析による定量的な分析と観察及び対象者の記述等による質的な分析から、その効果を検証した。全校児童を対象としたアクション・リサーチ（action research）[20]を取り入れた実践的研究である。包括的な支援の実施、支援のためのシステム（仕組み）づくりや教職員による実践を対象とした実証的研究ともいえる。

　本書にある実践は、20XX-5年度から20XX年度までの5年間に、2小学校で実践したものである。そのうち、スクールワイドの学習支援・行動支援は、20XX年度までの2年の間にE小学校で実践したものである。

　なお、実践にあたって行った倫理的な配慮については、各章に記載する。

(2) 本書の構成

　本書は、第Ⅰ部「個」への支援、第Ⅱ部「集団」への支援①、第Ⅲ部「集団」への支援②、第Ⅳ部 スクールワイドの多層支援モデルの開発、の4部からなり、さらに各実践を章として記し、全8章で構成されている（図）。注及び引用文献は、各章毎に添付されている。

第Ⅰ部 「個」への支援

　第1章では、多様な教育的ニーズのある児童「個」への支援のための仕組みである校内支援システムのあり方を検討し、児童及び支援者への支援システムを構築した。その具体的な内容と運用の方法を記した。

　第2章では、構築した校内支援システムを運用して実施した「個」への支援の実際（2事例）を記し、それぞれについての考察を行った。

　第3章では、構築・運用した校内支援システムの有用性を、システムの内容（校内委員会、特別支援教育コーディネーター等）に着目して検証した。さらに、支援プロセスにおいて教職員がどのように関わったかを整理した。

第Ⅱ部 「集団」への支援①

　第4章では、読み書き障害周辺群を含む通常の学級「集団」を対象に、多層（3層）の指導モデルを用いたクラスワイドの読み書き指導を行い、指導の効果を検討した。

　第5章では、スクールワイドの学習支援の第2層（取り出し学習支援）に焦点化し、学習面の困難さを示す児童「集団」への学習支援を行い、その内容と方法及び学習支援システムのあり方について検討するとともに、その効果を検証した。

```
                    スクールワイドの包括的支援

        ┌─────────────────────────────────────────────┐
        │         第I部 「個」への支援                │
        │      －機能する校内支援システムとは－       │
        │  ┌─────────────────────────────────────┐    │
        │  │ 第1章：校内支援システムを構築する   │    │
        │  ├─────────────────────────────────────┤    │
        │  │ 第2章：システムを運用して「個」への支援を行う │ │
        │  ├─────────────────────────────────────┤    │
        │  │ 第3章：実践の結果から、構築・運用した校内支援システムの │
        │  │        有用性を考察する             │    │
        │  └─────────────────────────────────────┘    │
        └─────────────────────────────────────────────┘
```

図 本書の構成

第Ⅲ部　「集団」への支援②

　第6章では、通常の学級に在籍する児童「集団」への行動支援方法としてSSTを導入し、学級児童全員を対象とした継続的で短時間のクラスワイドSSTを実施した。その内容と方法の検討と効果の分析により、さらにスクールワイドSSTの導入方法を検討した。

　第7章では、スクールワイドの行動支援として、前章の方法に基づく1年間の継続的な短時間SST実践を行い、第1層（スクールワイドSST）と第2層（取り出し小集団SST）の内容と方法について検討するとともに、効果の分析を通してSST実践の有用性について検討した。

第Ⅳ部　スクールワイドの多層支援モデルの開発

　第8章では、第Ⅰ部から第Ⅲ部までの結果を総括し、構築・運用した校内支援システムについて検討した上で、スクールワイドの多層支援モデルを開発した。そして最後に、本書の意義と残された研究課題を記した。

【用語の定義及び解説】

本文内の記述と重複する部分もあるが、改めて以下のように用語の定義と解説をする。

スクールワイドの（多層）支援モデル

「モデル」とは「現象や構造を理論的に抽象化したもの」[21]であり、「スクールワイドの支援モデル」とは本研究で行った学校規模（スクールワイド）の包括的な支援の結果を踏まえ、それを抽象化し作成した支援モデルを示す。

なお、多層支援モデルの「多層」とは、支援モデルが複数の層の形状をなしていることを示す。本書における多層の支援モデルは、本邦の学校教育における実践をモデル化したものであり、米国の多層モデルとは意を異にする。

「校内支援体制」と「校内支援システム」

「体制」とは、「社会組織の構造や様式」[22]のことであり、「校内支援体制」を「学校内での、例えば校内委員会の設置や特別支援教育コーディネーターの指名等の、対象児童への支援を目的とする組織体制」ととらえる。

「システム」とは、「複数の要素が有機的に関係しあい、全体としてまとまった機能を発揮している要素の集合体。組織。系統。仕組み。」[23]のことであり、「校内支援システム」を「学校内での有機的に関係しあい機能を発揮する、児童への支援を目的とする仕組み」ととらえる。

「校内支援体制」は、障害のある「個」への支援のために整備されるべき必要な体制であり、それをふまえて「校内支援システム」が構築される。すなわち、障害のある「個」への支援はもちろんのこと、障害に起因しない多様な教育的ニーズのある「個」への支援や、彼らを含む学級や学校等の児童「集団」への支援を学校全体で行うための仕組みを、「校内支援システム」ととらえる。「校内支援システム」と「校内支援体制」とは全く別のものではなく、例えば特別支援教育コーディネーターや校内委員会は、「校内支援システム」においても重視される。

「個」への支援と「集団」への支援

「個」への支援とは、対象児童への個別の支援を指す。①1対1（教師が複数の場合もある）で実施する個別支援、②学級という大集団や、通級指導教室や取り出しでの小集団の中で実施する個別支援（例えば、学習の分からないところを個別で教えること等）、の2つの形態がある。

「集団」への支援とは、対象児童を含む集団への支援または対象児童の有無に関わらず行う集団への支援を指す。①学校全体で実施する学級集団または全校集団への支援、②必要に応じて実施する通級指導教室や取り出しでの小集団への支援、の2つの形態がある。

「スクールワイド」と「クラスワイド」

　「スクールワイド」（School-wide）の取り組みとは、学校規模または全校児童対象の取り組みを指し、「クラスワイド」（Class-wide）の取り組みとは、学級規模または学級の全児童対象の取り組みを指す。本書におけるスクールワイドの学習支援・行動支援は、全校児童を対象に学校規模で実施するものであるが、全校児童が一堂に会して行うわけではなく、学校全体のねらいを同じくして、学級単位で行うことを示す。例えば、第7章のスクールワイドの行動支援は、全学級が各教室で同一時間帯に学級集団SSTを実施するものである。

　なお、節または項の初出時に、「学校規模（スクールワイド）」あるいは「学級規模（クラスワイド）」と表記し、以後は「スクールワイド」あるいは「クラスワイド」と表記する。

「指導」と「支援」及び「指導・支援」

　教育における「指導」と「支援」の明確な定義はない[24]とされている。指導とは「目的に向かっておしえみちびくこと。」、支援とは「ささえ助けること。援助すること。」[25]より、本書では、指導を「教育目標に向けて教え導くこと」、支援（教育的支援）を「目標に向けて支え援助すること」とする。

　なお、本書中にある「学習支援」については、学力を高めるための指導を含むことがある。同様に、「行動支援」については、ソーシャルスキルを身につけるための指導を含むことがある。したがって、本実践研究においては指導も支援も行われる。

　「指導・支援」は、指導と支援の両方が行われる場合、またはそのどちらかが行われる場合を指す。

「教職員」と「教師」

　校内支援システムの構築・運用の対象として事務職員等も含まれるため、その場合は「教職員」を使用する。しかし、実際には教師（教員）の取り組みや彼らへの影響を検討しているため、実践に関するものは「教師」で統一する。引用する先行研究が「教員」を使用している場合は、それに準じて記述する。

【注及び引用文献】

（1）井澤信三（2019）学校教育における発達障害支援のこれから．教育と医学，67（7），510-516．
（2）髙橋智（2007）特別支援教育・特別ニーズ教育のシステム．日本特別ニーズ教育学会編，テキスト特別ニーズ教育．ミネルヴァ書房．13-24．
（3）安彦忠彦（2013）通常の学級における発達障害のある子どもの支援の在り方について．LD研究，22（4），419-425．
（4）文部科学省（2022）通常の学級に在籍する特別な教育的支援を必要とする児童生徒に関する調査結果について．
（5）学校教育法等の一部を改正する法律（平成18年法律第80号）．（2007）
（6）文部科学省（2007）特別支援教育の推進について（通知）．
　　通知文にある「知的な遅れのない発達障害」とは、LD（学習障害）、ADHD（注意欠陥／多動性障害）、高機能自閉症を指す。アメリカ精神医学会による「精神疾患の分類と診断の手引き（DSM）」の第5版（2013）が出版されたのを受け、病名や用語の見直しがなされている。現在では、学習障害（LD）は限局性学習障害または限局性学習症、注意欠陥／多動性障害（ADHD）は注意欠如多動性障害または注意欠如多動症、自閉症やアスペルガー症候群などは自閉スペクトラム障害または自閉スペクトラム症とすることが多い。
（7）「障害者の権利に関する条約（略称：障害者権利条約）」については、日本は2007（平成19）年に署名し、2014（平成26）年1月に批准（2014年2月発効）した。この間、障害者基本法の改正（2011）、障害者差別解消法の制定（2013）等、障害者に関する一連の国内法の整備が行われた。
（8）通級による指導とは、大部分の授業を在籍する通常の学級で受けながら、一部の時間で障害に応じた特別な指導を実施するものである。言語障害、自閉症、情緒障害、弱視、難聴、学習障害、注意欠陥多動性障害、肢体不自由、病弱・身体虚弱が対象障害種であり、通常の学級の教育課程に加え、又はその一部に替えた特別の教育課程を編成することができる（小学校では週1～8コマを標準）。
（9）文部科学省（2022）令和3年度通級による指導実施状況調査結果．
（10）文部科学省（2021）特別支援教育の充実について　特別支援学級在籍者数の推移（各年度5月1日現在）．
（11）安藤壽子（2013）特別支援教育コーディネーターの役割と資質－日本型支援教育コーディネーターモデルによる通常の学級をベースとする連続的な支援システムの構築に向けて－．LD研究，22（2），112-121．
（12）文部科学省（2018）平成29年度通級による指導実施状況調査結果（別紙2）、通級指導教室が設置されている学校数（小学校・中学校）は、平成30年度同調査からは報告されていないため、平成29年度の調査結果を記載した。
（13）2021（令和3）年5月1日現在の義務教育段階の全児童生徒数約961万人のうち、通常の学級に在籍して通級による指導を受けている児童生徒数は約13万3千人であり、通常の学級に在籍している児童生徒全体の約1.4％にあたる。これは前出の文部科学省の調査結果8.8％を大幅に下回っている（文部科学省「特別支援教育の充実について」より試算）。
（14）大久保賢一・渡邉健治（2018）公立小学校における特別支援学級担任教員による通常学級支援を目的とした弾力的対応の実態．Journal of Inclusive Education，5，34-52．
（15）大久保賢一・渡邉健治（2018）同上．
（16）櫻井康博（2017）通級による指導と特別支援学級　インクルーシブ教育の推進の担い手として．柘植雅義・インクルーシブ教育の未来研究会編，特別支援教育の到達点と可能性　2001～2016年：学術研究からの論考．金剛出版．216-219．
（17）Fuchs,D. & Fuchs, L.S.（2006）Introduction to Response to Intervention: What, why, and how valid is it?. Reading Research Quarterly，41，93-99．
　　RTIは、米国におけるLDの判定モデルであり、まず通常の授業の中で、すべての子どもに対して、質の高い、科学的根拠に基づいた指導を実施し、そこで十分な伸びが見られない子どもに対して、補足的、個別的な指導を行うというものである。RTIは、学習障害の早期発見・早期対応を目指す校内システムである（第4章に詳細を記述）。
（18）SST（社会的スキル訓練）は、個人に欠けている社会生活技能や適応のための知識を何らかの形で学習したり、適切に発揮されないでいる社会生活技能がより効果的に表出されるように学習したりする訓練の総称である（第6章に詳細を記述）。
（19）筆者が校長として勤務した公立小学校2校（D市立E小学校、D市立F小学校）について紹介する。D市は、大都市に隣接した人口30万人を超える市である。E小学校は市内の北部に位置し、校区には大規模公共施設や大規模工場、農地等がある。家庭環境は、農業、自営業、会社員など多様であるが、3世代近居の家庭が多く、保護者がE小学校の卒業生というケースも多かった。F小学校は、市内の中央部に位置し、市内の中核駅に近く、複数の商店街がありスーパーマーケットや飲食店が多数あった。市内規模でのドーナツ化現象がみられ、児童数は減少しつつあった。筆者の在職期間には、E小学校は15学級、F小学校は11～12学級の規模であった。
（20）日本国語大辞典第二版編集委員会・小学館国語辞典編集部編（2000）日本国語大辞典第二版第一巻．小学館．
　　アクション・リサーチ（action research）：実践家と研究者が協力して、社会生活の改善の理論や方法を具体的に推し進めながら開発するやり方。人間関係の調整や改善、集団活動の効果、技術導入による有効性を対象とする。
（21）新村出編（2018）広辞苑第七版．岩波書店．
（22）新村出編（2018）同上．
（23）新村出編（2018）同上．
（24）国立特別支援教育総合研究所（2005）「個別の教育支援計画」の策定に関する実際的研究　平成16年度～平成17年度プロジェクト研究．
　　第2章「小・中学校で個別の教育支援計画策定を進めるために」に、「実は、教育における「指導」と「支援」の明確な定義はありません。「指導」という言葉の語感に、教員を中心に上下関係の中で児童生徒を「教え導く」イメージがあり、その語

感の強さ故に教育の中でも適宜「支援」という言葉に置き換わる傾向がありました。そこには、現代社会において教員と子どもとの対等関係が望ましい姿であることが意識されているのかもしれません。「支援」という言葉の語感には、上から「教え導く」のではなく、子どもを中心に考えて、周りから「支え、応援する」イメージがあるようです。しかし、責任の所在が薄くなるようにも思えます。」とある。

(25) 新村出編 (2018) 広辞苑第七版. 岩波書店.

第Ⅰ部

「個」への支援
－機能する校内支援システムとは

第1章　校内支援システムを構築する

第2章　システムを運用して「個」への支援を行う

第3章　実践の結果から、構築・運用した
　　　　校内支援システムの有用性を考察する

第1章

校内支援システムを構築する

　公立小学校には多様な教育的ニーズのある児童が多数在籍している。筆者の勤務校においても同様であり、それぞれの児童への支援が重要な課題であった。そしてまた、実効性のある支援を行うために、「学校内で関係者が有機的に関係し合い機能を発揮する、児童への支援を目的とする仕組み」、つまり校内支援システムの構築[1]が必要不可欠であった。

　文部科学省は、特別な教育的支援を必要とする児童生徒への支援の実施に向けて、校内支援体制の整備及び必要な取り組みとして、校内委員会の設置、実態把握、特別支援教育コーディネーターの指名、「個別の教育支援計画」や「個別の指導計画」の作成等を挙げている[2]。しかし特別支援教育の先行研究では、校内委員会の設置や特別支援教育コーディネーター（以後、コーディネーターと表記）の指名等に関する課題が指摘されている。そこで、これらの課題に対応する方法を検討するとともに、より効果的な支援を実現できる機能的な校内支援システムを独自に追究したいと考えた。第1章では、校内支援システムの構築の過程と、その内容について記す。

1　特別な教育的ニーズのある児童への校内支援システムの構想

（1）先行研究における校内支援体制等を検討する

　2007（平成19）年4月、学校教育法の一部改正により、「特殊教育」が「特別支援教育」へと移行し、通常の学級に在籍する特別な教育的支援を必要とする幼児児童生徒が新たな対象として加えられること[3]が明示された。そして、すべての学校において、一人一人の教育的ニーズに応じた適切な指導及び必要な支援を行うこと、支援の実施に向けて校内支援体制の整備及び必要な取り組みを行うことが定められた。

　文部科学省（2004）は、校内支援体制を整備するための参考として、校内委員会の役割を明確化し、支援までの手順を示した（図1-1）。担任教師や保護者の気づきから教育相談、支援のための協議というように教職員及び関係者の手順を構造化している。しかしながら、特別支援教育の校内体制の構築において重要なことは、支援を必要としている児童に、必要な支援が提供されることである[4]。図1-1は、コーディネーターの機能に着目した手順であるが、コーディネーターがそれぞれの場においてどのように関わるのかがわかりにくい、校内委員会では委員会協議を2段階に分けて設定しているが、アセスメントは専門家によっ

てのみ行われ校内では行われないのか等の課題がある。さらに、支援に至るまでの手順だけではなく、委員会協議での支援策検討後の支援の実施、支援後の評価・改善の手順も示した方が活用しやすいと思われる。

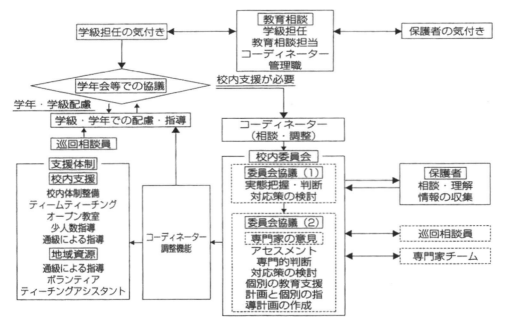

図1－1　支援に至るまでの一般的な手順

出所：文部科学省（2004）「小・中学校におけるLD（学習障害），ADHD（注意欠陥／多動性障害），高機能自閉症の児童生徒への教育支援体制の整備のためのガイドライン（試案）」

　各都道府県教育委員会等からも、「校内支援体制」に関するガイドライン等が出され、ウェブサイトで公開されている（図1－2、図1－3、図1－4）。

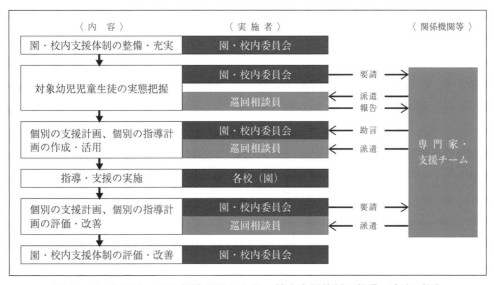

図1－2　個別ケースの解決を通した園・校内支援体制の整備・充実（例）

出所：秋田県教育委員会（2015）「秋田県　特別支援教育　校内支援体制ガイドライン」（三訂版）

第Ⅰ部　「個」への支援　―機能する校内支援システムとは―

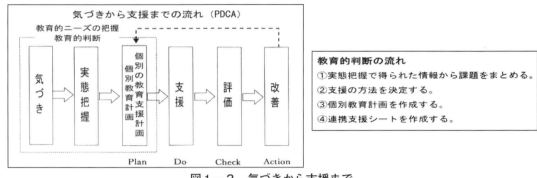

図1－3　気づきから支援まで

出所：横浜市教育委員会 (2007)「横浜市の小・中学校におけるLD,ADHD,高機能自閉症の児童生徒への教育的支援のためのガイドライン」

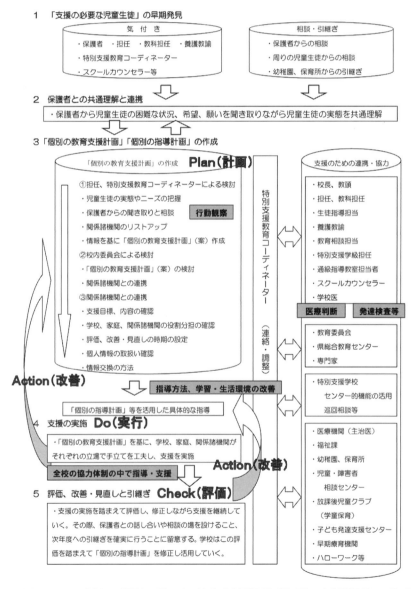

図1－4　支援の手順と「個別の教育支援計画」「個別の支援計画」の作成

出所：愛知県教育委員会 (2010)「小・中学校における特別支援教育校内支援体制作りガイドブック」

いずれも個への支援の手順が明確であり、改善までのプロセスが加えられている。実施者を園・校内委員会にしていること（図1-2）、教育的判断の流れを整理していること（図1-3）、「個別の教育支援計画」「個別の指導計画」の作成に沿って支援の手順を示していること（図1-4）を特徴としている。図1-2、図1-3は、支援の手順に特化しているためわかりやすい形になっている。その一方で、支援を実施するプロセスでのそれぞれの段階で、誰が何をどのように行うかが示されておらず、現場が参考にするための情報が補われるとさらに活用しやすくなる。図1-4は、支援プロセスを詳細に記しているために参考にしやすい。しかし、2つの計画に沿って構成してあるために、校内委員会の持ち方や校内の支援のための仕組みがわかりにくく、校内支援体制構築のための情報が不足している。

　2007（平成19）年前後には、校内支援体制に係る多数の研究がなされ、それぞれにおいて校内での支援の手順やシステム図が示された（図1-5、図1-6、図1-7）。荻原ら（2007）は、教育的ニーズを有する子どもに対して、学校内の教員全てが共通理解し、組織

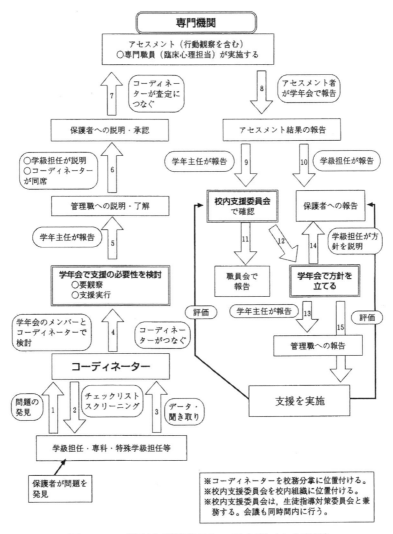

図1-5　特別支援教育のシステム図（A小学校）

出所：荻原ら（2007）「小・中学校における校内支援システムの構築に関する研究」

第Ⅰ部 「個」への支援 ―機能する校内支援システムとは―

をあげて直接的・間接的に支援していくことができる支援システムをつくるための基本条件を調査した上でシステム案を作成・試行し、特別支援教育のシステム図（図1-5）を作成した[5]。学年全体でチェックリストスクリーニングを実施していること、システム内で保護者や管理職への説明や報告が複数回行われていることに特徴がある。矢印内に順番を表す数が書き込まれており、支援までの手順がわかりやすい。しかし、コーディネーターが査定につなぎ、専門機関がアセスメントを行い、その結果を受けて校内委員会や学年会を開催することになっているが、方針を立てるまでに時間がかかり過ぎるのではないかという懸念がある。また、校内での実態把握の内容や方法、校内支援委員会の内容については具体的に示されていない。

大久保（2010）は、学校場面において応用行動分析学による機能的アセスメントに基づく行動支援[6]が効果的・持続的に実行されるための条件について研究し、校内での効果的で継続的な行動支援を実施するための「行動支援を実施するための手順とチーム・システム」（図1-6）[7]を提案した。全体的なマネージメントを行うコア・チームと、校内の事例毎

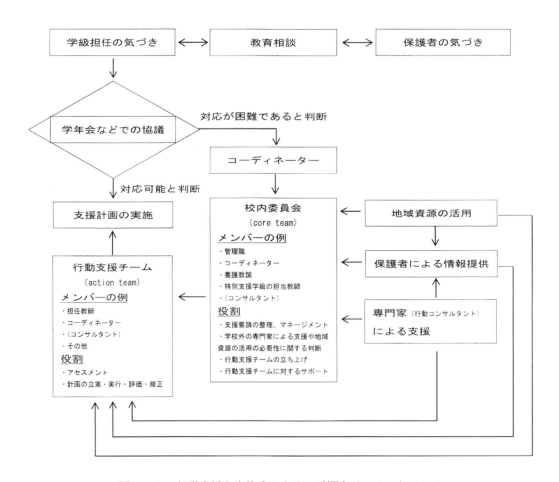

図1-6 行動支援を実施するための手順とチーム・システム
出所：大久保賢一（2010）「行動上の問題を示す児童に対する機能的アセスメントに基づく支援に関する研究：小学校場面における文脈適合性と支援者スキルの獲得に関する検討」

に具体的な対応を検討するアクション・チームを設け[8]、校内委員会にコア・チームの役割を持たせ、行動支援チームにアクション・チームの役割を持たせた。図1-6は、文部科学省（2004）のガイドラインを踏襲しているが、メンバーや役割が明確になっており、活用しやすい形になっている。対応が困難であると判断された場合は、校内委員会でアクション・チームの立ち上げを検討し「教師による自立的な行動支援」を目標とするのだが、校内委員会を運用するための詳細がわかりにくい。

小野（2011）は、子ども一人一人の教育的ニーズを把握してそれに対応したサポートを提供できるシステムとして、「広報活動」「スクリーニング」「個別の教育支援計画の作成」「評価」の4ステージからなる校内支援体制を構築して支援にあたった（図1-7）[9]。広報活動と、全校スクリーニング、支援対象児のグループ（A～C）をシステム図に挿入しているところ、

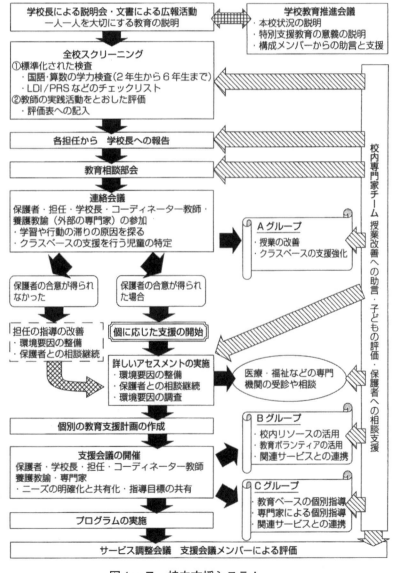

図1-7　校内支援システム

出所：小野學（2011）「小学校の学校づくりの実際①－校内支援体制の整備」

会議への保護者の参加に特徴がある。全校スクリーニングを実施し、各ニーズレベルに対応したサポートを提供していくというこのシステムは、著しい困難さを示した児童を特定して支援するものではなく、児童集団に着目した複数児童のニーズに対応できる効果的なシステムであると言える。反面、例えば教育相談部会の内容や、個に応じた支援や支援会議後のプログラムの実施という個別支援の詳細について、十分加えられていないことが課題である。

浜谷（2006）は、小学校通常学級の軽度発達障害児等の教育実践を支援する巡回相談のあり方を検討するための支援モデルを提示した（図1－8）[10]。一つのタイプの巡回相談を、原則と特徴、相談過程の心理学的な方法論と実務的な実施手順、支援機能に分節化して記述し、それをもとに支援モデルに示した[11]。

巡回相談員によるアセスメントに基づいた所見と助言によって、教師は対象児の障害等について理解し、それまでの教育実践を評価し、教育実践方針を作成するという第1次支援が実現され、その結果、教職員の協力関係や保護者との関係、専門機関との連携という第2次

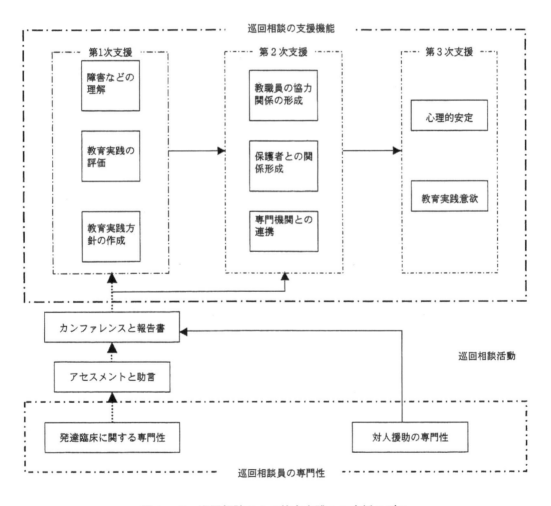

図1－8　巡回相談による教育実践への支援モデル

出所：浜谷直人（2006）「小学校通常学級における巡回相談による軽度発達障害児等の教育実践への支援モデル」

支援が実現された。そして、教師は心理的に安定し、実践への意欲が高まるという第3次支援が実現された。これは、巡回相談員の視点からの支援モデルであるため、実際に支援を行う教師にスポットが当てられている。特に、担任教師が心理的に安定し、実践への意欲が高まることで、より効果的な支援が可能になると考えられる。担任をはじめとする教師への支援の重要性が示された。

　以上のように、支援の手順やシステムを示した図は、作成者の立場と方法により異なっている。学校に所属する者が作成した図は、学校の実情とその取り組みに沿って作られており、手順や流れ、役割分担等がより具体的に書き加えられている。しかし、その学校では活用できるが、個性的であるが故に、他校での活用は必ずしも容易ではない。一方、研究者が作成した図は、立場や領域に沿って整理され有用な提案が含まれている。例えば、「支援者を支援する」という視点[12]は重要な示唆である。しかし、そのモデルは、学校現場が活用するには抽象的である。

　以上の支援体制等（図1－1～図1－8）を基に検討した結果を踏まえ、校内支援システムを構築するにあたっての重要なポイントを以下の3点に絞った。

① 特別な教育的ニーズのある児童への支援の手順が明確であれば、学校現場が活用しやすいであろう
② 「対象児童」への支援だけでなく、「支援者」を支援するという視点を加えることで実効性が高まるであろう
③ 全体的に校内委員会（会議、部会を含む）に関する内容がわかりにくいので、校内委員会の機能や持ち方を明示するとよいであろう

（2）支援の対象及び手順を検討し、校内支援システム構想図を作成する

　前述①②③を考慮し、校内支援システムの構築に着手した。支援の手順を明確にし（①）、支援者を支援するという視点を加え（②）、校内委員会を機能別に3つに分け（③）、図1－9のような校内支援システム構想図を作成した。

　まず1つ目の、支援の手順については、気づき→（実態把握のための）情報収集と相談（保護者・本人）→校内委員会での検討（目標の設定・計画の作成等）→支援の実施→評価、見直し改善と相談（保護者・本人）とし、支援の結果によってはPDCAサイクルをもって校内委員会の検討から繰り返す、という流れにした。また、現在はインクルーシブ教育システムの構築に向けた取り組みが求められている。文部科学省（2012）は、「合理的配慮」の決定方法として、当該幼児児童生徒の状態把握を行い、これを踏まえた設置者及び学校と本人及び保護者による合意形成を図った上での合理的配慮の決定と提供が望ましい[13]としている。そこで「合意形成」については、初期の保護者・本人との相談の段階から、支援の評価の段階の相談まで、機会をとらえながら図るものとした。「状態把握」については、情報収集・相談の実態把握の段階だけでなく、気づきから支援の実施途上、支援終了時までの全段階において行うものとした（図1－9、左部分）。

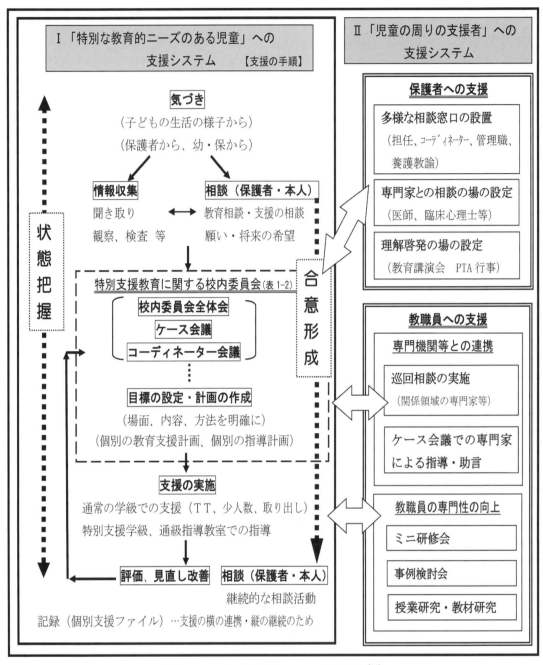

図1−9　校内支援システムの構想図[14]

　次に2つ目の、「支援者」を支援するという視点を加えることについて述べる。「対象児童（本人）」を支援する「支援者」とは、「保護者」と「教職員」であるととらえた。浜谷（2006）[15]は実際に支援を実施する教師にスポットを当てて支援を進め、より効果的な支援を可能にした。また、保護者も対象児にとって最も近い支援者であり、重要な存在である。そこで、「特別な教育的ニーズのある児童」への支援システム（Ⅰ）に、「児童の周りの支援者」への支援システム（Ⅱ）を加えたシステムを考案した。保護者への支援としては、多様な相談窓口の設置、専門家との相談の場の設定、理解啓発の場の設定を行った。教職員への支援として

は、専門機関等との連携（巡回相談の実施、ケース会議での専門家による指導・助言）と教職員の専門性の向上（ミニ研修会、事例検討会、授業研究・教材研究）のための取り組みを行った（図1-9、右部分）。

　最後に3つ目の校内委員会は、教職員全員で支援内容等の共通理解を図る「校内委員会全体会」、個別の支援方略を検討する「ケース会議」、複数コーディネーター間の連絡相談や課題を検討する「コーディネーター会議」[16]というように、機能別に3つ設置した。ケース会議とコーディネーター会議には、検討結果をその都度管理職に報告しなくてもよいように、管理職が必ず出席するようにした。校内委員会の詳細については、次節で述べる。

2 校内支援システムの内容と運用の方法

　多様な教育的ニーズのある児童への支援のために校内支援システムを構築・運用した。複数年にわたる取り組みであったが、毎年、年度末の3月にそれまでの校内支援システムの実施方法や役割分担を見直し、システムの有用性を検討した。その上で新年度の4月から改善を加えた校内支援システムを運用して児童への支援を行った[17]。

　なお、ここでいう校内支援システムとは、学校内で関係者が有機的に関係し合い機能を発揮する、児童への支援を目的とする仕組みを指す。

　本節では、コーディネーターの複数指名と役割分担、3つの校内委員会の機能別設置、保護者への支援システム、教職員への支援システム、教職員の共通理解と連携の促進に焦点化して、構築したシステムの詳細を記す。

（1）コーディネーターを複数（3名）指名し役割分担を明示する

　特別な教育的ニーズのある児童への支援を具現化する中心的な存在がコーディネーターである。特別支援教育の先行研究にあったコーディネーターに関する実践課題は、①人員不足と多忙化、②役割曖昧、③校内での共通理解・連携の困難さ、④支援体制構築の難しさ、⑤専門性とスキルの不足、に集約されると整理した。そこで、コーディネーターの複数指名（3名）によって①、③、④、⑤の課題に対応し、さらに役割分担による職務の調整をすることで①、②、③、⑤の課題に対応しようと考えた。

　コーディネーターは校内支援システムの運用において重要な存在であり、コーディネーター指名にあたり、「誰」を「何人」指名するかがポイントになる。ガイドライン[18]では、校長がコーディネーターを指名するにあたっての配慮事項として、「学校全体、そして地域の関係機関にも目を配ることができ、教職員の力を結集できる力量をもった人材を選ぶことが望ましい。各学校の実情に応じて、教頭、教務主任、生徒指導主事、養護教諭、教育相談担当者、特別支援学級や通級指導教室の担当教員など様々な場合が考えられる。」と示されている。しかしながら実際には、障害児教育の経験と知識があるという理由から特別支援学

級の担任教師がコーディネーターに指名されるケースが多く、担任の業務とコーディネーターの業務の兼務からくる多忙感に悩んでいる[19]という実態がある。また、特別支援教育体制整備状況調査（文部科学省、2017）[20]では、公立小学校のコーディネーターの指名は100％であるが、指名人数は1人（67.3％）・2人（21.4％）・3人以上（11.2％）であり、さらに「特別支援教育コーディネーターの役職（国公私立小学校計）」の項目では、特別支援学級担任（49.5％）・通常の学級担任（16.4％）・養護教諭（7.6％）・通級による指導担当（7.3％）・教頭・副校長（6.0％）という結果が示された。宮木ら（2012）は、コーディネーターの複数化・専任化の必要性を指摘している研究や事例もあるが、教員数や人的配置の問題などから、多くの学校では複数指名や専任化は難しいのが現状であろうと指摘している[21]。

　筆者の勤務校では、専任のコーディネーターを指名できる人的余裕がなく、兼務ではあるが3名をコーディネーターに指名し、職務の分担による負担軽減を図ることにした。3名への増員は、前任校（D市立F小学校）での兼務コーディネーター2名指名の反省によるものである。この反省とは、2名のうちの1名は通級指導教室担当者、もう1名は校務主任（県独自の制度による主任）であったが、2名とも校外に出ることが多く時間調整が難しい、2人であるが故に相手への配慮で公平な役割分担ができない、2名でもまだ負担が大きい、というものであった。

　また、コーディネーターの多忙さは必ずしも担任教師との兼務のみに起因するものではなく、コーディネーターの単純な専任化よりも、むしろコーディネーターの校内における役割を明確にし、業務を精選していくことのほうが重要である[22]ことから、役割分担による職務の調整をし、その内容を示すことにした（表1-1）。

【解説】校内支援システムの構築・運用に向けて

♥どんな小学校で支援システムづくりに取り組んだか♥

　実践対象の公立小学校（D市立E小学校）は、通常の学級12学級（各学年2学級）、特別支援学級3学級、計15学級、その他、通級指導教室が1教室あり、20XX年度当初の全校児童数は320名（男子174名、女子146名）でした。

　通常の学級に、発達障害あるいは発達障害の疑われる児童が複数在籍し、特別支援教育に関する校内委員会にかかる児童数は、全体の10％を超えていました。教師は担任教師を含む21名で、筆者はこの学校に校長として勤務していました。

♥どのように倫理的な配慮を行ったか♥

　実施にあたり、校内では、学校改善運営委員会で検討協議を十分に行い、承認を得た上で、さらに運営委員会と職員会で全教職員への説明と協力依頼を行いました。

　保護者にも、口頭及び文書で説明を行い、それに対する質問や意見を受け付けましたが、否定的な意見はみられませんでした。データの取り扱いに関する守秘義務の遵守と研究結果の公表については、保護者宛て文書で説明と依頼をして了承を得ました。（一般社団法人日本特殊教育学会倫理綱領・倫理規定に準拠）

　また、本書の著述に際しては、個人が特定されないように配慮しています。

表1-1　3名のコーディネーターの役割分担とその内容

```
◇　コーディネーターA（校務主任：主に校外との連絡調整、会議・研修等の企画運営を担当）
　Ⅰ…校内委員会（全体会、ケース会議、コーディネーター会議）の企画運営
　Ⅱ…保護者・関係者との連絡調整、保護者への理解啓発
　　　巡回相談等の専門機関等への依頼連絡、研修の企画運営

◇　コーディネーターB（通級指導教室担当者：主に校内の連絡調整、支援に関する実務を担当）
　Ⅰ…情報収集・記録整理、支援方策の設定・助言、アセスメント
　Ⅱ…教職員間・担任との連絡調整、記録作成、資料作成

◇　コーディネーターC（特別支援学級担任：主に校内の連絡調整、支援に関する実務を担当）
　コーディネーターBと同じ。ただし、通級による指導の対象児の関係はBが担当、特別支援学級在籍児の関係はCが担当

◇◇◇　コーディネーターABC（支援の実施については、3名で連携して担当）
　保護者との相談、支援方策の検討・実施・評価
```

指名にあたって、次に重要なことは、誰を指名するかということであった。教頭や特別支援学級担当という職務の違いで、コーディネーターとしての自己評価の差があることから、校内の教職員がそれぞれの得意分野を生かし、チームとして支援を進めていくことが大切である[23]。コーディネーターの仕事は、保護者や担任教師の相談にのる、対象児童とかかわりを持つ、関係者間の連絡調整をして話し合いの場を設定する、管理職に相談・報告する等、多岐にわたるが、基本的に人とかかわる仕事であり人物重視の指名が有効である[24]。これらより、調整力や行動力がある人物を1名、特別支援教育に関する専門性の高い人物を2名、計3名の指名を行った。前者は、学級の担任ではないために授業時間に外部関係機関や保護者との連絡調整が可能な校務主任（A）、後者はアセスメントや支援内容の助言可能な専門性を備えた通級指導教室担当者（B）と特別支援学級担任（C）である。3名の役割分担とその内容の詳細は、表1-1の通りである。ここに教務主任が加わり、行事予定と照らし合わせながら校内委員会や研修の日程を決定した。

コーディネーター指名後、すぐにコーディネーター会議を開催した。参加者はコーディネーター3名、校長、教頭、教務主任の6名で、以後、随時、この構成員で開催した。コーディネーター会議の場では、まず役割分担とその内容（表1-1）を確認した。役割分担の変更希望は特になかった。次に、支援システムの構想図（図1-9）と手順の中での6名のかかわり方を確認した。特に、校内委員会全体会・ケース会議・コーディネーター会議の目的とメンバー構成、実施内容について詳細に検討を進め、誰かが不在であっても各会議が運用できるように整理した。

アセスメントについては、必要であれば簡易な検査はコーディネーターが実施し、知能検査はスクールカウンセラーに依頼することにした。どのようなアセスメントを行うかはコーディネーター会議で協議をし、その後、保護者・本人への聞き取りや相談はコーディネーター3名を中心とした関係者が複数で行うということで共通理解した。スクールカウンセラーに

は、校長・教頭が事前に相談した上で、検査の実施を依頼した。保護者への連絡や説明については、校長名での結果報告書用の記入用紙を作成し、スクールカウンセラーはその用紙に記入し、自身が検査結果の報告に立ち合うということで同意を得た。

（2）機能別に、3つの校内委員会を設置する

　校内委員会は、全教職員の共通理解を図る役割と、実態把握を行って支援方策を具体化する役割、保護者相談窓口の役割を担っている[25]。しかしながら、これらの文言からは具体的な校内委員会の持ち方が見えてこないために、校内委員会の設置方法は地区で異なり、校内委員会の実態は多様であった。まず、校内委員会にどのような機能をもたせるか、というところから検討する必要があった。

　図1-9に沿って検討してみる。担任教師は、学級の児童の学習面・行動面の困難さや学校生活への適応のしにくさなどに気づいたら、コーディネーターに相談する。コーディネーターは、学校生活の様子、保護者や幼稚園・保育所からの聞き取り、ノートやプリント、作品等から、その児童について情報収集する。その後、観察、検査結果や保護者・本人との相談による対象児の実態を把握した上で、「校内委員会」を開催する。本人との相談は、担任教師またはコーディネーターが行った。本人の気持ちや希望を聞き、支援の内容について相談した。

　ここでいう校内委員会は、対象児への支援方策を検討する会、つまり「ケース会議」に該当する。ケース会議で目標設定、計画の作成等、支援方法の検討をし、その後、支援者（担任教師及び関係者）が支援を実施した。支援は、通常の学級内で行われたり、少人数指導あるいは取り出しで行われたりした。支援実施後にはケース会議やコーディネーター会議で評価、改善見直しをし、その結果によってはPDCAサイクルをもって支援方策の再検討を行った。ケース会議で検査が必要と判断された場合は、保護者の同意のもと知能検査を実施した。検査はスクールカウンセラーが担当し、保護者への結果説明は、スクールカウンセラー、コーディネーター、担任教師が同席して行った。その場で保護者と支援の方法や方向性について相談をし、合意形成を図った。

　しかし、ケース会議だけでは校内の教職員間の共通理解が図れず、ケース会議で検討された支援の実施が、関係者だけに任されてしまうことになりがちである。対象児を皆で見守り声かけしていくためにも、学校で行われている支援は教職員全員で共有したほうがよいと考えられる。また、3名のコーディネーター間の連絡相談や、支援の実施や支援システムの運用に関する課題を検討する場も必要であった。

　そこで、「ケース会議」の他に、「校内委員会全体会」「コーディネーター会議」を加え、3つの校内委員会を設置した。共通理解をねらう「校内委員会全体会」、支援方策検討を行う「ケース会議」、支援方策検討とシステム運用状況の確認を行う「コーディネーター会議」というように、担う機能を整理した（表1-2）。

　「校内委員会全体会」には全教職員が参加し、「ケース会議」と「コーディネーター会議」

には関係者が参加した。これらの3つの会議全てに参加するのは、校長、教頭、教務主任、コーディネーター3名の計6名であり、年度当初のコーディネーター会議で校内委員会全体会・ケース会議・コーディネーター会議の目的とメンバー構成、実施内容について詳細に検討を進め、誰かが不在であっても各会議が運用できるようにした。

表1－2　3つの校内委員会（図1－9と対応）

○　校内委員会全体会・・【共通理解のため】定期開催（年間3回）
　　参加：全教職員
　　校内委員会全体会での共有事項　全対象児童の現状・支援内容・配慮事項　等

○　ケース会議・・【支援方策検討のため】随時開催
　　参加：校長、教頭、教務主任、コーディネーター3名、養護教諭、担任、該当学年担任、スクールカウンセラー・支援員等の内外関係者
　　ケース会議での検討事項（7項目）
　　①　現状を確認する（保護者との相談内容、行動観察、学習状況、家庭環境、成育歴　等）
　　②　具体的な支援方策を出し合う（いつ、誰が、何を、どこで、どのように）
　　③　検査の必要性があるかどうかを話し合う（どのような検査、何のため、いつ、どこで）
　　④　支援について保護者への説明をどうするか（いつ、誰が、何を、どのように、根拠）
　　⑤　支援について本人への説明をどうするか（いつ、誰が、何を、どのように、根拠）
　　⑥　学級内での説明をどうするか（いつ、誰が、どのように）
　　⑦　今後の方向性及び支援方策を整理する（取り出し学習（行動）支援、通級による指導、特別支援学級）

○　コーディネーター会議・・【支援方策検討・システム運用状況の確認のため】随時開催
　　参加：校長、教頭、教務主任、コーディネーター3名
　　コーディネーター会議での検討事項
　　取り出し学習（行動）支援や通級による指導の成果と課題、支援方策の再検討、新たな支援の対象者の洗い出し、校内・校外連携のための打ち合わせ、校内支援システムの見直し　等

① ケース会議の随時開催

　3つの校内委員会の中で特に重要な位置づけだったのがケース会議で、状態把握に基づいた支援方策と、合意形成を図るための具体的な方法を話し合った。ケース会議では、教育支援に関する内容も協議した。これらの校内委員会を効率的に開催し、むやみに会議の回数を増やさないようにコーディネーターが運営上の工夫をした。例えば、ケース会議1回開催につき複数児童について協議する、ケース会議に備えてコーディネーターが事前の情報収集を確実に行う、資料を用意して検討事項を明確化した上で効率的に協議を進める等である。資料や記録の記入用紙は、書籍等から引用したり既成のシートを参考にしたりしながら、コーディネーターBが作成した。

　ケース会議の具体的な例を示す。会議に備えてコーディネーターB、Cが事前に担任から情報を集め資料を用意した（図1－10）。当日は、コーディネーターAが表1－2の検討事項（項目①～⑦）に沿って司会をし、会議中にコーディネーターBがワークシート（ケース会議記録用紙、図1－11の空欄のものが記録用紙の様式）に入力して記録を作成した。支

第Ⅰ部 「個」への支援 ―機能する校内支援システムとは―

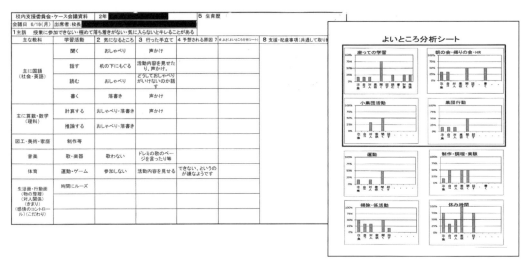

図1-10　ケース会議の資料（2年児童の例）

注：上は観察に基づいて記入し、空欄にはケース会議での検討内容が記入できるようになっている。右はチェックリストより作成され、支援方策検討時の手持ち資料として用意される。

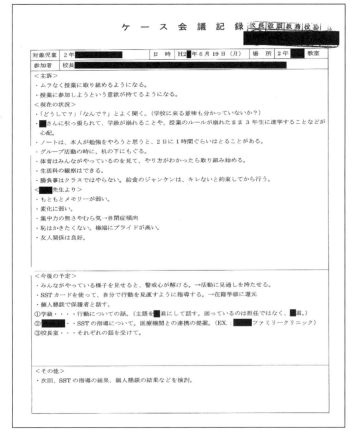

図1-11　ケース会議の記録（2年児童の例、上記と同一児童）

注1：＜主訴＞は担任教師から、＜現在の状況＞は関係者全員から出される。その後、助言を受けてから、今後の方針と支援内容を検討する。ケース会議の記録は必ず作成し、関係者に供覧する。

注2：＜今後の予定＞では、個人懇談日に保護者と話す内容を、①学級、②通級指導教室、③校長室、というように分けて記録している。③校長室とは、個人懇談会後の校長室での保護者相談を示す。

援方策の検討では、担任教師にとって実施可能なことかどうか、またその他の教職員にとって実施可能なことかどうか、という点に着目して協議が進められた。同時に通級による指導でできる支援や、保護者との相談方法についても、この場で話し合った。終了後の記録は関係者に供覧し、会議の内容を確認し共有した（図1－11）。

② コーディネーター会議の随時開催

　コーディネーター会議では、PDCAサイクルに基づいて学校全体の特別支援教育に係る取り組みについて協議した。個への支援に関することでは、支援の評価・見直し改善、特別支援学級及び通級指導教室の入退級、通級指導教室と通常の学級との連携、新たな対象者の検討等について話し合い、集団への支援に関することでは、スクールワイドの取り組み（後出、第Ⅱ部、第Ⅲ部）に関する評価・改善、取り出し学習支援のグルーピングの再構成や担当者の見直し等を行った。その他、ケース会議の運用方法や、コーディネーターの役割の見直し、校内支援システムの見直し等も行った。

③ 校内委員会全体会の定期開催（年間3回）

　広瀬ら（2005）は、「学習障害児（LD）に対する指導体制の充実事業（文部科学省）」の結果、校内委員会の活動を推進するためには、①全教職員の情報の共有化を通した意識の変化、②年間計画に基づいた定期的な活動、③特別支援教育コーディネーターの適切な調整、④専門家に任せすぎない主体的な活動、⑤校内委員会の活動の評価等が重要であると報告し、さらに、校内委員会に参加している教員とそうでない教員とでは、活動に対する意識の違いがある[26]と加えている。池田ら（2017）は、幼小中高のコーディネーターに校内委員会の機能化に関する調査研究を行ったところ、各学校の校内委員会の捉え方が様々で、具体的支援方策を検討するというケース会議の役割を含めた学校と、校内委員会とは別にケース会議を実施している学校があると報告した。さらに、否定的な評価をした学校の課題をみると「管理職からのトップダウンで全てが決まる」「該当の教職員のみの対応になっている」という記述が多くあった[27]ともしている。これらの指摘を踏まえ、情報の共有化を通して全教職員の意識を高めるために、さらに学校の教職員全員参加の支援を実現するために、自校の児童への支援に関する共通理解と合意形成が欠かせないと考えた。

　そこでE小学校では、校内委員会の新設や既存の校内組織の活用は現場に任されているという状況であったこともあり、ケース会議とコーディネーター会議を新設し、校内委員会全体会を年間3回の教育支援委員会（就学指導委員会）と同日開催にして、会議の回数を増やさずに全教職員での共通理解を図ることにした。

　校内委員会全体会では、対象人数が多いために報告や協議に時間がかかり、効率的に会を進行させる必要がある。そこでコーディネーターAが事前に連絡票の記入を依頼し、各担任から回収後に印刷・製本して配付し、校内委員会全体会に備えた。記入後の連絡票（例）を図1－12に示す。連絡票（A5版）は、児童1人につき1枚で、連絡内容として課題の所在を「1 学習面、2 情緒面、3 身体面、4 家庭環境、5 その他」から選択し、「1学期間の変容（1学期からの変容、1年間の変容）」「有効な指導の手立て・具体例」「好み・趣味」

を記述する形式になっている。対象児童の「できないこと」を書くだけでなく、「できるようになったこと」「有効な手立て」「行っている配慮」等、今後、学校全体で支援していく上で参考になるプラスの情報を、ポジティブな視点で書くように依頼した。

図1-12　校内委員会全体会の連絡票（5年児童と3年児童の例）

（3）相談を中心とした保護者への支援システムを構築する

　保護者が困っていること、不安に思っていることを聞くことが支援の第一歩であり、そのための保護者相談の場を設けた。担任だけでなく、コーディネーターや管理職が随時相談を受けられる体制を整え、多様な相談窓口を設定した（表1-3）。

　4月のPTA総会の場で、学校に相談窓口があることを校長がプレゼンテーションし（表1-3内のスライド）、さらに文書で説明し周知を図った。7月、12月の個人懇談会後には校長室と通級指導教室を開放し、校長またはコーディネーターが、保護者対象の相談を実施した。担任との懇談内容を受けての保護者相談となり、この相談時間の設定は保護者に好評だった。

　保護者の希望による相談は随時行ったが、担任が窓口になり、その後、担任とそれ以外の者が複数で相談を行う場合と、担任は外れてそれ以外の者が複数で相談を行う場合とに分かれた。保護者の主訴が学級内の他児のことであれば担任は必ず同席し、主訴が子の発達であればコーディネーターやスクールカウンセラーが同席した。入学前幼児の教育支援に関する相談（就学相談）であれば教頭や教務主任やコーディネーター（必要があれば養護教諭）が複数で相談を担当した。時には、保護者に相談者を選んでいただくこともあった。相談者によって支援の結果は異なり、勤務校での保護者相談を通して、「誰を相談者にするか」が重

表1-3 相談を中心とした保護者への支援の内容

◎相談窓口の紹介プレゼンテーション
　…PTA総会や保護者来校時に、学校の相談窓口を顔写真で紹介した。　⇒
　　日常的な相談（担任）
　　健康や身体の相談（養護教諭）
　　発達の相談（特別支援教育コーディネーター）
◎個人懇談会期間の自由教育相談
　…7月、12月の個人懇談会期間は、保護者は子の担任教師と懇談するために来校する。その機会を利用して、校長室と通級指導教室を開放し、自由教育相談を実施した。
◎保護者の希望による相談（随時）
　…保護者の希望する相談の内容により、担任、校長、教頭、教務主任、特別支援教育コーディネーター、養護教諭、スクールカウンセラー等から相談者を決め、随時、相談を行った。
◎専門家同席の教育相談
　…専門家を交えて、検査の結果連絡や支援方策の検討のための相談を行った。
◎就学前保護者相談と小学校見学
　…わが子の発達が気になる保護者を対象に、就学前相談や親子小学校見学を実施した。
◎専門家との相談の場の設定
　…スクールカウンセラー、医師、作業療法士、臨床心理士等、ニーズに合った専門家や専門機関等を紹介したり、学校に専門家を招聘して相談の場を設定したりした。
◎全保護者対象の講演会の開催
　…発達障害の理解と接し方、子育てに関する内容の講演会を開催した。

要なポイントであることが確認できた。

　また、特別な教育的支援が必要な場合、保護者・本人との相談は合意形成を図るために重要であった。保護者との相談では、「困りごと相談」「教育相談・教育支援の相談」から、「検査や取り出し学習支援についての説明と、実施の意向を確認する相談」「検査結果報告と、支援の方向性や方法を検討する相談」「支援を振り返るための学期末または年度末の相談」に至るまで多岐にわたる内容の相談を行い、回数を重ねた。相談は、基本的に教職員が行ったが、専門家を招聘して相談の場に同席してもらうこともあった。また、専門家や専門機関等を紹介して、保護者にその相談の場に行ってもらうこともあった。

　その他、保護者の理解促進や気づきにつながるように、発達障害に関する内容や、子育てに関する内容の講演会を開催した。

（4）支援の実施者である教職員への支援システムを構築する

　児童が学校生活の中で一番長くともに過ごす教職員は、担任教師である。したがって担任教師は、対象児童への支援の実施者として、中心的な存在であるといえる。しかし、担任教師が対象児童ばかりに目を向けると、学級内の他児童との兼ね合いから学級経営が難しくなるので、担任教師以外の教職員による対象児童への声かけやフォローが欠かせない。これらより、担任教師をはじめ、教職員全員を支えるシステムが必要だと考えた。

そこで、実際に支援を担う教職員を支えるために、専門家を招聘して巡回相談を行うことにした。具体的には、1年間（20XX年度）に大学教授2回、作業療法士1回、運動保育士2回の計5回の巡回相談を行い、各専門家には、児童の観察、学級児童への直接指導、ケース会議・事例検討会への参加と支援方策への助言、担任教師または教師集団（関係者集団、学年集団、全教師の集団）への指導助言、教職員との相談等をお願いした。これらの巡回相談の実施に際しては、コーディネーターが時間や順番、内容を検討して、効率的に行うよう努めた。

その他、教職員が支援者として力量向上するために、ミニ研修会、事例検討会、授業研究・教材研究を行った。ミニ研修会では校長またはコーディネーターが講師を務めた。職員会議や打合せの後の短い時間を利用して、例えば、「わかりやすい指示とは」「漢字の指導法」「よさを見つける視点」「支援の成功例」「保護者への説明の仕方」「個人懇談に向けての準備と配慮」「SSTの指導法と注意点」等をテーマに研修した。事例検討会では、抽出学級のQ-U[28]の結果を分析し支援方策を検討することで、Q-Uの分析方法と指導への活かし方を研修した。授業研究・教材研究では、発達障害のある児童や理解に時間のかかる児童を抽出し、その児童の学びをイメージしながら授業を構想し、実践検討することで、よりわかりやすい授業のあり方や効果的な教材について追究した。

（5）教職員間の共通理解と連携のための支援システムを構築する

有効なシステムであっても、校内の教職員間の共通理解無くしては機能しない。コーディネーターの複数指名についても、校務分掌の全体を決める上で支障がでてくる、校内の理解と協力を得るのが大変である、という課題があり、納得が得られ合意が形成されるまでの話し合いが欠かせない[29]。複数指名をすればコーディネーターの職務に関する課題が改善される可能性はあるものの、その土台となる校内の調整や話し合い等が必要である。

実施した支援の結果や方法及び手順の評価については、年度末の特別支援教育部会[30]の場で、コーディネーターが中心となって1年間の取り組みを見直し、改善点等を協議した。さらに運営委員会[31]（構成員：校長、教頭、教務主任、コーディネーター、学年主任、養護教諭）を開催し、提案・協議をし、その後、新年度の全教職員参加の職員会議で提案・協議を行った。このように、提案・協議に基づいた教職員間の共通理解のもとで、システムが構築され運用された。さらにもう一つ、前出の校内委員会全体会も教職員間の共通理解を促進する場であった。

教職員間の連携については、3名のコーディネーターが関係者と連絡を取り合ったり、3つの校内委員会の場を活用したりすることで、進められていった。さらに、「個別支援ファイル」も連携を促進するツールとして活用された。

個別の教育支援計画は、支援を「縦」や「横」につなぐ重要なツール（道具）である。就学前、学齢期、学校卒業後へと支援を「縦」につなぎ、校内の教職員間の共通理解や保護者との連携、地域及び教育、医療、福祉等の関係機関との連携を図る際には、支援（者）を「横」

につなぐ[32]。しかし、支援対象となる児童全員に個別の教育支援計画を作成するのは負担が大きいため、通級指導教室対象児童と特別支援学級在籍児童に絞って計画を作成することにした。その代わりに、彼らを含む特別な教育的ニーズのある児童全員に、支援ツールとしての「個別支援ファイル」を作成した（図1－13）。このファイルには、保護者や本人からの聞き取りあるいは相談の記録、検査結果や検査試験紙、支援の記録、校内委員会の記録、児童の学習状況が分かるもの（例えばノートやプリントのコピー、アセスメント結果）、個別の教育支援計画、個別の指導計画等が綴られている。作成上の配慮事項として、個別支援ファイルには、支援の失敗例だけでなく支援の成功例やその子どもの「よさ、できること、得意なこと、好み」などを意識的にファイルするようにした。ポジティブな情報は支援方策を考える際に効果を発揮するからである。

図1－13　個別支援ファイル
注：一人につき1冊のファイルを使用した。鍵付きロッカーに保管し、必要な時に取り出した。

　個別の教育支援計画や個別の指導計画はもちろん、このファイルは、ケース会議やコーディネーター会議での協議に活用されるとともに、年度の引き継ぎや中学校への引き継ぎにも活用され、支援を「縦」と「横」につなぐツールとなった。このように個別支援ファイルは、支援のためのツールとしてだけではなく、連携のためのツールとして教職員間で活用された。

【注及び引用文献】

（1）校内支援システムの「構築」とは、校内で機能する支援システムを「構えきずくこと」（新村出編（2018）広辞苑第七版．岩波書店．）であり、システムを築くという意味で用いる。本書における「構築」には、複数年にわたる実践であることから、新たにシステムを築くことに加え、前年度までに構築されたシステムを再検討し築き直すことも含まれる。
（2）文部科学省（2007）特別支援教育の推進について（通知）．
（3）文部科学省（2007）学校教育法等の一部を改正する法律（平成18年法律第80号）．新たな対象として加えられた知的な遅れのない発達障害とは、LD（学習障害）、ADHD（注意欠陥／多動性障害）、高機能自閉症を指す。
（4）石橋由紀子（2011）校内体制づくりと特別支援教育コーディネーター．湯浅恭正編，よくわかる特別支援教育．ミネルヴァ書房．14-15．
（5）荻原健弘・池川由美・榎田昭仁・糀木尚子・草野勝彦（2007）小・中学校における校内支援システムの構築に関する研究．宮崎大学教育文化学部紀要　教育科学，16，34-48．
（6）大久保（2010）は、ある場面において必要とされる行動が生起しない、またはその行動が過少である状態、問題行動が生起している状態のどちらか、あるいは両方を含む問題を意味するものとして「行動上の問題」としている。その行動上の問題を解決するために行われる対象児に対する行動論的アプローチ、そして、その実行を裏付けるための支援体制の構築や支援者トレーニングといった、対象児以外の環境面に対するアプローチの両方を包括するものとして「行動支援」という用語を用いている。
（7）大久保賢一（2010）行動上の問題を示す児童に対する機能的アセスメントに基づく支援に関する研究：小学校場面における文脈適合性と支援者スキルの獲得に関する検討．筑波大学大学院博士課程学位論文，1-215．
（8）大久保は、コア・チーム（core team）、アクション・チーム（action team）を、Crone and Horner（2003）の提唱するチーム・システムから導入した。
（9）小野學（2011）小学校の学校づくりの実際①-校内支援体制の整備．湯浅恭正編，よくわかる特別支援教育．ミネルヴァ書房．68-71．
（10）浜谷直人（2006）小学校通常学級における巡回相談による軽度発達障害児等の教育実践への支援モデル．教育心理学研究，54（3），395-407．
（11）浜谷直人（2006）同上．
（12）浜谷直人（2006）同上．
（13）文部科学省（2012）共生社会の形成に向けたインクルーシブ教育システム構築のための特別支援教育の推進（報告）．
（14）「堀部要子（2011）校内支援体制の構築．山口薫編著，親と教師のためのLD相談室．中央法規．233-241．」に、D市立G小学校の実践事例として、構築した校内支援体制について執筆した。その後、見直し改善を繰り返し、本書の図1-9の形になった。直近では、「堀部要子（2018）校内支援システムの構築と合理的配慮の提供．特別支援教育研究，735，12-16．」に掲載された。
（15）浜谷直人（2006）前掲．
（16）コーディネーター会議は、対象人数が多く対応しきれないケースがあったことや、複数コーディネーター間の意思疎通が必要であったことから、数年前より新設した。コーディネーター会議を校内支援システム運用のための基地と位置づけ、必ず管理職が出席した。
（17）「堀部要子（2011）前掲．」を執筆した頃より校内支援体制に関する実践に取り組んだ。その後、D市立F小学校とD市立E小学校での計6年間、独自の校内支援システム（図1-9参照）の構築と運用に取り組み、その間、毎年、見直し改善を行った。第1章はその最終の年度である20XX年度の取り組み（D市立E小学校）を中心に記述した。
（18）文部科学省（2004）小・中学校におけるLD（学習障害），ADHD（注意欠陥／多動性障害），高機能自閉症の児童生徒への教育支援体制の整備のためのガイドライン（試案）．
（19）宮木秀雄・柴田文雄・木舩憲幸（2010）小・中学校の特別支援教育コーディネーターの悩みに関する調査研究-校内支援体制の構築に向けて-．広島大学大学院教育学研究科附属特別支援教育実践センター研究紀要，8，41-46．
（20）文部科学省（2017）平成29年度特別支援教育体制整備状況調査結果．
（21）宮木秀雄・木舩憲幸（2012）我が国における通常の学校の特別支援教育コーディネーターに関する研究の動向と課題．広島大学大学院教育学研究科紀要　第一部　学習開発関連領域，61，189-198．
（22）宮木秀雄・木舩憲幸（2011）小・中学校の特別支援教育コーディネーターの悩みに関する調査研究-学校環境やコーディネーターのキャリアとの関係-．学校心理学研究，11（1），45-56．
（23）曽山和彦・武田篤（2006）特別支援教育コーディネーターの指名と養成研修の在り方に関する検討．特殊教育学研究，43（5），355-361．
（24）堀部要子（2014）校内支援体制の整備と機能化．柘植雅義編著，ポケット管理職講座．教育開発研究所．129-139．
堀部要子（2015）校長から始める！特別支援教育の視点を活かした学校経営10．曽山和彦編，気になる子の保護者への支援術　校長のリーダーシップで変わる特別支援教育．教育開発研究所．9-21．
（25）文部科学省（2004）小・中学校におけるLD（学習障害），ADHD（注意欠陥／多動性障害），高機能自閉症の児童生徒への教育支援体制の整備のためのガイドライン（試案）．
（26）廣瀬由美子・東篠吉邦・井伊智子（2005）小中学校における校内支援体制の在り方に関する一考察：「LDのモデル事業」研究指定校の実態から．国立特殊教育総合研究所紀要，32，29-38．
（27）池田幸枝・若松昭彦（2017）幼稚園・小・中学校・高等学校における校内委員会の機能化に関する調査研究-特別支援教育コーディネーターへの調査を通じて-．広島大学大学院教育学研究科附属特別支援教育実践センター研究紀要，15，43-52．

(28) 河村茂雄（1999）楽しい学校生活を送るためのアンケート　Q-U実施・解釈ハンドブック．図書文化社．
(29) 渡辺明広（2008）通常学校の「特別支援教育コーディネーターチーム」の取り組み－S県内の特別支援教育コーディネーターの複数指名校についての調査研究－．発達障害研究，30(2)．128-136．
(30) 部会は、例えば、給食部会、清掃部会のように、校務分掌ごとに設けられ、部会ごとに集まって年度末評価の検討や、新年度提案に向けての協議を行った。特別支援教育部会は、コーディネーター3名の他、数名の関係者が属していた。
(31) 運営委員会は、学校の中心的な教職員（構成員：校長、教頭、教務主任、特別支援教育コーディネーター、学年主任、養護教諭）で構成されている。年度末に反省や新年度方針を協議したり、新年度の方向性を確認したり、緊急な検討事項が生じたときに集まって対策を検討したりした。なお、特別支援教育コーディネーターのうち、1名は校務主任であり、1名は特別支援学級主任（特支主任：1～6年生の学年主任と同様、学年主任の立場で運営委員会に参加していた）であった。
(32) 堀部要子（2017）個別の教育支援計画の作成と活用．月刊プリンシパル10月号．学事出版．26-27．

第2章

システムを運用して「個」への支援を行う

　第2章では、第1章で示した校内支援システムの運用の実際を、2つの事例を通して紹介する。事例1[1]では、通常の学級に在籍する発達障害が疑われる児童への10か月間の支援を通して、3名のコーディネーターがどのように協働し、校内支援システムがどのように機能したかを検討する。事例2[2]では、通常の学級に在籍していた重篤な症状の病弱・身体虚弱児童への1年6か月間の支援を通して、どのように保護者と連携して環境整備と合理的配慮の提供を行ったかを検討する。

　なお、事例については、個人情報の守秘義務の遵守と論文の公表に関して、保護者に了承を得ている。しかし本人が特定できないように、一部改変を加える等の記述上の配慮を行った。

1 事例1：複数コーディネーターと3つの校内委員会が担う機能

（1）対象児童

　児童G（4年男児：以後、G児）は入学時より通常の学級に在籍していた。低学年より理解が遅れぎみであったものの、学習には意欲的に取り組み、さらに家庭の協力もあって、ゆっくりではあるが学習内容を習得することができていた。しかし、学年が上がり、学習内容の理解に困難さを示すようになり、授業中に手遊びをしたり、姿勢が崩れ床に寝転んだりするようになってきた。運動を好まず、全体的に動作がゆっくりで、他の児童が手伝う場面も見られた。その一方で、自分のやりたいことを優先した言動があるために、トラブルが増えてきた。

　G児は、小学校1年生の頃より、校内委員会全体会で行動面の困難さを中心に報告されていた。3年生の時には、運動面の課題（動作がゆっくり、運動を好まない、不器用等）があったため、作業療法士[3]による巡回相談を受けた。「例えば体育館一周は倒れずに走るなどの、本人ができる範囲での課題を出すと良い」というアドバイスがあり、体育の授業等で個別の配慮を行っていた。

（2）支援の経過

〈ア〉コーディネーター会議での検討：3月（年度末）

3月末のコーディネーター会議で、次年度に向けての方針を確認した。G児については、学年が上がるにつれて学習面の困難さが大きくなる懸念があったため、4年生に進級後、コーディネーターBによる運動面を中心にした支援と、取り出しでの学習支援の実施を検討した。G児への支援の経過（3月～12月）を表2－1に示し、以下、その詳細を記す。

表2－1　G児への支援の経過とかかわった教職員及び関係者

項	月	G児への支援の経過	担任	Co A	Co B	Co C	教務	管	備　考
ア	3月	コーディネーター会議		○	○	○	○	○	
イ	4月	保護者との相談①	○						電話での連絡と相談
〃	4月	取り出し学習支援 開始			○				本人
ウ	5月	ケース会議	○	○	○	○	○	○	養護教諭も参加
エ	6月	校内委員会全体会（1学期）	○	○	○	○	○	○	全教職員
オ	6月	保護者との相談②	○	○	○			長	保護者
カ	7月	視知覚検査[4]の実施			○				本人
〃	7月	保護者への説明と相談③		○				長	保護者（個人懇談会後）
キ	9月	知能検査[5]の実施		○					本人、スクールカウンセラー
〃	11月	保護者への説明と相談④		○	○				保護者、スクールカウンセラー
ク	11月	校内委員会全体会（2学期）	○	○	○	○	○	○	全教職員
ケ	12月	コーディネーター会議		○	○	○	○		
〃	12月	通級による指導 開始			○				本人

注1：「Co」はコーディネーター、「教務」は教務主任、「管」は管理職（校長、教頭）を示す。「管」の列に「長」とあるのは、校長のみが参加したものを示す。
注2：項の欄のア～ケは、本文の〈ア〉～〈ケ〉と対応している。

〈イ〉保護者との相談① －取り出し学習支援を提案し開始する－：4月

4月、担任教師（以後、「（2）支援の経過」においては担任と表記）からコーディネーターBに、「気持ちにムラがあり、そばについていないと授業に参加しようとしない。体力がないため、授業中に座り続けることができない。既習の知識が定着していないため、学習の遅れが目立つ。そのせいか、友だちとのトラブルが多い」という相談があった。担任とコーディネーターBで相談した結果、コーディネーターBが教室から取り出して学習支援を行うという方策が出された。取り出し学習支援については、年度末のコーディネーター会議で検討されていたので、会議のメンバー間での共通理解はできていた。

担任から保護者に電話で連絡と相談を行ったところ、保護者は以前よりG児の学習の遅れ

を気にしていたため、取り出し学習支援の実施を承諾した。そこで、コーディネーターBが、授業に支障のない時間（朝の業前15分、週１回）での取り出しによる基礎的な内容の学習支援を開始した。

〈ウ〉ケース会議での支援方策の検討：５月

　５月、経過観察後、コーディネーターBがケース会議での検討が必要であると判断し、他のコーディネーターに呼びかけ、ケース会議を開催することになった。管理職や教務主任、担任との日程調整はコーディネーターAが行い、ケース会議に向けての資料[6]の準備はコーディネーターBが行った。

　G児のケース会議は、担任、コーディネーター、教務主任、管理職、養護教諭が参加し、状態把握に基づいた支援方策と、合意形成を図るための具体的な方法を検討した（ケース会議での検討事項（7項目）は表１－２に詳細を記したが、それを簡略化したものを表２－２に再掲する）。司会はコーディネーターAが7つの検討事項（表２－２、上段の①～⑦）に基づいて行い、記録[7]はコーディネーターBが行った。

　ケース会議での支援方策検討の結果を表２－２の下段に示す。児童への支援として、アセスメントのために検査（視知覚検査、知能検査）を行う、通級指導教室に協力してもらい体力づくりに取り組む、姿勢が改善できるように学習セット（児童用の机とイスのセット）を１つ大きいものに変える、という支援方策が決められた。保護者への支援としては、保護者との相談（面談）を行い、その相談すべき内容（児童の現況、検査の実施、通級指導教室へ

表２－２　ケース会議での検討事項と、支援方策検討後の確認事項

ケース会議での検討事項（7項目）
①　現状の確認　（保護者との相談内容、行動観察、学習状況、家庭環境、成育歴）
②　具体的な支援方策　（できること）
③　検査の実施　（どのような検査）
④　保護者への説明　（いつ、誰が、何を）
⑤　本人への説明　（いつ、誰が、何を）
⑥　学級内での説明　（いつ、誰が、どのように）
⑦　今後の方向性　（取り出しの支援、通級による指導、特別支援学級）
支援方策検討後の確認事項
【児童への支援方策】 ・斜視の診断があり、見え方に問題があるかもしれないので、視知覚検査を行う。 ・認知の特性を調べ今後の支援に生かすために、知能検査を行う。 ・運動面の課題改善のために、登校後、コーディネーターBがサーキットトレーニングを行う。 ・学習セット（児童用の机とイスのセット）を5号に変えて、姿勢の改善を促す。 ・通級指導教室への入級に伴う本人・周囲への説明方法を検討していく。 【保護者・担任教師への支援方策、今後の方向性】 ・土曜授業参観があるので、その際に保護者と相談を行う。 ・検査を行うことについて、承諾をもらう。 ・担任と保護者との相談（面談）に、コーディネーターが同席する。 ・個人懇談終了後に、校長との相談（面談）を行う。 ・通級指導教室への入級を視野に入れて保護者との相談（面談）を行う。

注：上段のケース会議での検討事項（7項目）は、表１－２のケース会議での検討事項（7項目）を簡略化して示した。

の入級）と相談者（担任、コーディネーター、校長等）を確認して、ケース会議参加者全員の共通理解を図った。

　この結果は、全教職員が揃う打ち合わせ時にコーディネーターAが報告し、共通理解を図った。記録は、個別支援ファイルに綴じられた。

〈エ〉校内委員会全体会（1学期）での共通理解：6月
　6月の校内委員会全体会（1学期）でG児について報告されたのは、学習の遅れ、整頓ができない、書く時の文字のずれ等の課題が中心であった。引き続き、担任からケース会議での支援方策検討後の確認事項（表2－2、下段）と最近のG児の様子が報告された。

〈オ〉保護者との相談②　－支援内容と方法の相談をする－：6月
　6月、日程調整を担任が行い、校長、コーディネーター、担任で保護者との相談（面談）を校長室[8]で行った。母親が来校し、G児の学校での様子、家庭での様子を伝え合った。母親からは、「入学時に特別支援学級にするか迷った。みんなと一緒にと思い、通常の学級にした」「斜視は2年生の1月に手術をした」「食事も決まったものしか食べない」「家ではゲームで遊ぶ」という話が出た。その後、ケース会議で検討された支援方策を伝え、視知覚検査[4]と知能検査[5]の実施について承諾を得た。

　保護者との相談はコーディネーターAが進行し、コーディネーターBが記録を作成し、供覧した。その後、個別支援ファイルに保管した。

〈カ〉視知覚検査の実施と、保護者への説明と相談③
　　　－状態把握と合意形成を図る－：7月
　7月、コーディネーターBが視知覚検査を実施した。その結果を保護者に説明するとともに今後の方針を相談するために、個人懇談会の日に、校長、コーディネーターBで保護者相談を行った。個人懇談会の時には、終日、校長室開放をしており、個人懇談会で保護者が子について気になることがある時には、アポイントがなくても校長室で相談できるようになっていた。保護者が自ら希望する場合と、担任が保護者に勧める場合とがあったが、G児の場合は、前回相談時に、個人懇談会後に校長室で相談をするという申し合わせにしてあった。
　その場で、次に知能検査を実施し、よりニーズに応じた指導をしていくことを確認し合った。ここでは、家庭環境について、本人の成育歴を含め、母親の気持ちが語られた。これまでは祖母任せでG児に対してしっかり向き合ってこなかったが、G児にちゃんと育ってほしいと願っている、という内容であった。また、学校がG児のためにいろいろ取り組んでくれるのがありがたいと、学校の支援に母親が理解を示し始めた。

〈キ〉知能検査の実施と、保護者への説明と相談④
　　－支援方針と内容の確認をする－：11月

　9月、スクールカウンセラーが知能検査を実施した。検査の予定日時の連絡は担任が行った。その後、担任が保護者と相談の日程調整をし、スクールカウンセラー、コーディネーターA、コーディネーターBが、検査結果を報告し、今後の支援と通級による指導の開始についての相談を行った。検査者（スクールカウンセラー）による検査結果報告、質疑、現況報告・情報交換、支援の方向性についての話し合い、というように相談が進み、その場の取り回しはコーディネーターAが行った。

　現況報告・情報交換では、学校からは、理科は好きだが算数には苦手意識がある、行動や移動が早くなった、姿勢の保持ができるようになった等、G児の成長や現況を保護者に伝えた。また、知能検査の結果を今後の指導に生かすためにも、週1〜2時間、教室から取り出して通級指導教室で指導を受けることを提案した。まず、通級による指導という制度があり、そこで行われる具体的な内容を保護者に説明した。その上で、1対1で本人の苦手な部分を丁寧に指導してもらうことで自信をつけることもできるし、そうするといろいろなことにやる気を見せてくれるようになる可能性があると伝えたところ、保護者は通級指導教室への入級を承諾した。その後、周囲とのトラブル改善のためのコミュニケーションに関する「自立活動」と、認知の特性をふまえた「教科の補充指導」を実施する方向で相談が進んだ。

〈ク〉校内委員会全体会（2学期）での共通理解：11月

　11月、校内委員会全体会の場で、これまでの支援によるG児のポジティブな変容について、全教職員で共通理解を図った。担任より、学習セット（児童用の机とイスのセット）を大きなサイズに変更して姿勢がよくなったこと、委員会当番の仕事を意欲的に行っていること、コーディネーターBとサーキットトレーニングを継続した結果、体幹が鍛えられて同じ姿勢を保つことができるようになったこと等、G児の成長が報告された。また、通級指導教室入級に至るまでの経緯についても報告があった。

　最後に担任から、「できることが増えてきたので、多くの先生に声をかけてもらいたい。委員会を頑張っているので褒めてもらえるとありがたい」という依頼があった。

〈ケ〉コーディネーター会議：12月

　12月上旬、冬休み前の個人懇談会に備え、コーディネーター会議を開催した。G児を含む特別な教育的ニーズのある児童全員について、支援の進捗状況と対象児童の現況を確認した。G児については、12月より通級による指導（自立活動、教科の補充指導）を開始する、ということを確認し合った。以後、支援が継続される。

（3）支援の結果

　G児の変容を表2－3に整理した。上段が12月以降に観察された行動であり、下段が3

学期（2月）の校内委員会全体会で報告された内容である。日常生活の中で、G児が意欲的に授業に参加する姿や、友だちと仲良く会話をする姿が観察されるようになっている。

　G児への支援に理解を示し始めた保護者は、今までよりわが子にかかわるようになり、学校に対してもより協力的になったため、G児の様子を保護者へ伝えやすくなった。保護者からは「普段からよくGをみてくださり、大変ありがたいです。少しずつではありますが、Gも変わりつつあると思います。これからも指導をよろしくお願いします」という言葉をもらった。

　また、チームで支援に取り組んだことにより、担任教師の指導も変わった。G児の行動をより注意深く観察し、一つひとつできたことを認め、今まで以上に褒めるようになった。また担任教師は、職員室で「G児が跳び箱を4段、跳べるようになりました。がんばっていますよ。もう1段跳べるようにしたいです」「G児がテストで100点をとりました。すごいですよね」と嬉しそうに話をしていた。

　さらに、G児への支援は、周囲の児童へもポジティブな変容をもたらした。G児が様々な支援によってできることが増えていった結果、周りの児童もG児の行動や変容を評価し、優しい言葉をかけたり、遊びに誘ったりするようになった。

表2-3　G児の変容

観察されたG児の変容
・授業中、意欲的に挙手をして発言するようになった。 ・1時間を通して、イスに座ることができるようになった。 ・外部講師による師範授業で、発問に対して真剣に考え、的確な発言をすることができた。 ・教務主任による算数授業で、「それは分かる。こうやるんだ」とつぶやきながら、集中して授業に取り組むことができた。 ・授業中、友だちに答えを聞いたり、相談したりする姿が増えた。
校内委員会全体会（3学期）で報告された内容
【1年間の変容】 ・体力がつき、体を起こして過ごせるようになった。 ・授業についていけるようになった。 ・保護者が協力的で、宿題は必ずやってくるので、少しずつ学習内容が定着してきた。 【有効な手立て、具体例】 ・机のサイズを本人に合わせる。 ・漢字は練習すれば身につくので練習させるとよい。 ・優しい言葉に甘えてしまうので、言葉のかけ方に気をつけるとよい。褒めると頑張る。 ・生物が好きなので、それを生かすとよい。

（4）考察

〈ア〉事例1における支援の効果

　支援の結果、G児、保護者、担任教師ともにポジティブな変容がみられ、校内支援システムに基づいて行った支援の効果が確認できた。

　小学校中学年は9、10歳ごろの発達の節目にあり、それをこえるとそれまで以上に客観的な自己認識が強まるために、自分自身を評価し始める。これがマイナスの自分（頑張れな

い自分）を認識してしまうことにもなりやすい[9]。この発達の節目の時期にある特別な教育的ニーズのある児童への対応には、一つには学習面でのつまずきが顕著に出やすい時期であるという点、もう一つは自己評価を低め、時には自己否定感をもってしまうことになるという点に考慮する必要がある[10]。

　G児は、低学年の頃より、活動への取りかかりが遅れる、動作がゆっくりであるというような行動面の問題に着目した支援が行われることが多かった。学習面では、低学年の頃から理解が遅れぎみではあったが、それでも学習内容を習得してきていた。しかし学年が上がり、学習内容の理解に顕著な困難さを示すようになった。このように、行動面に加えて学習面の困難さも加わり、G児は自分を自身で客観的に評価して自己評価を低め、学校生活全般において意欲を失ってきていたのではないかと推察される。それに伴い周囲とのトラブルが増えたのではないかと考えられる。加えて、4年生の学級編成直後は、さらに落ち着かない状況であった。

　事例1では、担任教師からコーディネーターBへの相談が支援のきっかけになった。その後、G児への取り出し学習支援を実施する方向で相談が進み、保護者との相談①を行い、4月早々から取り出し学習支援を開始した。間を置かずに5月にG児のケース会議を開催する運びになり、ケース会議では、児童への支援方策と保護者・担任教師への支援方策を検討した（表2-2）。この場で、状態把握のための検査を行う、サーキットトレーニングを行う、通級指導教室への入級を考える、すぐできることとして机とイスを交換する等が話し合われ、支援の大筋の見通しが立てられた。それを踏まえて、これらの支援を実現するために保護者にどのように働きかけをするかを検討し、同席していた担任教師もそれを確認し了解した。まずはここまでの対応が迅速であったことに意味があり、これが以後の支援の土台となった。

　6月の校内委員会全体会の場では、全教職員でG児への支援について共通理解を図った。その後、各教職員が、廊下や運動場でG児に会った時に「トレーニングを頑張ってるんだって？」「机とイスを変えたけど、どう？」というように声をかけている。学校全体でG児をみていくという雰囲気が醸成されたのも、校内委員会全体会での情報交換があったからこそであった。同時に取り出し学習支援の効果も少しずつ表れ、G児の学習面のつまずきが改善の方向に進みつつあった。

　保護者に対しては合計4回の相談を行ったが、変化があったのは7月の個人懇談会後の相談③であった。それまでは学校の支援に対して受け身であった母親が、家庭環境や成育歴、保護者としての気持ちを口にした。G児の育児を祖母任せにしてかかわりが少なかったために家庭内でも揉めることもあったが、これからはもう少しG児に向き合いたいという内容の言葉を口にした。同時に、G児への支援に取り組む学校への感謝の言葉を口にした。保護者の理解を得るためには、1～2回の相談（面談）では難しく、相談を重ねることが重要であると、事例1からの学びをコーディネーター会議のメンバーで共通理解した。

　担任教師はともすると児童のできないことや問題行動に目がいきがちであり、担任の自分が何とかしなければと一人で抱え込むことが多い。しかし、事例1の担任教師は4月早々に

コーディネーターBに相談し、その結果、支援システムが始動した。校内支援システムが確立していれば、担任教師が一人で抱え込むことなく、安心して誰かに相談できるのではないかと考える。またこの担任教師は、できないことや問題行動から、できるようになったことやよい行動に目が向くようになった。支援に際しては、できることに着目すること、その児童のよさに着目することが大切であると、コーディネーターたちが担任教師に言い続けた結果であろう。担任教師の対象児童へのかかわり方は重要である。

　これは担任教師だけではない。11月の校内委員会全体会で、さらにG児についての情報を共通理解して以降、担任以外の教職員が、G児に「姿勢がよくなったって聞いたよ」「跳び箱が跳べたんだって？すごいね」等の声かけをしている。担任教師は、学校の先生たちが自分を応援してくれていると（G児が）感じていた、と報告した。

　上記の支援の経過をたどり、自己評価を低め、学校生活全般において意欲を失いつつあったG児が、ポジティブに変容した姿が観察されるようになった（表2-3）。学習面の困難さの改善や、保護者のG児への接し方の変容、担任教師からの支援と声かけ、学校全体の教職員からの声かけ等のそれぞれが相互に関連して、このような変容につながったのではないかと考えられる。さらに、様々な支援によってG児のできることが増えていった結果、周りの児童もG児の行動や変容を評価し、優しい言葉をかけたり、遊びに誘ったりするようになったのも大きい。周囲の児童からの承認もG児の自信につながったといえよう。

　支援の手順（図1-9）で、支援の結果によってはPDCAサイクルをもって校内委員会で再検討すると示した。G児については3年生までは行動面や運動面の課題に対して支援を行ったが、それを見直して、4年生では本項で記したような集中的な支援を行った。その結果、G児にポジティブな変容がみられたため、コーディネーター会議で評価、見直し改善をし、5年生からは学習面の課題に主眼を置いて支援を実施することになった。G児については1年間のサイクルで評価、見直し改善を行いながらの支援であったが、児童のその時々の状態により、支援方策を柔軟に転換していくことが必要であると考える。

〈イ〉校内支援システムの運用とその効果

　事例1における校内支援システムの運用とその効果について考察する。

　まず、3名のコーディネーターの協働による校内支援システムの運用について述べる。コーディネーターAは、3つの校内委員会の企画運営、保護者や外部との連絡調整を行った。事例1においても、ケース会議、保護者との相談、校内委員会全体会、検査の実施に向けての連絡調整を行った。コーディネーターBは、発達障害児への指導・支援に関する専門性が高く、それ故に担任教師は学級の気になる児童の言動についてコーディネーターBに相談に行くことが多かった。事例1では、担任がコーディネーターBに相談したところから支援が始まり、その後もコーディネーターBが担任教師へ支援上のアドバイスを行った。このように、コーディネーターA、Bは、それぞれの得意分野を生かしての役割分担ができていた。ただしコーディネーターCは、特別支援学級担任のために担任児童の在校時間にコーディネーター業務

にあたることが難しいという事情があり、授業時間後の校内委員会の場を中心に、補佐的な役割を果たした。

　事例1に限定して振り返ると、校内委員会が計5回（ケース会議1回、コーディネーター会議2回、校内委員会全体会2回）、保護者相談が計4回行われている。これをコーディネーター1名で行うとすると、仕事量としても負担が大きく、実施は困難であったと思われる。複数（3名）コーディネーターだったからこそ実現できたと考える。さらに、この3名のコーディネーターが全てを抱え込むことなく、校長、教頭、教務主任がコーディネーターをサポートしたことも重要なポイントであった。ケース会議もコーディネーター会議も、校長、教頭、教務主任が必ず出席してコーディネーターを支え、そしてコーディネーターがG児の担任教師を支える、このような教職員を支援するシステムが構築され運用されたともいえる。3名という複数コーディネーター体制は有効であったが、その3名を支えるシステムがあったことが、さらに効果を促進したと考える。

　次に3つの校内委員会へと検討を進める。事例1に関していえば、ケース会議での検討が有効であった。中でも、児童への支援方策が実現可能な「具体的な方策」であったこと、児童への支援方策だけではなく同時に「保護者への支援方策」を検討したことが、その後の支援の実施に役立ったと考える。また、校内委員会全体会も有効であった。校内委員会全体会では、対象児童との接点が少ない教職員も、声をかけるとよい具体的な情報を入手することができた。この場での教職員間の共通理解があったからこそ、皆でG児に声をかけ励ますことができた。事例1のような「個」への支援においては、ケース会議と校内委員会全体会が重要であることが示された。

〈ウ〉課題

　事例1では、G児、保護者、担任教師ともにポジティブな変容がみられ、校内支援システムに基づいて行った支援の効果が確認できた。

　しかし、校内委員会全体会で出された児童は38名であり、この全員に対してG児のような支援を実施できたわけではない。対象となる児童の人数が多いがために、比較的緊急性の高い児童を優先しなければいけない状況が発生した。公立小学校に在籍している特別な教育的ニーズのある児童は多い。多種多様な困難さを示している「より多く」の児童への支援を実現するために、どうしたらよいかを検討する必要がある。

2 事例2：環境の整備と合理的配慮の提供

（1）支援に際して求められる視点

　対象児童は、3年生までは通常の学級に在籍していたが、4年生から特別支援学級（病弱・身体虚弱種）に入級した。いわゆる通常の学級に在籍する発達障害等に起因する行動面や学習面の困難さを示す児童の場合は、詳細な状態把握や支援方策の検討が必要不可欠である。しかし、病弱・身体虚弱児の場合は、必要とされる支援や配慮は主治医からの指示の下で行われる。つまり、校内での状態把握や支援方策検討より、主治医からの指示とそれを受けた保護者からの要望のうち、「学校に求められる支援は何で、どこまでが実現可能か」を見極めることが重要な視点であった。したがって、事例2では、保護者との相談や連携が必要不可欠であり、そこに重点を置いて支援の経過を述べる。また事例2については、重篤な病気が背景にあるため、安全管理・病気への対応が求められた。校内支援システムの運用は、管理職と養護教諭が中心となって行われたことを付け加える。

（2）対象児童

　児童H（3年男児：以後、H児）は、4か月、1歳半、3歳健診で何も指摘がなく、健康で大病せず、特に問題のない乳幼児期を過ごした。

　小学校1年生6月、痙攣を起こし、救急車で病院に運ばれ、熱性痙攣[11]といわれた。しかし、家に帰ってからも様子がおかしいので再度受診したところ、急性脳症[12]と診断され入院となった。痙攣が頻発し、1分そこそこの全身痙攣が1日に1〜2回起こった。MR等の検査をし、入院から1か月ほど経ってから、側頭葉てんかん[13]と診断され、治療を開始した。その後、連携病院を紹介され、そこで治療を受けることになった。以後、入退院を繰り返した。

　2年生6月、海馬を一部切除した。2学期以降、薬の副作用で、攻撃的な行動をとることがあったと聞く。ケース会議では、病状をふまえて学校でやってよいこと、やってはいけないことを共通理解するとともに、薬の副作用で汗が出にくいため霧吹きで皮膚にこまめに水をかけるとよいなどの配慮事項を確認し合ったという。3月に迷走神経刺激治療[14]の手術を実施したということなので、その後の対応を聞くためにも、年度当初に、校内連絡会と保護者面談を実施することにした。

（3）支援の経過

〈ア〉校内連絡会での状態確認：4月

　着任した4月、3年生のH児に重度の慢性疾患があると聞き、校内連絡会を開いた。前年度の担任教師（（以後、「（3）支援の経過」では担任と表記）、養護教諭から2年生までの様子を聞き、病状及び配慮事項（主に、「（2）対象児童」の項に記述した内容）の確認をした。

H児への1年半にわたる支援の経過を、表2－4に示し、以下、その詳細を記す。

表2－4　H児への支援の経過とかかわった教職員及び関係者

項	月	H児への支援の経過	担任	管	養教	Co	保	備　考
ア	3年4月	校内連絡会	○	○	○	○		前担任（2年生の担任）
イ	4月	保護者との相談①	○	○	○	○	○	新担任（3年生の担任）
ウ	4月	状態把握・情報収集と校内検討	○	○	○	○		
エ	7月	保護者との相談②（ケース会議）	○		○	○	○	個人懇談会後
／／	9月	校内教育支援委員会	○	○	○	○		特別支援学級設置申請へ
オ	9月	巡回相談（作業療法士）	○		○	○		
カ	9月	運動会でのエピソード	○	○	○	○	○	父親の協力
キ	10月	緊急時対応マニュアルの共通理解	○	○	○	○		
	(10月)	(入院治療開始　1月下旬まで)						
ク	12月	保護者との相談③			○	○	○	個人懇談会後
ケ	1月	保護者との相談④（ケース会議）	○	○	○	○	○	
コ	1月	再登校開始（保護者の言葉）	○				○	
サ	2月	特別支援学級設置申請受理		○			○	
シ	4年4月	保護者との相談⑤（ケース会議）	○	○	○	○	○	交流学級担任も参加
ス	4月	新担任の家庭訪問	○				○	
セ	4月	特別支援学級入級	○	○	○	○		
	(4月)	(2週間入院)						
ソ	5月	巡回相談（病弱教育専門家）	○	○	○	○		
タ	7月	保護者との相談⑥	○	○	○	○	○	個人懇談会後
	(9月)	(入院治療再開)						

注1：「管」は管理職（校長、教頭）、「養教」は養護教諭、「Co」はコーディネーター、「保」は保護者を示す。
注2：複数コーディネーターだったが、主にコーディネーターAが関わったため、「Co」を1列で表示した。
注3：項の欄のア～タは、本文の〈ア〉～〈タ〉と対応している。
注4：上記以外にも、随時、保護者と連絡を取り合い、相談を行っている。
注5：表には、短期の入院は記載していない。
注6：保護者との相談②④⑤に（ケース会議）とあるのは、この相談の場が保護者参加のケース会議であったことを示す。

〈イ〉保護者との相談① －配慮事項の確認をする－：4月

　4月、始業式の日の午後、H児の母親が来校した。新担任、養護教諭、コーディネーター、管理職で相談を行った。母親がこの面談に持参したものが2点あり、これが以後の連携に大変役立った。

1点目は、Ａ４版２枚にまとめられたプロフィールシートで、「緊急時連絡先優先順位（電話番号リスト）」「病気の説明と治療歴」「痙攣を起こしたときの対応方法」等が記入されていた。

　2点目は、救急車を呼んだときに隊員に渡す救急カードである。これは、どの職員でもすぐに分かるように職員室入り口のキャビネットに保管し、すぐに取り出せるようにした（図２－１）。カードには、現在行っている治療や服用薬名が書いてあり、直接Ｈ児とかかわりのない者でもすぐに対応できる。

図２－１　救急カード
（救急隊員提示用）の保管

　このプロフィールシートと救急カードを見ながら、保護者からＨ児の病気と対応について説明を受けた。その後、学校生活における留意点を確認し合った。痙攣が起きたときの対応、授業中の対応、教室移動時の対応、行事への参加方法、体育や運動面の配慮、Ｈ児本人の病気についての認知状況、他の児童への説明方法、保護者の付き添い方法等について確認した。

〈ウ〉状態把握・情報収集と校内検討：４月～

　1学期が始まった。緊急時に備えて、担任は学校用携帯電話を常時身につけ、何かあった時はすぐに職員室に電話し、職員室に居る者が教室に走った。

　3年生になり、攻撃的な行動が出る薬を減らしたため、行動は落ち着いている。しかし、突然固まるという発作が頻発し、多いときで１日に30回程起きた。発作が起きたらすぐに横に寝かせて様子をみる。担任は霧吹きで水をかけたり、迷走神経刺激治療で胸に埋め込んである機器に磁気を当てたりする。発作が５分を超えると長引く場合が多いので、保健室に搬送する。長いときには、約２時間意識が戻らないこともあった。担任はその度に授業を中断してＨ児の対応をし、職員室からは管理職や主任が、保健室からは養護教諭が駆けつけた。Ｈ児の母親は大変協力的で可能な限り付き添ってくれたが、発作の頻度が高いため、その場に居合わせることができないこともあった。保護者不在のまま意識が戻らない状態が長く続くときには、救急車を呼んだほうがいいか、両親が無理なら祖父母に来てもらおうか等々、横に付き添いながら判断に迷うこともあった。

　このような状況の中、現状を打開する支援方策を見出すために、状態把握・情報収集を続けた。Ｈ児の治療方針については母親を通して聞いた。医療の情報については医療関係者や書籍等から入手し、制度上の支援方策については市の教育委員会と相談した。

〈エ〉保護者との相談②　－環境の整備に関する相談をする－：７月

　Ｈ児の発作が頻発し、Ｈ児への支援も、学級の児童への学習保障も、厳しい状況が続いた。管理職、コーディネーター、養護教諭による校内検討で、病弱・身体虚弱種の特別支援学級を設置することで、Ｈ児へのよりよい支援ができるのではないか、という案が出された。

そこで、7月の個人懇談後に校長室で保護者相談を行い、対象児童1名での県への特例申請なので可能性が高いわけではないがと断った上で、設置申請についての意向を尋ねた。母親からは、「病院に院内学級があることは知っているが、本人が今の友だちと一緒にいたいと希望しているので、引き続き小学校にお世話になりたいと考えている。一度家族で相談してみる」という回答をいただいた。

　数日後、特別支援学級が新設されるなら入級したいという申し出があった。そこで、9月の校内教育支援委員会で審議をし、設置申請することが決定した。

〈オ〉巡回相談（作業療法士）：9月

　9月、作業療法士[15]を招聘して巡回相談を行い、H児への支援についての指導助言を受けた。この場で身体面での配慮の他、発作時間・発作種類による緊急対応の方法をまとめた「緊急時対応マニュアル」を作ったほうがいいと助言を受けた。病状を正確に把握している母親に原案を作ってもらい、医師に確認してもらう形で作成するとよいということもつけ加えられた。そこで、母親に依頼し、マニュアルを作成してもらうことにした。

〈カ〉運動会でのエピソード：9月

　H児は、体格もよく走るのも速い。3年生の9月、学年男児全員で一斉に走ったところ、運動会の紅白リレー選手候補になった。選手は学年で4名である。学校としては、病状を考えると迷うところであったが、検討の結果、本人の気持ちと保護者の意向をもとに判断することにした。

　本人は紅白リレーに出たいと言い、保護者は主治医も認めてくれたし迷惑をかけることはわかっているが是非出してやりたいと強く希望された。入退院を繰り返し、活動の場も限定される中、何とかH児と保護者の希望を叶えたいと考えた。そして、学校としては覚悟の要る決断であったが、H児をリレー選手として決定した。

　しかし、想定される課題は多く、運動会に向けて、校内関係者間での打ち合わせを重ねた。最終的には、補欠児童とH児の父親が全力疾走で伴奏し、突然の発作が起こった場合には即座に交代できるような体制を整えた。補欠児童の保護者も本人も、H児のためにと協力してくれることになった。養護教諭と母親は発作に備えて待機した。体育主任も審判係も、競技後に周囲の児童・保護者からH児に対する不満が出ないように、リレー運営面での備えをした。

　運動会当日。H児は、走り通した。走り終えたH児に、保護者席からも児童席からも、大きな拍手が送られた。H児の紅白リレー出場に関する課題を解決するために、周りの大人も子どもも自然に力を合わせることができたエピソードであった。

〈キ〉緊急時対応マニュアルの共通理解：10月

　母親に依頼してあった緊急時対応マニュアルが完成し（図2－2）、学校に届けられた。マニュアルには、どのような状態の時に、どのように対応したらいいかが分かりやすく記入されていた。教職員にとって、いざというときに備えるための重要なマニュアルとなった。これを全教職員で共通理解し合い、H児への支援体制を整えた。

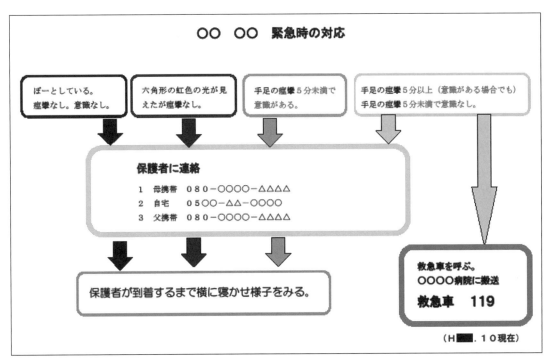

図2－2　緊急時対応マニュアル

〈ク〉保護者との相談③　－病状と術後の状態確認をする－：12月

　3年生10月より病状が悪化した。1日に痙攣を入れて発作が50回起きる日もあった。薬を調整しても発作を押さえ込めないとのことで、10月25日に入院し、11月に側頭葉、12月に前頭葉の軟膜下皮質多切手術[16]を受けた。左上半身不自由が生じることを覚悟の上での手術であった。

　12月の個人懇談会後に、保護者相談を行い、母親から病状と手術後の様子を聞くとともに、退院後、再登校した時に必要な配慮について確認した。

〈ケ〉保護者との相談④　－再登校に向けた支援の内容と方法の相談をする－：1月

　1月、退院をし、学校に登校できることになった。長期欠席後の学校復帰である。本人の準備はもちろん、学校としても受け入れ態勢を整えるための準備が要る。保護者との連絡相談は必要不可欠であった。1月下旬からの登校に備え、母親に来校してもらい、担任、管理職、養護教諭、コーディネーターで、対象児の病状や治療の状況、学校生活上の留意点、配慮事項等を聞いた。この時に、母親は自作の「入院中の経過」「体の状況と学校で必要となると

思われる介助方法」「出校予定スケジュール」という3点の紙面を持参し、これをもとに説明をした。紙面は分かりやすく整理され、今後の対応策を相談する上で役立った。

H児は入院前と病状が変わり、左半身に不自由が生じていた。左腰の痙攣は常時あり、左口角のぴくつきがあるので大きな声が出ない、左手の握力は4kg程度に落ち腕は持ち上がるが細かい動きはできなくなっている、左側の支えがあれば歩くことができる等である。

相談の結果、はじめのうちは2～3時間程度の登校をすることになった。本人は学校での勉強を楽しみにしており、体育以外で授業を組むことにした。安全面の配慮をするために、保護者付き添いの方法も相談した。左半身に不自由さがあるので、教室の一番後ろで母親が左側に座れるように席を設けることにした。

さらに、学校に戻る日に、母親から学年の児童全員に説明をすることになった。周囲の児童も、H児にどう接したらいいかが理解できれば、そのように行動できる。きちんと伝えることが大切だと、相談に同席した者一同で確認した。

〈コ〉再登校開始：1月

再登校の初日、病気治療のため手術をして体の左側が動きにくくなったということ、強く人や物が当たると転んでしまうこと、大きな声で話せなくなって聞き取りにくくなったことなど、H児の変化について母親から学級児童全員へ説明してもらった。その後、接し方について、「Hへ○○してもらえると嬉しいな」という形で、してほしいことを具体的に語りかけてもらった。学級の児童たちは、H児の症状と自分たちができることについての具体的な説明を聞き、学校復帰後のH君の学校生活を支え応援していこうとする姿を見せてくれた。

学校に復帰する本人の不安も大きいが、受け入れる側の児童たちも不安であったと思われる。このような保護者の協力があって、H児はスムーズに学校に戻れた。ここに周囲の児童への説明をしたH児の母親の言葉（表2-5）[17]を掲載する。

表2-5　H児の母親の言葉「周囲の子どもへの説明」

> 子どもたちが病気の子どもを理解することは難しいと思います。それには、<u>保護者と先生が連携し、病気の子の状況を把握、周囲の子に状況を説明してもらうこと、クラスの保護者の理解も得ることが必要なのではないかと思います。</u>親として、子どものことを理解してもらうには、病気のことを話すことが必要となってきます。中には病気のことを言いたくない保護者もいると思います。その時は、先生が保護者の了解を得て、話す内容に配慮しながらクラスの子どもに伝えてもらえると、病気の子もその保護者も助かります。
> <u>子どもは素直なので、先生や親の反応を見ています。適当なことをいうと、理解できないのではないかと</u>私は思っています。

注：下線部は、考察で引用した部分を示す。

〈サ〉特別支援学級設置申請受理：2月

年度末、病弱・身体虚弱種の特別支援学級の設置申請が認められたという県からの連絡が届いた。すぐに保護者に連絡をし、H児は、4年生から特別支援学級に入級することになった。年度内に市教育委員会と相談して、新設する特別支援学級用に教室を用意し、さらに学

校生活に必要な備品も用意して、基礎的環境整備を行った。

〈シ〉保護者との相談⑤ －学校でできる合理的配慮について相談をする－：4月

　4年生に進級してすぐ（4月当初）、母親に来校してもらい、H児を担任する予定の特別支援学級担任[18]、交流及び共同学習を行う通常の学級担任、養護教諭、コーディネーター、管理職で相談を行った。母親から、ここへきてラスムッセン症候群[19]であることが分かり、今後どのような状況になるか予測がつかないこと、治療のために入退院を繰り返すであろうことを聞いた。また、新年度用に手直しされた緊急時対応マニュアルと救急カードを受けとった。母親の配慮に助けられた。

　この場で、H児の新しい環境での学校生活について話し合い、できることについては担任付き添いのもとで通常の学級で交流及び共同学習を実施することにした。体育については特別支援学級単独で担任とマンツーマンで実施し、さらに今後の様子を見ながら、交流及び共同学習の時間を加減していくという方針が決まった。その他、下駄箱は歩行距離が短くてすむ場所を使う、登下校は保護者が付き添う、学校では保護者は教室に入らず付き添うときは廊下または別室に居る、こまめに担任に連絡・相談する等の申し合わせをした。

〈ス〉新担任の家庭訪問：4月

　相談の翌日、新担任が家庭訪問をしてH児と過ごした。保護者の説明を受けながら、座位、歩行、衣服の着脱、食事、トイレ等について確認し、新年度からのH児への指導・支援に備えた。

〈セ〉特別支援学級への入級：4月

　新学期が始まり、H児は1日登校したのみで、また治療のために入院した。退院後も、感染症の感染予防のために自宅療養をする必要があり、欠席が続いた（表2－6）。担任から保護者と本人にこまめに連絡をとるとともに、その都度記録をとり校内で報告した。周囲の配慮が必要な事柄については、担任が打合せで全教職員に周知した。

　特別支援学級を設置したことで、教職員の負担を増やすことなく、H児へのよりきめこまかい支援を実現できるようになった。しかし、担任だけに任せるのではなく、管理職や養護教諭、コーディネーター、交流学級担任等の関係者全員で、H児と担任をサポートすることを共通理解した。

表2－6　H児の出欠席日数

学　年	出席日数	欠席日数（入院）
1年生	135日	66日（35日）
2年生	119日	81日（37日）
3年生	125日	77日（49日）
4年生1学期	52日	20日（16日）
4年生2学期	31日	45日（27日）

〈ソ〉巡回相談（病弱教育専門家）：5月

　5月、病弱教育専門家[20]を学校に招聘し、H児への支援体制と支援の実際について指導を受ける場を設けた。授業観察と母親との教育相談を実施し、その後に指導助言をいただいた。担任はH児とのかかわり方や教科指導について、管理職は交流及び共同学習の見直しと保護者への支援について、指導助言を受けた。

　また、母親との教育相談の場を設けたことも有意義だった。母親からは、周囲の保護者・児童とのかかわりや、H児の弟のことなど、本人以外のことについても相談できたと聞いた。やれることを一つずつ積み重ねて支援を進めてきたが、知らないこと・気づかないことは本当に多く、病弱教育専門家による専門的見地からのアドバイスをいただくことで、H児への支援を見直すことができた。保護者と学校の合意形成のためにも、重要な機会だった。特に専門家からの「病気のことは医師に任せ、教育については学校が担う」という助言が有用だった。学校は病気が重篤であればあるほど何かあってはいけないと慎重になる。心配が過ぎて本人への対応が過保護になるケースもある。しかし、学校は病気に関する専門家ではない。学校において重要なのは、本人への教育をどのように保障するか、または学校に兄弟がいる場合はそこへの配慮をどうするか、という「教育の場でできること」をやればいいという助言だった。病気のことを100％理解できていなくても、学校としてやれることが具体的にわかっていれば、学校も動くことができるということが確認できた。この助言を、全教職員で共通理解した。

〈タ〉保護者との相談⑥ －支援と配慮の見直しをする－：7月

　7月の個人懇談会後に保護者相談を行い、病気に関することを聞き、学校生活上の支援と配慮の見直しをした。しかし、9月からまた入院して治療を再開することになり、H児は長欠に入った。

　事例1では「支援の経過」の後に「支援の結果」を記した。しかし、事例2では1年6か月という期間で区切ったものの支援は継続中であり、病状は刻々と変わっていたために、「支援の結果」という形で記すことを控える。

　最後に、H児の母親の言葉（表2－7）[21]の掲載をもって「支援の経過」を閉じる。

表2－7　H児の母親の言葉「保護者としての思い」

　Hがある日突然、病気になり生活が一変しました。毎日、症状が落ち着かず、日々その対応に追われているのが現状です。Hは学校が好きで、症状が変化しても、小学校へ通学することを目標に入院・療養生活を過ごしています。

　初めて、病弱・身体虚弱種の特別支援学級の設置について話を聞いた時、病気でも受け入れ、配慮していただけることに感謝しました。この学級設置は不確定と聞きながら、症状が悪化してくるHにとって、実現して欲しいと望んでいました。それが現実となり、一度は諦めた小学校へ通学できると、学級設置を一番喜んだのはHです。

　保護者として、Hの事を理解して欲しいという思いからHのサポートブックを作りました。保護者の思いを酌みとり、症状が変化するたびに先生方から話し合いの場を設けていただき、症状が変化しても先生方が対

応してくれています。
　もう一つ、Hと同学年の子ども達の前で話す機会をいただきました。Hの様子を伝えると、子ども達は理解をし、接してくれています。
　Hは学校等の支援を受け、学校生活を送っています。Hのように、病気でも今までの学校に戻れるような体制があればと望んでいます。

注：下線部は、考察で引用した部分を示す。

（4）考察

〈ア〉環境の整備と合理的配慮の提供を可能にした3つの要因

　事例2では、保護者との連携のもとに行った1年6か月間にわたるH児への支援の経過を述べたが、そのプロセスにおいて環境の整備と合理的配慮の提供を行った。それらが可能となった要因として考えられるものを3つ挙げる。

　1つ目は、管理職の積極的な関与である。本書では、校内支援システムを構築し運用することで、通常の学級に在籍する学習面・行動面での困難さを示す児童への支援を行ったが、コーディネーターが中心となって行われたものが殆どであった。しかし、H児のような重篤な慢性疾患がある場合は、教育全般や安全面・環境面での責任者である管理職が前面に出たほうが支援の選択肢が広がる。また、病気が背景にあるケースでは、養護教諭の協力も欠かせない。

　1年間に30日以上の長期入院をした児童生徒のうち、およそ4割が学習指導を受けていないという報告があるが、その原因として、学校が教員の確保を行うことが困難であったことや、子どもが入院している病院が遠方であったために教員を派遣できなかったことが挙げられている[22]。これは、対象の小学校にも当てはまることであった。定数外の教員の確保は不可能であり、病院も遠方で教員派遣ができなかった。

　H児が登校している時の教室内の状況はというと、担任教師はH児が発作を起こす度に授業を止め、その対応に当たっていた。そして、連絡が入る度に、管理職や養護教諭が教室に走っていた。意識の戻らないH児を保健室に搬送し、発作が長引くと、救急車を呼ぶかどうかを保護者と相談した。本人のためにも、周囲の児童のためにも、教職員のためにも、打開策が必要であった。そこで、管理職、コーディネーター、養護教諭で相談をし、H児一人のための特別支援学級を特例設置申請することになった。これは、管理職が積極的に関与し、決断をしないと実現しない方策であった。管理職が実質的なコーディネーターのような動きをして、校内調整や市教育委員会・関係機関への相談を行った。結果として、特別支援学級を新設することができ、H児へのより手厚い支援と合理的配慮の提供が可能となった。

　2つ目は、保護者との相談による連携の促進である。H児と出逢った頃は、管理職として万全の体制を整えて迎えないといけないと考えていた。しかし病状は刻々と変わり、見通しは立たず、予測もつかなかった。その都度、主治医からの指導を受けた保護者と、相談をしながら支援を進めることが最善の方法であった。

　事例1では、10か月の間に保護者との相談を4回実施した。事例2では、1年6か月の

間に6回の相談を行い、さらに付き添いで学校に来た保護者との会話を含めれば相当な回数のコミュニケーションをとっており、それが保護者との連携の促進につながった。ただし、学校に付き添いで来ていてくださるからと簡単な立ち話で済ませていては、情報の共通理解と合意形成は図れない。場を設けた相談に意味がある。病弱・身体虚弱児の場合、健康安全面での配慮が必要不可欠であり、対象児への支援や配慮については担任教師一人で判断できないことが多く、関係者が集まってケース会議を開き、方針や方略を検討する必要がある[23]。病状や治療の状況の確認、学校生活での配慮事項の確認、学校における指導・支援の方向性の検討等を行ったこの6回の相談の場が、ケース会議の機能を果たしたと考えられる。①配慮事項の確認、②環境の整備に関する相談、③病状と術後の状態確認、④再登校に向けた支援の内容と方法の相談、⑤学校でできる合理的配慮についての相談、⑥支援と配慮の見直し、という6回の相談のうち、②・④・⑤は、保護者参加のケース会議であったともいえる。そして、ここでの確認事項を全教職員に知らせ共通理解を図ることで、学校全体でH児を支援する体制が整った。

　保護者との連携で特に効果的だったのは、「保護者からの情報提供」と「学級児童全員への説明」だった。病気の子どもへの指導に当たって大切なことはリスク管理の緊急時の対応であり[24]、H児の母親から提供された救急カードと緊急時対応マニュアル（図2-1、図2-2）は、緊急時の備えとして教職員の支えとなった。また、手術後の学校復帰の際の母親による学級児童全員への説明も効果的であった。H児は手術を受けたことで主症状は改善したが、左半身不自由や視力低下、発声の不自由等が発生した。周囲の児童はH児の復帰を楽しみにしていたものの、不自由の生じたH児にどのように接したらよいかと心配をしていた。そのような状況であったが、母親の具体的な説明のおかげでH児はスムーズに学校復帰することができた。

　母親からは、周囲の理解を得るためには「保護者と先生が連携し、病気の子の状況を把握、周囲の子に状況を説明してもらうこと、クラスの保護者の理解も得ることが必要なのではないかと思います」（表2-5）という言葉をいただいた。本当に必要なのは、ハード面だけではなく、周囲の理解というソフト面の人的な環境整備であることを再認識した。また、「子どもは素直なので、先生や親の反応を見ています。適当なことをいうと、理解できないのではないか」（表2-5）という言葉から、母親に習い、学校も覚悟を決めてH児への支援にあたろうと決意を新たにした。母親には心より感謝したい。

　3つ目は、専門家の指導助言による支援の改善である。病弱教育の専門性は、医学・教育学・心理学などの多岐にわたる学問的知識の蓄積や、教科指導と自立活動の指導を組み合わせた実践的指導力から構築される[25]。とすれば、その領域での専門家を招聘し指導助言を受けることで、支援をよりよいものへと改善できる。事例2では、作業療法士による巡回相談と、病弱教育専門家による巡回相談を行い、いずれも有用な指導助言を得ることができた。作業療法士からは身体機能に関するトレーニング方法を学ぶことができた。病弱教育専門家からは、保護者は教育相談を受けることができ、学校は指導助言を受けることができた。特に「病

気のことは医師に任せ、教育については学校が担う」という助言では、病気のことを理解できていなくても、学校としてやれることが具体的にわかっていればいいということが確認できた。また、それまでに行った支援は、「学校に求められる支援は何で、どこまでが実現可能か」を検討し、「やれることをやってきた」のだから、それでよかったのだという安心感を得ることもできた。この「学校に求められる支援は何で、どこまでが実現可能か」という検討と、「やれることをやっていく」ことの積み重ねが、H児への合理的配慮の提供につながったと考えている。

　学校には多様な困難さを示す児童が在籍している。現在の公立小学校では、発達障害や軽度の知的障害については、実践に基づいた知見が積み上げられつつある。しかしながら、例えば重篤な症状のH児のような事例は稀であり、学校現場には知識も経験もない。実際に、筆者の勤務する小学校では初めてのケースであった。それぞれの教育的ニーズに合った支援を実現するためには、最適な専門家を招聘し学校現場が専門性を高めることで、状況が改善されると考える。

〈イ〉校内支援システム運用を振り返って

　事例2では、重篤な症状の病弱・身体虚弱児への支援の経過を通して支援システムがどのように運用されたかを記した。1年半にわたるH児への支援でわかったことは、その時その時の病状や状態に応じて柔軟に対応すること、固定した見方をしないことが大事であるということであった。病弱・身体虚弱児の場合は、校内支援システムを土台とした状態把握や支援方策検討より、主治医からの指示の下で「学校はどこまで実現可能か」を見極めることが重視される。重篤な病気が背景にあるため、安全管理・病気への対応のために、中心となったのは管理職と養護教諭であった。事例2からは、校内支援システムの運用といっても一律ではなく、だれが中心的な役割を担うかということについては、対象児のニーズに合った者であることが必要であると示された。

　これまで、事例2を通して検討を進めてきたが、「特別な教育的ニーズのある児童にとって、本当に必要な環境の整備と合理的配慮の提供とは何か」という問いの答えが、保護者の言葉にある。「一度は諦めた小学校へ通学できると、学級設置を一番喜んだのはHです」（表2－7）とあるように、児童本人の願いに応えられるよう、学校ができることを考え、具現化していくことではないだろうか。そして、「保護者の思いを酌みとり、症状が変化するたびに先生方から話し合いの場を設けていただき、症状が変化しても先生方が対応してくれています」（表2－7）とあるように、保護者と学校が連携し、児童本人の願いに応えるために相談し、合意形成の上で一つひとつ実現していくことが最も重要なのではないかと考えている。

　ただし、この相談に基づいた合意形成に至るまでには様々な困難があったのも否めない。事例2では場を設けた相談を6回実施した。しかし相談の回数を重ねればいいというものではなく、相談の中で判断を求められる場面や、保護者の希望に添えない形で合意を図らなければいけない場面があった。例えば、H児に身体的な不自由さが生じ階段の昇降が困難になっ

た時に、在籍学級の教室や音楽・家庭科などの教室を1階に動かすことは不可能であり、また年度途中の支援員の配置要望は制度上できなかった。学校に在籍する他の児童やその保護者たちに説明できないことや負荷がかかることは、H児への支援のためとはいえ選択できなかった。このように実現不可能と判断した時には、それを伝えた上で、その代わりに「何ができるか」を相談したというのが実情であった。病状が安定せず厳しい局面に立たされても、H児のために「何ができるか」を検討し続け、その上で学校として出した結論が、特別支援学級の特例設置申請であった。もちろん運動会のエピソード（カの項）のように、できると判断したことについては断行した。保護者も支援員配置が不可能であるならばと、学校での付き添いを快諾してくれた。このような経緯を経て保護者と学校の関係が築かれ、今回のような合意形成に至ることができたのではないだろうか。相互の信頼関係の構築が合意形成の土台として最も重要であると、本事例は示唆している。

〈ウ〉課題

　事例2の課題として、多様性への対応が必要不可欠であるということを挙げる。特別支援教育が始まって以降の、小学校で行われた特別な支援を必要とする児童への指導・支援に関する研究論文の多くが、通常の学級に在籍する発達障害あるいは発達障害の疑われる児童を対象としている[26]。しかし小学校には、H児のような発達障害以外の病弱・身体虚弱の児童や、複数の障害を併せ有する児童が在籍している。インクルーシブ教育システムのもと、障害のある者と障害のない者が共に学ぶことができる仕組みづくりが求められる時代にある。多様なニーズに対応するためにも、多様な障害種に対応できる専門性の向上とシステムの構築が求められる。

【注及び引用文献】
（1）殿塚卓・近藤良太・熊谷希美（2018）特別支援教育校内支援体制の構築と支援の実施－「個への支援システム」から「集団への支援システム」への進化発展－．第66回教職員研究論文集，21-24．
　　事例1の内容は、上記の論文に一部掲載されている。
（2）堀部要子（2015）小学校における慢性疾患児への支援の歩み－4年生A君との1年半を振り返って－．日本育療学会誌育療，57，15-19．
　　堀部要子（2016）学級活動で進める障害理解．曽山和彦編，「気になる子たち」理解教育のきほん　クラスみんなで学ぶ障害理解授業の進め方．教育開発研究所．104-107．
　　事例2の内容は、上記2編の論文等に掲載されている。
（3）この作業療法士は、所属する病院の定めた地域支援枠で、地域の公立小学校の巡回相談にあたっていた。筆者の勤務校では、特に運動機能に課題がある児童への支援方法について、作業療法士から指導助言を受けていた。
（4）DTVP フロスティッグ視知覚発達検査，日本文化科学社．ここでは、支援システムの運用や支援の経過の記述を目的とするため、G児の視知覚検査の結果を記載しない。
（5）WISC-IV 知能検査，日本文化科学社．ここでは、支援システムの運用や支援の経過の記述を目的とするため、G児の知能検査の結果を記載しない。
（6）図1－10参照．
（7）図1－11参照．
（8）校長室は、来客がない場合は会議や保護者相談、児童への指導に活用されていた。校長室での保護者相談は、他の保護者に目撃されることもなく、落ち着いて話を聴いたり相談したりできる。もう一つのメリットは、校長が最初から相談に参加せずに、他の仕事をしながら話し合いの状況を伺い、例えば保護者との相談がこじれそうになった時や管理職でないと判断しかねる内容の話題が出された時などに、必要に応じて相談の場に参加できることであった。
（9）別府哲（2002）児童期の発達の様子．石川道子・辻井正次・杉山登志郎編著，可能性ある子どもたちの医学と心理学．ブレーン出版．103-108．
（10）別府悦子（2013）特別支援教育における教師の指導困難とコンサルテーション．風間書房．
（11）熱性痙攣とは、特別な脳の病変がないにもかかわらず、急激な発熱に伴って起こる全身痙攣を示す。生後6か月から4歳までに起こる小児の痙攣の中で最も多い。意識は消失してもすぐに回復し、後遺症を残さない。一般に6歳頃までに自然に起こさなくなるが、一部のものは真性のてんかんに移行することがある。（「看護・医学事典第8版」医学書院）
（12）急性脳症とは、中枢神経系に明らかな異常所見がないにもかかわらず、痙攣、意識障害などの脳機能不全症状が急激に出現する病態を示す。（「看護・医学事典第8版」医学書院）
（13）側頭葉てんかんとは、側頭葉に起源をもつてんかんで、その発作を側頭葉発作という。意識障害とともに口をもぐもぐ動かしたり、手足を動かしたりする症状が現れるタイプと、幻聴、錯聴、幻視などが現れるタイプの2つがある。（「看護・医学事典第8版」医学書院）
（14）迷走神経刺激治療とは、左頸部の迷走神経にらせん状の電極を外科的に装着し、前胸部皮下に設置した埋込み型電気刺激装置によって迷走神経を慢性的に電気刺激する治療を示す。（「医学大辞典第2版」医学書院）
（15）（再掲）この作業療法士は、所属する病院の定めた地域支援枠で、地域の公立小学校の巡回相談にあたっていた。筆者の勤務校では、特に運動機能に課題がある児童について、作業療法士から指導助言を受けていた。
（16）軟膜下皮質多切手術（多切術）とは、難治性てんかんにおいて、焦点が、運動野、言語野、視覚野など重要な機能が局在し切除すると重大な神経脱落症状が起こる部位にある時、焦点部位の脳皮質を深さ4mm、幅5mm間隔で軟膜下に平行に多数切開する手術方法を示す。その原理は、脳杯白質の神経細胞の水平方向の線維連絡を多数切断することでてんかん焦点の興奮は抑制されるが、垂直方向の連絡は保たれるため神経機能は温存されると説明されている。（「医学大辞典第2版」医学書院）
（17）堀部要子（2016）前掲．
（18）4月、始業式での担任発表前であったが、特別な措置として、H児の担任であることを保護者と本人に知らせた。
（19）ラスムッセン症候群は慢性進行性の神経疾患で、健常者に何らかの先行感染症があった後などに、脳の限られた領域に免疫反応による炎症がおこり、てんかん発作で発病する。その後、てんかん発作が難治に経過し、重篤な症状が出現する。（難病情報センターHP）
（20）病弱・身体虚弱児への指導・支援を研究領域としている大学教授を招聘した。
（21）堀部要子（2015）前掲．
（22）船橋篤彦（2016）病弱の児童生徒に対する教育．川合紀宗・若松昭彦・牟田口辰己編著，特別支援教育総論　インクルーシブ時代の理論と実践．北大路書房．114-119．
（23）堀部要子（2016）前掲．
（24）全国特別支援学校病弱教育校長会（2012）病気の子どものガイドブック　病弱教育における指導の進め方．ジアース教育新社．
（25）船橋篤彦（2016）前掲．
（26）堀部要子（2019）小学校における特別な支援を必要とする児童への指導・支援に関する研究動向．人間発達学研究，10，57-65．

第3章
実践の結果から、構築・運用した校内支援システムの有用性を考察する

　第1章・第2章では、教育的ニーズのある児童への支援を実施するための校内支援システムと、事例を通して「個」への支援の実際を紹介した。第3章では、先に述べた「個」への支援に関する実践の結果[1]から、構築・運用した校内支援システムの有用性を考察する。

1　支援を実施した児童の人数と、3つの校内委員会の有用性

　支援の対象となる児童全員の現状・支援内容・配慮事項を教職員全体で共通理解するために、特別支援教育に関する校内委員会のうちの1つである校内委員会全体会を年間3回開催した。会議の回数を減らすために、教育支援委員会も同日に連続して開催した。
表3－1は、E小学校で校内支援システム構築に取り掛かってから3年目（20XX年度）の1年間に、両委員会で対象となった児童の人数を示したものである。合わせて40名であるが、これは、全校児童の12.5％にあたる。ここから特別支援学級在籍児童3名を除くと、通常の学級に在籍する両委員会の対象となった児童は37名であり、これは通常の学級に在籍する児童全体の11.7％にあたる。前出の調査では、小中学校の通常の学級に在籍する児童生徒の中に、学習面あるいは行動面で著しい困難を示す子どもが8.8％、小学校だけをみると10.4％存在する[2]という結果であったが、11.7％という割合は、これを超えている。この結果は、担任や周囲の教師が児童の困難さに対して敏感に気づくようになったこと、学級で抱え込むのではなく学校全体で支援を進めるという考え方が浸透したこと、保護者が子の発達や行動が気になった時に学校に相談するようになったことに起因している。
　校内委員会全体会では、対象人数が多いために報告や協議に時間がかかり、効率的に会を

表3－1　校内委員会全体会と教育支援委員会の対象となった児童の人数（20XX年度）

第3回校内委員会全体会（3月)								教育支援委員会	計
1年	2年	3年	4年	5年	6年	特支	計		
7	7	5	4	10	2	3	38名	2名	40名

注1：校内委員会全体会と教育支援委員会は同日開催で、対象児童は重複しない。
注2：「特支」の欄は、特別支援学級在籍児童で委員会の対象となった児童数を示す。

進行させる必要があったため、各担任教師から協議用の資料として児童１人につき１枚の連絡票が提出された。対象児童のできないことや問題行動を書きがちであるが、コーディネーターＡが、学校全体で支援していく上で参考になるポジティブな情報を書くよう励行した結果、有効な支援方法や児童の長所や好みを生かした接し方が記入されるようになった。例えば「座りなさいと言うよりも、おしりを椅子につけて座りなさいの方が、指示がとおりやすい。（１年）」「国語で原稿用紙に作文を書く練習をした時に、あらかじめ手本の文を用意し、横に置いて書かせたら他の子と同じペースで書くことができた。（２年）」「言葉をかたまりでとらえる力が少し弱いため、助詞に○をつけたり、単語で区切る練習をしたりするとよい。（４年）」「急に指名するとあわててしまう。机間指導の時に事前に、これ聞くよ、などと声をかけておくとパニックにならない。（５年）」「漢字・英語が得意で、外国語の授業で大活躍する。普段の会話も英語を使うと嬉しそうにする。（５年）」というような内容である。

　その他、校内委員会全体会運営上の工夫として、コーディネーターＡが対象児童の顔写真を用意し、各担任がその児童について報告する時にその写真をプラズマテレビに映した。担任教師は、自分の学級や学年以外の児童の顔がわからないことが多く、その他の教職員も校内の児童の名前と顔が一致しているとは限らなかった。この試みは支援に関する共通理解を

表３－２　３つの校内委員会についての年度末評価（教職員の自由記述より）

校内委員会全体会について
・多くの児童について検討したために時間がかかったが、全校体制で見ていくためには大切な場である。 ・他の学校では、担任の困りとできないことを語って終わっている。本校では、できないことよりも、有効な手立てや今行っている支援について語られるようになってきた。 ・子どものよさを手掛かりに、支援方策を考えることができた。 ・１年間を通して、児童に対する先生方の見方の変化がつかめた。 ・担任が手をかけすぎると、他の児童が崩れていく可能性がでてくる、校内委員会全体会で共通理解したことを、すれ違った時にいろいろな先生からほめてもらうようにしたい。 ・顔写真を提示しながら説明したのは、担任以外の教師にも児童が分かってよい。ただし配慮は要る。 △時間内に審議を終わらせることが難しい。１～３年、４～６年というように機会を分けたらどうか。
ケース会議について
・実際に対応していく担任にとって、ケース会議で様々な意見をいただき安心できた。 ・支援の方向性について、様々な視点から検討できるのでよい。支援について自信がもてる。 ・担任だけで悩むのではなく、関係者で検討する場であるケース会議は有効である。 ・ケース会議の場に管理職が入っていただけるので安心である。 ・すぐに開いてもらえる環境がありがたい。 ・時間がオーバーした時に、管理職から勤務時間について配慮してもらえるのがよかった。 △時間の確保が難しい。ケース会議を開く時間が、勤務時間外や休憩時間になることがある。
コーディネーター会議について
・コーディネーターの共通理解なくしてトリプルコーディネーター体制は成立しない。重要な時間である。 ・個だけでなく集団への支援についても、対象児童や方法、時間、担当者など、具体的な話ができる。 ・ＰＤＣＡサイクルのＰやＣの一部として位置付けたい。 △通常の学級の担任にも入ってもらう方がいい。なかなか開催のタイミングがつかめない。もっとコーディネーター会議を持ち、自分が持っている情報を他のコーディネーターに伝えるべきだった。

注１：△は、課題または改善点を示す。
注２：アンダーライン部分は、考察と対応している記述を示す。

図るのに役立った。事例１：複数コーディネーターと３つの校内委員会が担う機能（第２章、１）では、校内委員会全体会の後、G児について共通理解した情報をもとに、担任教師以外の教職員がG児にポジティブな声かけをしている。これらのことは、年度末評価（教職員の自由記述、表３−２）にも記されている。校内委員会全体会が、全教職員の共通理解の下で支援を進めるために重要な場であったことが示された。唯一、連絡票等の工夫をしても、なお時間がかかることが課題であった。

　ケース会議では、通常の学級に在籍するケースだけでなく、特別支援学級に在籍するケースや教育支援（就学指導）にかけるケースについても協議した。比較的緊急性の高いケースを優先して状態把握に基づいた支援方策と、保護者との合意形成を図るための具体的な方法を話し合った。会議の回数を増やさないように、例えば、ケース会議１回開催につき複数児童について協議する、ケース会議に備えてコーディネーターが事前の情報収集をしっかり行う、資料（第１章、図１−10）を用意して検討事項を明確化した上で効率的に協議を進めるという運営上の工夫をしたことが効果的だった。またケース会議での検討事項（第１章、表１−２、項目①〜⑦）が決めてあり、それに沿ってコーディネーターが司会進行したため、必要な事項を欠くことなく効率的に協議を進めることができた。さらに参加の有無にかかわらず、ケース会議の記録（第１章、図１−11）をもとに、検討された内容を共通理解することができた。

　上記のようなコーディネーターの工夫により、１名につき30分ほどの時間で検討が進み、なおかつ会議後の記録をもって共通理解を図ることが可能になった。このように短時間で効率よくケース会議を運営できるようなシステムを整えることで、１回の開催で複数名の児童について検討することが可能となった。

　ケース会議は、２年間（20XX−１年度、20XX年度）で計26回開催した。ケース会議１回開催につき２〜３名の児童について協議することもあったので、２年間26回のケース会議での対象児童はのべ40名弱である。中には１人の児童が複数回のケース会議にかかることもあり、校内委員会全体会に出された児童全員についてのケース会議を実施することができなかった。むやみに会議の回数を増やさないように、１回につき複数児童について検討する、事前の情報収集を確実に行う、検討事項を明確化して効率的に協議を進める等の工夫をしたが、時間的にこれが限界であった。ケース会議で検討できなかったのは、校内委員会全体会で挙げられた中でも、比較的学校適応の状態がよい者であった。彼らへは、コーディネーターや校長からの助言をもとに、担任教師を中心とした支援が行われた。しかしながら、事例１の考察で述べたように、個への支援においてはケース会議と校内委員会全体会が重要であり、とりわけケース会議は支援方策を検討する重要な位置づけであったことから、できる限りケース会議の開催に努めた。

　コーディネーター会議については、コーディネーター３名が共通理解を図るために重要な時間であると認識されていた（表３−２）。また、コーディネーター会議の場に管理職が同席していたため、管理職は児童や保護者の情報を得るとともに、コーディネーターの悩みや

システム運用上の課題などを、直に把握することができた。さらに、コーディネーターにとっては、別途に協議内容を報告する必要がなく、管理職にとってはその場で方針を打ち出せるというメリットがあり、効率面でも有意義であった。

　以上、先行研究の検討において校内委員会の内容がわかりにくくそれを明示するとよいであろうことから、「校内委員会全体会」「ケース会議」「コーディネーター会議」という機能別の3つの校内委員会を設置し、それぞれの内容を示した上で実践を進め、その結果について検討し考察を進めた。「個」への支援を進めるに際してはケース会議が重要であるが、時間的な制限や対応できる人数に限界があった。校内支援システムを構築し運用した結果、効果的な支援を具現化できるようになったとはいうものの、対象人数が多い場合には、全員に対してシステムを活かした支援を実施することが困難になる。このことから、著しくはないが困難さを示す児童、後に著しい困難さが生じる可能性のある児童や、彼らを含む「集団」に着目した支援が必要であり、それが次の課題であると考えた。

2 支援の手順と、複数（3名）コーディネーターシステムの有用性

　すでに述べたように、特別な教育的ニーズのある児童への支援の手順が明確だと学校現場で活用しやすいであろうことから、支援者である「保護者」「教職員」への支援を組み込んだ支援システムの構想図を作成した（第1章、図1-9）。支援の手順については、気づき→（実態把握のための）情報収集と相談（保護者・本人）→校内委員会での検討（目標の設定・計画の作成等）→支援の実施→評価、見直し改善と相談（保護者・本人）とし、支援の結果によってはPDCAサイクルをもって校内委員会の検討から繰り返す、という流れにした。

　年度末評価での教職員の自由記述（表3-3、上段）では、支援の道筋が分かりやすい、支援方策を立てるまでに迷うことなく進めていける等の手順に関する記述や、学校全体で支援しようとする体制が整っている、窓口がはっきりしていて相談体制が充実している等の、支援体制や仕組みに関する記述があった。また、「個別支援ファイルは、支援の履歴が分かり、対応に苦慮した時に役立った。引き継ぎにも役立った」とあるように、個別支援ファイルは有効な支援ツールであり、例えばG児への支援をPDCAサイクルで評価、見直し改善をする時にも、綴じられている支援の記録をもとに協議することができた。中でも特に注目したいのは、コーディネーターBが、「システム自体が機能していることについて、他校から羨ましいという声を聞く。誰一人も置いていかないという考えを、全教職員が理解しているからこそ、同じベクトルを向いて支援できると思う」と記述していたことである。中心的な役割を果たすコーディネーター自身が、校内支援システムが機能していることを自覚し、チーム支援を行っている自校の教職員に信頼を置いていることが伝わってくる。

　次にコーディネーターに視点を移して、複数（3名）コーディネーターの意義について検討を進める（表3-3、下段）。

表3-3 支援の手順と、コーディネーターシステムについての年度末評価（教職員の自由記述より）

支援の手順及び支援の実施に関する全般について
・その都度、ケース会議をもつなどの学校全体で支援しようとする体制が整っているのがよい。 ・アセスメントから支援までの支援の道筋が分かりやすい。 ・(教職員にとっても) 窓口がはっきりしていて相談体制が充実しているので、(ケース会議等で) 支援方策を立てるまでに迷うことが少なく進めていける。 ・システム自体が機能していることについて、他校から羨ましいという声を聞く。誰一人も置いていかないという考えを、全教職員が理解しているからこそ、同じベクトルを向いて支援できると思う。 ・個に対する支援は、「担任の気付き→ケース会議→校内委員会で共有、保護者への説明→WISCなどのアセスメント→保護者へ結果の報告→コーディネーター会議を経て支援」というように機能している。 ・担任による児童の見立てが正確である。 ・個別支援ファイルは、支援の履歴が分かり、対応に苦慮した時に役立った。引き継ぎにも役立った。 △個への支援に力を入れていくほど、「まかせておけばよい」という雰囲気になっていったように感じた。

トリプルコーディネーターシステム（3名のコーディネーターシステム）について
【コーディネーター自身（3名）から】 ・コーディネーターが相互に相談できる。精神的な負担が軽減される（一人でやると考えたら辛い）。 ・得意分野を生かして役割分担ができる。 ・3人なので、そのうちの誰かが異動になってもそれまでの支援のシステムを継続できる。 △特別支援教育に関する知識と経験が不足していたので、迷惑をかけた。情報の共有が重要と感じている。 △コーディネーター同士の折り合いがつかなかったら悪影響の懸念がある。 【コーディネーター以外の教師から】 ・コーディネーターの複数体制は、本当にいい。校務主任が一人だけで行う場合、負担はとても大きい。 ・3人体制のおかげで、一人で抱え込まずに相談して対応できるのは、とてもよい。 ・A先生は外部への発信や保護者対応、児童に対する指導、B、C先生は教員内の意志統一、説明の仕方、児童へのより専門性の高い指導に長けている。安心して任せることができる。トリプルはとてもよい。 △2番と3番の役割分担は難しい。3番は通常学級の担任から1名を指名してもよい。

注1：△は、課題または改善点を示す。
注2：アンダーライン部分は、考察と対応している記述を示す。

　コーディネーターAは、主に校外との連絡調整、会議・研修等の企画運営を行った。コーディネーターAは、調整力・行動力を備えており、会議を効率的かつ効果的に運用するための工夫（例えば、校内委員会での写真の提示等）が随所に見られた。保護者からも他の教職員からも信頼が厚かったが、本人は「特別支援教育に関する知識と経験が不足していたので、迷惑をかけた」（表3-3）と振り返っている。しかし、コーディネーターB、Cと協働する中で、特別支援教育に関する専門的な知識を獲得していった。特に、コーディネーター会議での情報交換が有意義であったと考えられるが、3人は常日頃からよく話し合っていた。複数コーディネーターの場合は、この情報交換が必要不可欠である。

　コーディネーターBは、特別支援学校の教員免許を所持しており、特別支援教育に関する専門性が高い。対象校では通級指導教室を担当し、その他市内の複数小学校で巡回指導を行っており、通常の学級に在籍する発達障害児あるいは発達障害の疑われる児童への指導・支援に熱心に取り組んでいる。それだけに、教職員は、気になる児童の言動についてコーディネーターBに相談に行くことが多く、事例1（G児）のように、担任がコーディネーターBに相談したところから支援が始まるケースもあった。実態把握の重要性を認識しており、アセスメントの実施に積極的であった。ケース会議でも、会議を効率的に進めるだけでなく、

支援をより質の高いものにするためにと、独自の工夫をした（第1章、図1－10、図1－11）。日常的にも、担任教師から相談があると具体的な対応策をアドバイスしている。コーディネーターA、Bは、それぞれの得意分野を生かしての役割分担ができていた。

コーディネーターCは、コーディネーターA、Bに比べて、前面に出ることが少なかった。コーディネーターCは、特別支援学級の担任であり、学級児童の在校時間にコーディネーターとしての業務にあたることができなかった、というのがその理由である。では、3人目のコーディネーターCは役割がないかというと、そうではない。コーディネーターCは特別支援学級3学級に在籍する児童に関する事項を総括的に担当した。また、特別支援学級在籍児童が交流する通常の学級の担任教師と、交流及び共同学習の進め方を相談したり、情報交換をしたりしていた。このように、通常の学級に在籍する児童を担当するコーディネーターBと、主な対象を分けることで役割分担していた。

上記のように3名は、それぞれの役割を明確にした上で、連携して職務にあたった。実質的には、コーディネーターA、コーディネーターBが主にコーディネーターの業務にあたり、コーディネーターCはコーディネーターBの補助的な役割を担った。特別支援学級の担任教師は、障害児教育の経験と知識があるという理由からコーディネーターに指名されるケースが多く、同時並行の業務に多忙感を感じている[3]という報告があるが、コーディネーターCの立場で、単独でコーディネーターの職務を果たすのは困難であろう。しかしながら、コーディネーターCの存在は大きい。まず、業務を分担できるので一人当たりの仕事量を減らすことができる、つまり負担を軽減できる、ということがあげられる。もう一つ、3人いたからこそ、チームでコーディネーターの業務に取り組もうという意識が高まったであろうことがあげられる。コーディネーターの立場から見た複数（3名）コーディネーターの意義がここにある。実際、表3－3では、「コーディネーターが相互に相談できる。精神的な負担が軽減される（一人でやると考えたら辛い）」「それぞれの得意分野を生かして役割分担ができる」と書かれている。さらに「3人なので、そのうちの誰かが異動になってもそれまでの支援のシステムを継続できる」という記述もあり、コーディネーター自身が、3名のコーディネーターシステムのメリットを理解しているのがわかる。

担任教師の立場からは、「コーディネーターの先生が3名いるので、それぞれに話すことができるし、役割も明確でよかった」という声があがっていた。仕事の目的や内容がはっきりしているコーディネーターほど、より多くのコーディネーション行動を遂行していると考えられる[4]が、コーディネーター自身がその役割を明確にとらえて業務を遂行し、他の教職員にもそれが示されていたと思われる。また、3名のコーディネーターがリーダーシップを発揮しながら業務に携わったことも読み取れる。「コーディネーターの複数体制は、本当にいい」「A先生は外部への発信や保護者対応、児童に対する指導、B、C先生は教員内の意志統一、説明の仕方、児童へのより専門性の高い指導に長けている。安心して任せることができる。トリプルはとても良い」とあるように、コーディネーター以外の教師からも評価を得ている。本実践における複数（3名）コーディネーターのシステムは有意義であったと

考える。
　また、本実践における複数（3名）コーディネーターのシステムは、前述した、①人員不足と多忙化、②役割曖昧、③校内での共通理解・連携の困難さ、④支援体制構築の難しさ、⑤専門性とスキルの不足、という課題に対応できる方法であった。
① 人員不足と多忙化については、3名で役割を分担することで対応した。
② 役割曖昧については、3名それぞれの役割を明文化すること、始めにしっかり検討してそれぞれの役割を共通理解すること、コーディネーター会議を随時開催して役割を検討することで対応できた。
③ 校内での共通理解・連携の困難さと④支援体制構築の難しさについては、3名で相談して連携を図ったことがまず土台にあり、管理職や教務主任がバックアップすることで、校内での共通理解と連携を図ることができるとともに、支援システム構築が促進されたと考える。同時に、全教職員での共通理解の場を持ったり支援ツールを考案したりしたことも有意義であった。
⑤ 専門性とスキルの不足については、研修や巡回相談、先進校視察等を実施し、それを報告し合う中で力量向上を図ることができたと考える。加えて、教職員全員で多様なケースを共有して学び合うことも、全体の力量向上につながった。
　3名でのコーディネーターのシステムは、従前からあるコーディネーターに関する課題を解決できる有効な方法であると提言したい。

3　支援者（保護者・教職員）への支援システムの有用性

　確認のためにあえて繰り返すが、「対象児童」への支援だけでなく「支援者」を支援するという視点を加えることで実効性が高まるであろうことから、支援者である「保護者」「教職員」への支援を組み込んだ支援システムを構想した（第1章、図1－9）。ここでは、支援者である「保護者」への支援システムと、担任教師を含む「教職員」への支援システムについて考察する。
　保護者へは、多様な相談窓口を設け、PTA総会や文書で説明・周知したことで、「保護者は学校の取り組みを理解する→（些細なことからでも）学校と相談する→相談を受けた教職員は情報を共有する→保護者と学校が相談し支援方策を考える」という一連の流れができた。効果的な相談システムであっても、保護者が相談窓口を知らなければ、活用されないし機能もしない。この説明・周知は、保護者への支援システムにおいて必要なプロセスであった。保護者による年度末学校評価では「些細なことでも相談しやすい環境だと思う」という言葉があった。相談活動に協力いただいたスクールカウンセラーからは、「保護者との信頼関係がある。学校全体で何とかしたいという思いが保護者に伝わっている」という評価をいただいた。保護者との信頼関係を築くことができたのは、保護者との多様な形態の相談が土台に

あったからではないかと考える。

年度末評価での教職員の自由記述（表3−4）では、保護者への支援システムに関するポジティブな評価が多かった。個人懇談後や授業参観後に相談を行う日時の設定に関する記述や、担任まかせにせず管理職やコーディネーターが対応してくれてありがたい等の相談者に関する記述があった。相談の場には、担任教師だけではなく管理職やコーディネーターが同席した。これは、保護者を支援し、ひいては児童への支援をよりよいものにするためにとった支援方策であったが、担任教師にとってもよい効果をもたらした。ある若い担任教師は、「管理職やコーディネーターが積極的にかかわってくれるので、安心して保護者や本人に説明できる」と語っていた。

表3−4　支援者（保護者・教職員）への支援システムについての年度末評価（教職員の自由記述より）

保護者への支援システムについて
・個人懇談が終わってから、困りごとがある保護者と相談を行ったのはとてもいいと思った。別の日に来ていただくと、保護者も構えてくることになるし、なかなか時間も取れないので来づらい面もある。 ・入学前の相談、個人懇談後の相談、授業参観後の相談など、コーディネーターや管理職が直接話を聞くスタイルが良い。その場合、担任はコーディネーターや管理職につなぐ役割でいい。 ・担任まかせにせず、管理職やコーディネーターが対応してくれてありがたかった。 ・個人懇談後の校長先生との懇談の時間が、保護者にとっては心にたまった不安を吐き出すとともに、冷静に子どもの姿を見つめるいい機会になっていると感じた。専門的な見解がうけられ安心された様子だった。 △保護者と相談した後に、ケース会議を持って、対応方法や支援方法をみんなで考えるとよかった。

教職員へ支援システムについて
・先生方は、研修会で得た知識、ケース会議での対応策、コーディネーターに聞いた対応策を教室で実践している。困っている事ではなく効果的な対応策を共有して、同じタイプの児童にも応用している。 ・通級では定着していない学習を見分けてくださるので、クラスでも意識的に見ることができた。 ・個別に支援が必要な児童にとって、通級という場があるのはありがたい。 ・先進校視察では、自校の取り組みと比較検討ができる。学んだことを自校に還元できる。力量向上になる。 ・講師招聘は学校全体のベースアップ。自主研修等に参加できない教員も力量を高めることができる。 ・巡回相談で、作業療法士など、いろいろな専門の先生にアドバイスをもらうことができ、自信がついた。 ・打合せなどで、ミニ研修会があったので、より意識を高めることができた。 ・事例検討会でQ-Uの見方について、具体的に抽出クラスで検討したことが勉強になった。図の中でこの位置にいる児童には、こういう支援が必要等、さまざまな意見を聞くことができた。

注1：△は、課題または改善点を示す。
注2：アンダーライン部分は、考察と対応している記述を示す。

保護者への支援システムについては、相談を主とした支援を行ったが、保護者の悩みや子の発達や言動で気になっていることを聞き、相談を重ね一緒に考えることに意味があった。なお、20XX年度1年間で校長が行った相談は19件であった。一部、電話での相談もあったが、ほとんどが校長室での対面の相談だった。同様に、教務主任、コーディネーター、担任教師もそれぞれ保護者相談を行った。この相談が保護者にとっては気づきや安心につながり、学校にとっても気づきや実態把握につながった。

教職員へは、コーディネーターが中心となって、ケース会議での支援方策の検討や支援に関するアドバイスを行うことで、担任を支援した。担任が実態把握や支援方法に困った時には、専門機関や外部講師の力を借りながら状態把握に努め、個のニーズに沿った支援が行え

るよう、システムが運用された。また、外部講師による講話や巡回指導による助言、事例検討会やミニ研修会を行うことで、発達障害児等への理解と対応について、教職員の力量向上を図ることができた。また、「先生方は、研修会で得た知識、ケース会議での対応策、コーディネーターに聞いた対応策を教室で実践している。効果的な対応策を共有して、同じタイプの児童にも応用している」（表3−4）とあるように、得た知識や対応策を共有し実践することで、支援に関する力量がさらに高まっているとも考えられる。

前出したスクールカウンセラーからは、E小学校の教職員について、「スクールカウンセラーに入る情報量が多く、連携がとれている」「先生方は児童に対する見取りが正確で明確であり、アンテナが高い」という言葉をいただいた。スクールカウンセラーに入る情報量が多く、教職員の児童に対する見取りが明確だったのは、教職員の専門性が高まっていたことと、教職員への支援システムが機能していたことからきているのではないかと考える。

さらに、コーディネーターBが通級指導教室担当者であるために、担任教師の支援をする中で、通級指導教室でできることは何かを一緒に考え話し合ったことが有意義であった。通常の学級に在籍する困難さを示す児童にとって、通級指導教室は重要な学びの場であるが、担任教師にとってもサポートしてもらえる重要な場であったことが示された。

4 システムの構築及び運用過程における教師の役割

校内支援システムのもとで、特別な教育的ニーズのある児童への支援を具現化した。校内支援システムの構築及び運用過程で、校長、教頭、コーディネーターA〜C、教務主任、担任教師、養護教諭のうち、どの立場の者が中心的にかかわったかを整理して表3−5にまとめた。最も中心的なかかわりをした者（◆）、中心的・積極的なかかわりをした者（●）、補助的・部分的なかかわりをした者（○）、かかわりのない者（空欄）のそれぞれについての役割を見ると、支援システムの構築過程においては、コーディネーターを指名する校長と、コーディネーター3名、教務主任が中心的な役割を果たしていることが示された。3名のコーディネーターのうちのAが第1コーディネーター（まとめ役）であり、全校行事や他の提案事項との調整という教務主任からのサポートを受けながら、全職員への提案を行った。

運用過程の児童への支援プロセスに目を向けると、実態把握・情報収集については、専門性の高いコーディネーターB、Cと、直接の支援者となる担任教師が中心となって行い、ケース会議や支援の実施、支援の評価・見直し改善については、コーディネーターBを中心にコーディネーター3名と担任教師が主に行った。委員会や会議の開催については校内の行事やスケジュール管理に携わる教務主任が関わった。

次に、運用過程の支援者への支援プロセスに目を向けると、保護者との連絡調整は第1コーディネーターAと担任教師が中心となって行ったが、実際の相談への対応は、保護者からの相談内容により、担任教師、校長、教頭、教務主任、コーディネーター、養護教諭、スク

ールカウンセラー等から相談者（2名以上）を決めて行ったため、全員がかかわった。誰を相談者にするかは、担任教師や学年が抱え込むことがないように、また、児童への支援がより円滑に進み、保護者とスムーズに連携が図れるように、校長とコーディネーターAが中心となって決めた。これは保護者への支援だけでなく、児童への支援の成否にもかかわる重要なポイントであった。また、保護者への理解啓発や広報は管理職が中心となって行い、講演会はコーディネーターと教務主任、専門機関等の紹介は管理職とコーディネーターで行った。さらに教職員への支援は、担任教師への専門的な助言・支援が必要な場合はコーディネータ

表3－5 「個」への校内支援システムの構築及び運用過程における立場別のかかわり方一覧

	事項 \ 立場	校長	教頭	CoA	CoB	CoC	教務	担任	養教
構築過程	複数（3名）コーディネーターの指名	◆							
	コーディネーターの役割と業務の検討	◆	○	●	●	●	●		
	委員会、職員会等での提案、協議、共通理解	○	○	◆	○	○	●	○	○
運用過程	児童への支援　対象児童への支援								
	・実態把握・情報収集	○	○	○	◆	●	○	●	○
	・校内委員会全体会での共通理解	○	○	◆	●	●	○	●	○
	・ケース会議での検討	○	○	◆	●	●	○	●	○
	・コーディネーター会議での検討	○	○	◆	●	●			
	・支援の実施			●	●	●	○	◆	○
	・支援の評価・改善見直し	○	○	◆	●	●	○	●	○
	支援者への支援　保護者への支援								
	・保護者との連絡・調整			●			○	◆	
	・保護者との相談者の決定	◆	○	●			○		
	・保護者との相談	●	●	●	●	●	●	●	●
	・保護者への理解啓発や広報	◆	●	○	○	○			
	・保護者対象講演会の企画運営	○	○	●	○	○	◆		○
	・保護者への専門機関等の紹介・場の設定	◆	●	○				○	○
	教職員への支援								
	・教職員間の連絡・調整			●	◆	○	○		
	・担任教師への助言・支援	●	○	◆	●	●	○		○
	・外部専門家の招聘	◆	○	●					
	・巡回相談の実施	○	○	◆	●	●		●	
	・研修会・事例検討会の開催			●	●	●	◆	○	
	ケース会議の開催（効率化への工夫）			●	◆	●			
	コーディネーター会議の開催（日程と内容の調整）			◆	●	●			
	校内委員会全体会の開催（準備、運営）			◆	○	○	●	●	○

注1：◆…最も中心的なかかわりを示す。●…中心的・積極的なかかわりを示す。○…補助的・部分的なかかわりを示す。
注2：「Co」はコーディネーター、「教務」は教務主任、「養教」は養護諭を示す。

ーが、担任教師や教職員全体への助言・支援が必要な場合はコーディネーターと校長[5]が行った。担任教師や教職員の特別支援教育に関する力量の向上のための巡回相談、研修会・事例検討会については、教務主任と連携しながらコーディネーターが中心となって実施した。ただし、コーディネーターＣは特別支援学級を担任しており、教職員への支援については、時間的な制約があることから補助的にかかわった。システム運用途上の見直し改善、支援方策検討等は、随時、コーディネーター会議のメンバーで検討を進めた。

　これらのように、校内支援システムの構築過程では管理職とコーディネーター、教務主任が中心となって関わったこと、運用過程では管理職・教務主任と連携を図りながらコーディネーターが中心となって支援者である担任教師をサポートしたことが示された。保護者へは、管理職をはじめ、コーディネーター、担任教師、教務主任等の全員でサポートしたことが示された。露口（2008）は、「校長のリーダーシップは、学校組織が置かれる状態に応じて、求められるものが異なり、変革的リーダーシップと公正的リーダーシップはシステム未整備状態から基本的成果の維持及び教師集団を主体とした変革を支援する過程において求められる」[6]としているが、本実践においても、管理職（主に校長）はシステムの未整備状態から構築に向ける過程において、中心的・積極的な関わりをしたことが示された。また、「学校改善を志向する組織文化の17.5～25.3％（平均21.7％）をミドルリーダーのリーダーシップが説明している」[7]とも指摘しているが、特にシステム運用過程において、ミドルリーダーであるコーディネーター３名と教務主任がリーダーシップを発揮して、担任教師を支えていることが明らかになった。

　校長は、校内支援システムの構築に向けて３名のコーディネーターを指名し、システムの未整備状態から構築に向かう初期過程において積極的な働きかけをした。そして、校長とともにシステム構築に取り組んだのは、コーディネーター、教務主任というミドルリーダーだった。構築後、システムを実際に運用し機能させたのはコーディネーターと教務主任であり、そのサポートを受けた担任教師や教職員一人ひとりであった。すなわち、特別な教育的ニーズのある児童に対して直接的・中心的に支援にあたるのは担任教師であり、それをサポートするのがミドルリーダーたちであった。

　では、管理職は関与しないかというと、そうではない。ミドルリーダーがシステムの構築や運用に際して判断できない時には状況を聞き対応策を一緒に考える、担任教師はもちろんミドルリーダーたちの相談にのる、専門家等の招聘や先進校視察についてコーディネーターの相談に乗り予算を含めた計画を立てる、校内を回ってシステムが機能的に運用されているかどうかを確認し、上手く進んでいない点や課題についてはコーディネーター会議でミドルリーダーたちと対策を話し合う等、積極的に関与した。保護者との相談に関しても、教職員の年度末評価（表３－４）に「個人懇談後の校長先生との懇談の時間が、保護者にとっては心にたまった不安を吐き出すとともに、冷静に子どもの姿を見つめるいい機会になっている」とあるように、担任教師やミドルリーダー任せにせず、可能な限り管理職が保護者との相談にあたった。

このように、管理職は児童に対して直接的な支援を行うことは少ないものの、教職員や保護者に対して積極的に関与した。ただし、例外もある。事例２：環境の整備と合理的配慮の提供（第２章、２）の重篤な症状の病弱・身体虚弱児のようなケースでは、教育全般や安全面・環境面での責任者である管理職が、病気に関する専門性のある養護教諭の協力を得ながら、児童への支援に直接的に関与することも考えられる。多様なニーズに対応できる柔軟な校内支援システムが必要であることを、ここで付記しておく。

　上述してきたように、「誰が」「どこで」中心的・積極的に関わるかを明らかにすることで、それぞれの役割分担がさらに明確になる。学校内で組織的に機能する支援システム（仕組み）を構築し運用するためには、役割分担を明確にしたことが有効であった。また、目前の様々な困難さを抱える教育的ニーズのある児童への支援のために、複数コーディネーターシステムや３つの校内委員会、支援者（保護者・教職員）への支援システム、共通理解と連携のためのシステム等を内容とした校内支援システムを構築し、チームで支援に取り組んだ結果、よりよい支援と合理的配慮の提供が可能になったと考える。本実践における校内支援システムの有用性が示されたといえよう。

5　新たな課題

　特別な教育的ニーズのある児童への校内支援システムを構築・運用し、その結果、効果的な支援を具現化できるようになった。「個」への支援を進めるに際しては特にケース会議が重要であったが、時間的な制約や、対応できる人数の限界があった。特別な教育的ニーズのある児童が多い場合には、全員に対してシステムを活用した支援を実施することが困難になる。このことから、特別な教育的ニーズのある児童はもちろん、著しくはないが困難さを示す児童、後に著しい困難さが生じる可能性のある児童や、彼らを含む「集団」に着目した支援が必要だと考えるようになった。

　安彦（2013）は、「著しい困難を示す」という表現の解釈に関する問題を指摘した上で、障害のあると思われる子どもだけを対象にするのではなく、障害のない子ども含む「学級全体」（学校全体）を対象に指導を浸透させる必要がある[8]と提起している。学習面又は行動面での著しい困難を示す児童生徒を含む「学級全体」さらには「学校全体」への支援の在り方の追究が重要な課題であると考えた。

【注及び引用文献】

（1）先に述べたように、「堀部要子（2011）前掲．」を執筆した頃より校内支援体制に関する実践に取り組んだ。その後、D市立F小学校とD市立E小学校での計6年間、独自の校内支援システム（図1-9参照）の構築と運用に取り組み、その間、毎年、見直し改善を行った（第1章【注及び引用文献】（14）（17）を参照）。第3章はその最終の年度である20XX年度の取り組み（D市立E小学校）をもとに考察して記述したものである。

（2）文部科学省（2022）通常の学級に在籍する特別な教育的支援を必要とする児童生徒関する調査結果について．

（3）宮木秀雄・柴田文雄・木舩憲幸（2010）小・中学校の特別支援教育コーディネーターの悩みに関する調査研究−校内支援体制の構築に向けて−．広島大学大学院教育学研究科附属特別支援教育実践センター研究紀要，8，41-46．

（4）長谷部慶章・阿部博子・中村真理（2012）小・中学校における特別支援教育コーディネーターの役割ストレスに関連する要因．特殊教育学研究，49（5），457-467．

（5）校長が特別支援教育に関する専門性を備えていたために、担任教師や教職員への助言が可能だった。校長に特別支援教育に関する専門性がない場合は、外部専門家に依頼することで代行できる。

（6）露口健司（2008）学校組織のリーダーシップ．大学教育出版．
露口（2008）は、実証的研究の結論を8点にまとめ、項目（1）で「教授上のリーダーシップ論や管理的リーダーシップ論では、わが国の校長のリーダー行動の現実を説明できない。これらに代わる妥当性及び有用性の高いアプローチとして、教育的リーダーシップ・変革的リーダーシップ・支援的リーダーシップ・公正的リーダーシップを提示することができる。これら各アプローチは、改革推進主体・外部環境への態度・組織形態・リーダーシップの目標等の観点からその理論特性を説明することができる。そして、校長のリーダーシップは、学校組織が置かれる状態に応じて、求められるものが異なっていた。すなわち、変革的リーダーシップと公正的リーダーシップはシステム未整備状態から基本的成果の維持及び教師集団を主体とした変革を支援する過程において求められる。教育的リーダーシップは、基本的成果を超越し革新的成果を獲得する過程に求められる。」としている。すなわち校長のリーダーシップは、学校組織が置かれる状態に応じて、求められるものが異なっているということを明らかにしている。

（7）露口健司（2008）同上．「学校改善を志向する組織文化の17.5〜25.3％（平均21.7％）をミドルリーダーのリーダーシップが説明している。およその数値であるが、学校成果の説明量は、校長が20％、ミドルリーダーが20％と捉えることができる。そして、校長のリーダーシップとミドルリーダーのリーダーシップとは、相互に関連性を有していた（連鎖的効果）。校長の変革的リーダーシップが発揮されていれば、ミドルリーダーのリーダーシップも当然促進される。ただし、ミドルリーダーのリーダーシップの促進は、校長が変革的リーダーシップを発揮できている状況下に限定されていた。つまり、校長が変革的リーダーシップを発揮できていないにもかかわらず、ミドルリーダーに仕事を委ねても、ミドルリーダーは十分な働きができないことが明らかにされている。」とし、校長のリーダーシップとミドルリーダーのリーダーシップとは、相互に関連性があることを明らかにしている。

（8）安彦忠彦（2013）通常の学級における発達障害のある子どもの支援のあり方について．LD研究，22（4），419-425．

第Ⅱ部

「集団」への支援①
－「学習面」の困難さに着目して

第4章　クラスワイドの学習支援を行う
　　　　－「書き」の効果に着目した
　　　　多層の読み書き指導モデル－

第5章　スクールワイドの学習支援を行う
　　　　－学校全体で取り組む継続的な
　　　　短時間取り出し学習支援－

第4章

クラスワイドの学習支援を行う
―「書き」の効果に着目した多層の読み書き指導モデル―

　第Ⅰ部では、勤務する公立小学校において独自の校内支援システムを構築・運用し、より効果的な「個」への支援が可能になったことを報告した。しかしながら、支援の対象とすべき特別な教育的ニーズのある児童の人数は多く、かつ彼らが抱える困難さは多様であった。時間及び人的リソースの制約から、対象児全員への校内支援システムに基づいた支援の実施は難しい状況にあった。加えて通常の学級には、学習面や行動面での著しい困難さを示す児童だけでなく、困難さが目にとまりにくい児童や今後困難さが生じる可能性がある児童が在籍していた。このような困難さに気づかれにくい児童や、そのために支援を受けられない児童への対応をどうするかが課題であった。

　ここであえて繰り返すが、教育の現場には、特別な教育的ニーズのある児童はもちろん、著しくはないが困難さを示す児童、後に著しい困難さが生じる可能性のある児童がおり、彼らを含む「集団」に着目した支援が必要なのである。

　そこで第4章では、上記のような児童を含む通常の学級全体を対象とした学級規模（クラスワイド）の支援方法を追究し、学級「集団」への支援を実施した上でその効果を検証する、という取り組みを報告する。

　なお、学習面および行動面の症状のうち、授業中教室内をうろついたり教室から飛び出したりするような行動面の症状を伴う発達障害は気づきやすいが、学習面に困難を示す子どもたちは、二次障害としての不登校などが起こらない限り、なかなか教員の目にとまらず気づかれにくい[1]。この現状を踏まえ、まずは「学習支援」に焦点化して学級「集団」への支援を実施し、検討を進めることにした。

1 クラスワイドの学習支援の実施に至る経緯

（1）小学校入学後の読み書き入門期にみられる課題を考える

　小学校に入学して学習障害の徴候を示す児童あるいは発達に遅れを示す幼児の中には、読み書きの習得に困難をきたすものが多く存在する。日本語の場合、最初に問題となるのは平仮名文字の読み書きの習得[2]であり、小学校入学後の子どもにとって最初の関門となる。平仮名文字の習得の前提として、音韻意識の形成が必要である。音韻意識とは、言葉（話し言葉）が指示対象を表すことを理解するだけでなく、音にも注意を向けそれを操作する能力

を指している[3]。音韻意識が発達することにより、言葉のそれぞれの単位となる音に注意を向けることができるようになり、その結果、文字と音を対応させることが可能になる。天野（2005）が、語の音韻分解や語頭音の抽出ができるようになった後、仮名文字の学習が可能になる[4]と指摘しているように、ある一定の音韻意識のレベルに達していないと、平仮名を学習しそれを習得することは困難である。つまり、文字を習得するためには、まずは音韻意識が備わっている必要がある[5]。

このような音韻意識に支えられた平仮名文字の習得は、幼児期に開始される。松本（2008）は、文字習得の開始時期は子どもによって異なり、個人差が大きい[6]と指摘している。平仮名の学習が始まる小学校入学時にも、平仮名文字の読みの習得状況には個人差があると思われる。

矢口ら（2015）は、教師から読み書き障害を疑われながらも、標準化されたスクリーニング検査の結果では基準値内におさまっている子どもを発達性読み書き障害周辺児（以後、周辺児）とし、彼らを「発達性読み書き障害周辺群（以後、周辺群）」と呼んでいる。さらに、読み書き障害児に対する支援方法はすでに多く提案されているが、その一方で、周辺群に対しての支援策はほとんど提案されていない[7]と述べている。通常の学級には、読み書き障害児だけでなく、周辺児も少なからず在籍すると考えられ、周辺群を含む通常の学級集団全体を視野に入れた支援策が必要不可欠であると考えた。

（2）通常の学級に在籍する児童全員を対象とする介入モデルを追求する

周辺群を含む通常の学級に在籍する児童全員を対象とした介入モデルとして、米国のRTI（Response to Intervention）[8]がある。基本的なRTIのモデル（図4−1）[9]は3層から成るピラミッド型の多層構造をしており、各層ごとに徐々に専門性・個別性の高まる指導が行われる。米国では、こうした指導を経ても学力が回復しない児童が学習障害児と認定される[10]。

米国の障害者教育法（IDEA：Individuals with Disabilities Education Improvement Act of 2004）では、通常教育でつまずく可能性のあるリスク児に早期教育を行う[11]ために、判

【解説】RTI モデルとは

RTIでは、通常の学級での授業を第1層とし、入学後一定期間を経過したところで、全ての子どもにスクリーニング検査を実施し、学習上の困難が発見された子どもには、第2層として介入指導が提供されます。介入指導によって伸びの不十分な子どもは、第3層としてより集中的な介入指導を受けます。RTIは、学習障害の早期発見・早期対応を目指す校内システムであり、早期介入指導のプロセスと障害を識別するプロセスが一体化している点に特徴があります[9]。

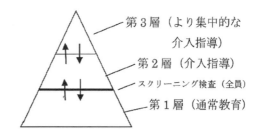

図4−1　RTI モデル　羽山（2016）より引用

定や評価の手段としてRTIを用いてよいとされている[12]。なお、RTIの第1層での全員に向けた指導では、一般に行われている全体指導ではなく、学習障害児を意識したわかりやすくより効果的な指導が行われる。

関（2015）は、遅れが顕著になるのを待つのではなく早期から介入できる点、学習障害の診断には該当しないが学習基礎スキルの習得につまずきのある周辺群に対して支援を行える点がRTIモデルの利点である[13]としている。実際に、本邦でも、RTIを応用した指導モデルが考案され、実践されている（海津ら，2008a[14]；海津ら，2008b[15]；海津ら，2009[16]；小枝ら，2010[17]；小枝，2012[18]；内山ら，2010[19]）。

海津（2010）は、RTIを基にした通常の学級における多層指導モデルMIM（Multilayer Instruction Model）と、読みに関するアセスメントMIM-PM（MIM-Progress Monitoring）を開発した[20]。MIMでは、音節構造と特殊音節ルールの理解、単語単位で読むことによる読みの速度の向上、語彙の拡大の指導を行う。海津らは、小学1年生を学力層により4群に分け、MIMを用いた特殊音節指導を実施した結果、4群ともに成績の改善がみられた[21]と報告し、さらに、小学1、2年生を対象にMIMを用いた指導を行い、統制群と比較して有意な指導効果があった[22]と報告した。

小枝ら（2010）は、2段階方式の「鳥取大学方式」を開発した[23]。鳥取大学方式では、スクリーニングによって発見された読みが困難な小学1年生を対象に、1段階で平仮名清音、濁音・半濁音、特殊音節を含む単語の解読指導（デコーディング）を行い、改善がなかった子どもを対象に、2段階として解読指導と音読や意味理解、例文づくり等の語彙指導を行う。小枝らは、解読指導は誤読の減少に、語彙指導は音読速度の改善に効果があった[24]としている。鳥取大学方式は、RTIの3層のうち、第1層にあたる通常の学級での指導は行わず、問題を有すると疑われる子どもへの指導（RTIの第2、3層）のみを行う。

MIMと鳥取大学方式では、RTIの第1層の捉え方が異なっている。鳥取大学方式での第1層の指導は、通常の学級の担任に任せられているが、MIMでは、第1層の全体指導から学習障害を意識した指導が行われる。いずれにしても、これらの指導モデルは、通常の学級に在籍する児童全員への指導から始める点、対象を絞り込みながら指導を進める点が共通している。通常の学級に在籍する学習面での困難さを示す児童により早く気づき、より早い支援の開始が可能になるモデルであると考えられる。

（3）通常の学級児童全員への学習支援方法として、多層の指導モデルを導入する

そこで、周辺群を含む通常の学級「集団」全体を視野に入れた支援策として、RTIを取り入れた学習支援を行うことにした。発達障害等が疑われる児童も、今後著しい困難さを示す可能性がある児童も、障害のない児童も含んだ学級児童全員への学習支援方法として、多層の指導モデルを用いた小学校1年生への読み書き指導を行うというものである。具体的には、多層化された指導モデルによる読み書き指導プログラムを作成し、通常の学級に在籍する児

童全員を対象に「読み」「書き」の習得を目指した指導を実施する。そして、その効果を検討し、「集団」の規模のさらなる拡大（学級から学校へ）の可能性を追究したいと考えた。

なお、MIMも鳥取大学方式も、主に読みの習得に着目して作成されたものであり、書きの習得を目指す指導モデルではない。しかし、小学校では入学当初から書字指導が行われ、さらに、通常の学級には書字に関する要支援児童が在籍している[25]ため、「書き」の習得に着目した指導が必要であろうと考えられる。

また、「書き」の学習をすることで、「読み」の能力を促進するという報告もある。宇野ら（2015）は50音表を活用して平仮名の書字訓練を行った結果、書字の成績が上昇しただけでなく音読の正確性が上昇し、その理由として、言語音から文字への変換と文字から言語音への変換は、情報処理過程としては反対方向であるが、プラスの影響を与えるためである[26]としている。さらに、天野（2005）は、音韻の自覚の発達・形成は語の読み書きの習得を促し、語の読み書きの行為・活動は、音韻の自覚の一層の発達・形成を促す[27]としている。書きの行為・活動においても、音読の自覚の発達・形成が促されるため、「書き」の学習が「読み」を促進するという指摘であると考えられる。しかしながら、「書き」による「読み」への影響については、十分検討されていない。「書き」の習得が「読み」の習得に与える影響についても、併せて検討したい。

本章では、周辺群を含む通常の学級集団全体を視野に入れた支援策として、多層（3層）の指導モデルを用いた読み書き指導プログラムを作成し、通常の学級に在籍する児童全員を対象に「読み」「書き」の習得を目指した指導を実施し、その効果を検討することを目的とした。

さらに、従来の「読み」の習得に着目した指導モデルではなく、「書き」の習得に着目した指導モデルによる読み書き指導を行い、「書き」の習得が「読み」の習得に与える影響についても検討する[28]。

2　多層（3層）の指導モデルを用いた読み書き指導プログラムの実施

（1）読み書き指導の計画を立てる　－指導プログラムの作成－

〈ア〉実践の全体的な計画を立てる

F小学校（指導実施群：以後、F小）の通常の学級に在籍する1年生を対象に、通常の教育課程による指導に加えて、多層化された指導モデルによる特殊音節表記の読み書き指導プログラム（以後、指導プログラム）を用いた読み書き指導を実施する。J小学校（比較対照群：以後、J小）は、通常の教育課程以外の特別な指導を実施しない。本実践における指導及び検査実施計画表を表4-1に示す。

F小では、特殊音節表記の読み書きの習得の状況に合わせて、対象を絞り込みながら、指導Ⅰ、指導Ⅱ、指導Ⅲという3層の指導を実施する。F小児童の検査結果と行動観察結果を検討することと、2群の検査結果を比較検討することで、指導プログラムの実施の効果を検証する。

表4－1 指導及び検査実施計画表

	事前	指導実施期間					事後
	10月	10月	10月	11～12月	12月	2～3月	3月
指導実施群 (F小学校)	検査① テストⅠ・Ⅱ	指導Ⅰ (第1層)	検査② テストⅠ・Ⅱ	指導Ⅱ (第2層)	検査③ テストⅠ・Ⅱ	指導Ⅲ (第3層)	検査④ テストⅠ・Ⅱ
比較対照群 (J小学校)		特別な指導なし				特別な指導なし	

なお、J小においては、特別な指導を行っていないために対象を絞り込む必要がないこと、検査①の実施日より間がないことから、検査②を割愛した。したがって、検査①・検査③・検査④の結果で2群の比較検討を行い、F小における指導の効果を検証することにした。

〈イ〉両群に実施する検査を決める

学級集団を対象に短時間で一斉に検査できる以下のテスト（テストⅠ：読み、テストⅡ：書き）を両群に実施し、その結果から実践の効果を分析する。

①テストⅠ（読み）

「絵に合うことば探し（MIM：海津, 2010[29]から引用）」…特殊音節等（清音、濁音、長音、促音、拗音、拗長音）を含む平仮名単語で、3つの表記のうち正しい表記の単語を選択する（実

【解説】多層（3層）の指導モデルを用いた読み書き指導に向けて

♥どんな学級で読み書き指導を行ったか♥

D市立F小学校の通常の学級に在籍する1年生33名（男児19名、女児14名）を指導実施群としました。
D市立J小学校の通常の学級に在籍する1年生36名（男児15名、女児21名）を比較対照群としました。
F小学校、J小学校は同一市内に設置されており、教育課程、教科書ともに同じものを使用しています。両校の学校規模はほぼ同じであり、地域の生活環境が類似していました。読み書き指導を行ったF小学校と、行わなかったJ小学校の読み書きの力を比較して、指導の効果を検証することにしました。

♥どのような期間に読み書き指導を行ったか♥

20YY年10月～20YY+1年3月。D市立小学校の国語科の教育課程では、1学期に特殊音節表記を含む平仮名表記を学習します。この実践は、平仮名表記の読み書きの練習期間を経た10月に指導を開始し、学年末に指導を終了しました。

♥どのように倫理的な配慮を行ったか♥

研究の実施にあたっては、管理職及び関係教諭への説明と協力依頼を行い、保護者へは口頭と文書での説明をしました。データの取り扱いに関する守秘義務の遵守と研究結果の公表については、保護者宛て文書で説明と依頼をして了承を得ました。取り出しについては、担任より保護者に連絡をとり、保護者の了解を得るとともに児童への説明を行いました。（一般社団法人日本特殊教育学会倫理綱領・倫理規定に準拠）また、本書の著述に際しては、個人が特定されないように配慮しています。

施時間1分、最大35点）

②テストⅡ（書き）

「単語聴写課題（村井, 2010[30] から引用）」…特殊音節（撥音、拗音、長音、拗長音、促音、拗促音）を含む平仮名単語を聴写する（30点満点）

〈ウ〉指導実施群（F小）に実施した指導プログラム

F小の通常の学級に在籍する1年生を対象に実施する指導プログラムの概要を表4-2に示す。

表4-2 指導プログラムの概要

	指導Ⅰ（第1層）	指導Ⅱ（第2層）	指導Ⅲ（第3層）
定義	・通常の学級内での学級全員への効果的な指導	・取り出しによる少人数での補足的な指導	・取り出しによる少人数または個別での集中的な指導
対象	・通常の学級全ての児童	・指導Ⅰでの指導内容の習得状況がよくなかった児童	・指導Ⅱでの指導内容の習得状況がよくなかった児童
指導者	・MT: 筆者　ST: 担任教師	・筆者　※取り出さない児童は担任教師が指導	・筆者　※取り出さない児童は担任教師が指導
役割分担	・児童・保護者への説明は担任教師、検査①は筆者が実施	・検査②は筆者が実施	・検査③④は筆者が実施
担任教師との連携	・授業実践の参観 ・担任教師による児童への意図的な働きかけや、学習内容に関する掲示等の協力	・抽出についての相談 ・学習指導内容の連絡 ・取り出し時間の調整 （日常的聴写活動の依頼）	・学習指導内容の連絡と取り出し時間の調整は随時 ・声かけ、励ましを依頼 （日常的聴写活動の依頼）
指導期間と回数	・国語の授業時間 45分×3	・業前朝学習タイム （8:30～8:45）15分×8 ・授業時間 45分×1	・業前朝学習タイム （8:30～8:45）15分×11 ・授業時間 45分×5
指導場所	・在籍学級の教室	・少人数指導用の教室	・相談室・会議室
指導内容	・既習の特殊音節表記の種類やルールの整理（促音・長音・拗音・拗長音・拗促音・撥音）と読み書き練習	・特殊音節ルールの定着と語彙の増加 ・特殊音節を含む平仮名単語の読み書きの練習	・平仮名文字の読み書き ・特殊音節ルールの定着 ・特殊音節を含む平仮名単語の読み書きの練習

「読み」については「特殊音節を含む平仮名単語」（以後、語と表記）の正しい表記を認識して選択すること、「書き」については語を聴き、平仮名で正確に書くこととした。習得させる特殊音節は、撥音、拗音、長音、拗長音、促音、拗促音とした。

これまでの多層化された指導モデルでは、主に読みの指導を行っていたが、本実践では、「読み」の指導に加えて「書き」の指導を行う。「書き」の指導としての書字指導は、①視写（教師の説明、拍打ち、語の音声化を聞かせ、児童も同様の活動を行ってから、提示された文字・語を写す）、②聴写（教師の発声した語を写す）、③誤り修正（文字や語の誤りを教師が指摘し修正方策を聞かせ、児童も誤りと修正方策を言語化しながら、修正した正しい語を書く）を

行う。なお、読みの指導はMIM（海津, 2010）[31]の指導方法を、書きの指導は小野瀬（1987）[32]、大庭ら（1990）[33]、宇野ら（2015）[34]の指導方法を参考にした。

（2）多層（3層）の読み書き指導プログラムを実施する

<u>指導Ⅰ（第1層）の指導</u>

　筆者が1年生（通常の学級）の教室に行き、MT（主に授業を行う教師）として児童全員を対象にした授業を3時間（45分×3）実施した。担任教師はST（授業補助を行う教師）として教室後方で観察しながら補助として児童の支援を行った。指導Ⅰの指導内容を表4－3に示す。

表4－3　指導Ⅰ（第1層）の指導

対象：通常の学級全員

時　間	指導Ⅰの1時間目	指導Ⅰの2時間目	指導Ⅰの3時間目
指導内容	◎促音：つまるおと「っ」 ◎長音：のびるおと「あ」「い」「う」等	◎拗音：ねじれるおと「ゃ」「ゅ」「ょ」 ◎拗長音：ねじれてのびるおと「ゅう」「ょう」等	◎拗促音：ねじれてつまるおと「ゃっ」「ょっ」等 ◎撥音：はねるおと「ん」
学習活動	①運動会作文から間違い探し「がんばたよ」等 ②促音のルールの学習 　ねこ（〇〇） 　ねっこ（〇〇〇） ③促音の練習 　言葉探し　言葉選び ④長音のルールの学習 　おばさん　おば<u>あ</u>さん 　おじさん　おじ<u>い</u>さん ⑤長音の練習 　三択問題練習　例（おとと、おとおと、おとうと） ⑥学習のまとめ（書字：視写）	①運動会作文から間違い探し「じゆんび」等 ②拗音のルールの学習 　いしや（〇〇〇） 　いしゃ（〇〇◦） ③拗音一覧で確認 　きしちにひみりぎじ〜 ④拗音の練習（三択） 　例（おちや　おちゃ　等） ⑤拗長音のルールの学習 　にんぎょ（〇〇〇◦） 　にんぎょう（〇〇〇◦ー） ⑥拗長音の練習（三択） ⑦学習のまとめ（書字：視写）	①促音　長音　拗音　拗長音　ルールの復習 ②拗促音のルールの学習 　しょき（〇〇◦） 　しょっき（〇〇〇◦） ③拗促音の練習（三択） ④撥音のルールの学習 　げんき　にんじん ⑤撥音の練習 ⑥言葉探しゲーム 　探した言葉（書字：視写） ⑦学習のまとめ（書字：視写）

注：視写は教師の説明、拍打ち、語の音声化を聞かせ、児童も同様の活動を行ってから板書の語をノートに写す。

　1年生の教育課程においては、特殊音節表記の学習は単元毎に行われ、集中的かつ系統的に配置されていない。そこで、指導Ⅰでは、特殊音節表記の種類やルールを整理し、1時間目は促音と長音、2時間目は拗音と拗長音、3時間目は拗促音と撥音という構成にして計画した。視写は字形を習得するだけでなく記憶に残りやすい[35]ことから、3時間とも授業の終盤に視写を取り入れた。語の音韻分析、音韻自覚の発達、形成は、子どもの表音文字やそれによる読み書きの習得を促すように作用する[36]ため、単語をモーラ（拍）に区切って拍をとったり唱えたりする活動を取り入れた。さらに、教師の演示のように、児童も拍打ち、語の音声化をしながら視写（書字①）を行った。

指導Ⅱ（第2層）の指導

指導Ⅰ終了後、検査②（表4－1）を実施した。テストⅠは読みの速さに影響を受けるため、テストⅡの得点をもとに対象児童の絞り込みを行い、9割を超える得点の児童は次の段階に進まず指導を終了した。主に朝の業前学習の時間を活用して対象児童を取り出し、指導Ⅱ（表4－4）を実施した。

表4－4　指導Ⅱ（第2層）の指導

前後半	指導Ⅱ　前半 15分×3、45分×1	指導Ⅱ　後半 15分×5
指導内容	◎特殊音節ルールの定着と語彙の増加 ◎特殊音節表記の主に「読み」の練習	◎特殊音節ルールの定着と語彙の増加 ◎特殊音節表記の主に「書き」の練習
指導形態	一斉指導または多人数グループ	少人数グループまたは個別
学習活動	◇6つの特殊音節表記の確認 ◇特殊音節を含む単語構成ゲーム 　き　お　お 　□と□も　うつ 　て　□ち　やゆ 　　　と　□ ①文字が書かれた角形付箋を単語の空白に当てはめるゲーム ②チョークをバトンにして黒板に空白の文字を書き込むチョークリレーゲーム ◇三択問題カードによる**読み**の練習 ・ほぺた　ほぺった　ほっぺた　等 ①始めは相談可、その後、一人で考えたりクイズにしたりして実施 ②指差ししながら音読	◇6つの特殊音節表記の確認 ◇特殊音節を含む単語構成ゲーム ◇三択問題カードによる**読みと書き**の練習 ・ぶどう　ぶろお　ぶどお　等 ①促音・拗促音に誤りがある児童．長音・拗長音に誤りがある児童．拗促音に誤りがある児童．全体的に誤りがある児童という、誤りのタイプ別少人数グループでの読み書き練習（**書字：誤り修正**） ②音読、プリント書き込み等の読み書き練習（**書字：視写**） ◇特殊音節を含む単語の書きの練習 ①誤りタイプ別少人数グループで、誤りやすい単語の書き練習（**書字：誤り修正**） ②個別に書き取り練習（**書字：聴写**）

注：聴写は、教師の発声した語をプリントに写す。誤り修正は、語の誤りを教師が指摘し修正方策を聞かせ、児童も誤りと修正方策を言語化しながら誤り修正後の正しい語をプリントに書く。

指導Ⅱでは、特殊音節ルールの定着と語彙の増加を内容とする計画を立てた。前半は、楽しく練習ができるように動機づけに配慮しながら主に読みの練習を行った。後半は、指導Ⅰと同様の視写（書字①）と、教師の発声した語を写す聴写（書字②）、さらに文字や語の誤りを教師が説明し、児童も誤りと修正方策を言語化しながら正しい語を書く誤り修正（書字③）で、「書き」の練習を行った。

指導Ⅲ（第3層）の指導

指導Ⅱ終了後、検査③（表4－1）を実施した。指導Ⅱと同様の条件で対象児童の絞り込みを行い、取り出しの指導Ⅲ（表4－5）を実施した。

表4－5　指導Ⅲ（第3層）の指導

前後半	指導Ⅲ　前半（平仮名文字の学習） 15分×7	指導Ⅲ　後半（特殊音節表記の学習） 15分×4、45分×5
指導内容	◎平仮名文字の「読み」と「書き」の練習	◎特殊音節ルールの定着 ◎特殊音節表記の「読み」と「書き」の練習
指導形態	「読み」は少人数　「書き」は個別	ゲームは少人数　「書き」は個別
学習活動	◇平仮名文字の**読み**の練習 　①一文字積木並べ（50音表）（清音） 　②積木の50音表の音読（清音） 　③積木平仮名カルタゲーム（清音） 　④積木しりとりゲーム（清音） 　[た][ぬ][き][つ][ね][こ] 　・積み木を並べた後、拍をとる、読む、指差し等の活動を入れる。 　⑤濁音・半濁音カード並べ 　⑥しりとり線つなぎ 　⑦平仮名文字探し ◇平仮名文字の**書き**の練習 　①50音表（清音）練習（書字：視写） 　②濁音、半濁音練習（書字：視写） 　③一文字の書き取り（書字：聴写） 　④しりとりゲーム（書字：自由記述） 　⑤拗音の練習（書字：視写）	◇特殊音節ルールの確認 　①拗音カード並べ 　②拗音カードカルタゲーム 　③単語カードの仲間分けゲーム 　[はらっぱ][きって][きょうそう][きょうしつ][しょっき][しゅっぱつ] ◇特殊音節を含む単語構成ゲーム 　・一文字付箋のあてはめクイズ ◇三択問題カードによる**読み**の練習 　①検査で誤答の多かった種類のカードを中心に個別練習 ◇特殊音節を含む単語の**書き**の練習 　①黒板書き取りゲーム（書字：聴写） 　②黒板3問聴写テスト（書字：聴写） 　③書き取りテスト（書字：聴写）

注：視写は、拍打ち、語の音声化を聞かせ、児童も同様の活動を行ってから、積み木やカードの文字を写す。聴写は、教師の発声した文字や語をプリントや黒板に写す。

　この段階の指導を受ける児童は、清音平仮名文字の読み書きも困難であろうことが予想された。そこで、平仮名の読みに慣れた後で平仮名の書きの練習をし、平仮名が書けるようになった後で特殊音節表記のルールを確認し、語（特殊音節を含む平仮名単語）を読み、さらに書く練習をするように計画した。宇野ら（2015）[37]を参考に平仮名50音表の音系列の記憶再生をしてから、50音表の文字列の順に視写（書字①）を行った。聴写（書字②）は、文字から語へと習得状況に合わせて進めた。また、読み書きの苦手意識や意欲の低さが予想されるため、ゲーム性を取り入れての動機づけや指導の工夫、学習形態（グループ、個別）に配慮して計画を立てた。

3 読み書き指導プログラムを実施した結果

（1）指導実施群（F小）における読み書き指導の結果を検討する

F小における指導プログラム実施の経過と結果を表4－6に示す。指導対象は、指導Ⅱ（第2層）は23名（男児14名、女児9名）、指導Ⅲ（第3層）は3名（男児1名、女児2名）であった。

表4－6
指導実施群（F小）の指導対象者の人数と、指導対象者のテストⅠ・テストⅡの結果の推移[38]

		事前 10月 検査① テストⅠ・Ⅱ	指導実施期間 10月 指導Ⅰ（第1層）	検査② テストⅠ・Ⅱ	指導Ⅱ（第2層）	12月 検査③ テストⅠ・Ⅱ	指導Ⅲ（第3層）	事後 3月 検査④ テストⅠ・Ⅱ
指導対象者の人数	F小（N=33）	33名		23名		3名		
全体（33名）の平均値の推移	テストⅠ（読み）	10.1 (3.6)		11.6 (4.3)		12.1 (5.2)		15.6 (5.9)
	テストⅡ（書き）	23.0 (5.4)		24.7 (5.6)		28.0 (3.7)		29.1 (1.7)
指導Ⅱ（第2層）の対象23名の平均値の推移	テストⅠ（読み）	8.9 (3.0)		10.1 (3.1)		10.5 (3.8)		13.7 (3.8)
	テストⅡ（書き）	21.1 (5.1)		22.5 (5.4)		27.1 (4.2)		29.0 (1.8)
指導Ⅲ（第3層）の対象3名の平均値の推移	テストⅠ（読み）	5.0 (1.0)		6.3 (2.5)		6.3 (2.1)		9.7 (4.0)
	テストⅡ（書き）	11.3 (2.1)		12.3 (3.5)		17.0 (1.0)		28.7 (0.6)

注：指導Ⅱ（第2層）の対象23名には、指導Ⅲ（ステップ3）の対象3名が含まれる。（ ）内はSDを示す。

F小における学級全員への指導Ⅰの結果、テストⅠは検査①②間で1.5得点（両側検定：$t(32) = 2.96, p < .01$）、テストⅡは1.7得点（両側検定：$t(32) = 3.98, p < .001$）上昇した。

第1層にあたる指導Ⅰでは、学級の児童全員を対象に、1時間目は促音・長音、2時間目は拗音・拗長音、3時間目は拗促音・撥音という順に、既習の特殊音節表記の種類とルールを整理し確認を行った。児童は次第に語の拍打ち、語の音声化を伴う視写に慣れ、以後、書字の前に拍をとったり、書字の際に音声化したりするようになった。筆者が一斉指導を行い、担任教師は授業の様子を参観するとともに机間指導を行った。担任教師は児童のノートに書かれた語の間違いを見て、「全部教えたつもりですが、書けていない子が結構います」と口にしていた。その後、連絡帳に記入させる時には連絡事項を口頭で言い、児童に聴写させるように心がけているとのことであった。

指導Ⅱの対象となった23名は、テストⅠは検査②③間での伸びが少ない（両側検定：$t(22) = 0.81$, n.s.）が、テストⅡは検査②③間で4.6得点上がった（両側検定：$t(22) = 7.10$, $p < .001$）。

第2層にあたる指導Ⅱの前半では、単語構成ゲームや三択問題読み練習を行った。単語構成ゲームでは、文字が書かれた角形付箋を単語の空白に当てはめるゲーム（一斉指導）や、チョークをバトンにして黒板に空白の文字を書き込むチョークリレーゲーム（多人数グループの対抗戦）を行ったが、空白の部分にどの平仮名文字が入るか児童同士で相談したり正答に歓声をあげたり、楽しく活動に参加しながら平仮名文字に着目した。

指導Ⅱの後半では、語の読み書きの練習（主に書き）を行った。指導Ⅱの段階では、指導Ⅰが土台にあったので、対象児は自然に語の拍打ちをしたり、音声化しながら視写したりするようになっていた。

検査②の結果より、促音・拗促音に誤りがある児童のグループ、長音・拗長音に誤りがある児童のグループ、拗促音に誤りがある児童のグループ、全体的に誤りがある児童のグループという、誤りのタイプ別少人数グループを構成し、そのグループでの活動を多設し、誤りの多かった特殊音節を含む語を集中的に修正させた。グループでの書字活動（誤り修正）では、「ぎゅうにゅうの、ちいさい『ゅ』の次は『う』だよ」「ちいさい『っ』を忘れているよ」「しゃっくりの『っ』の場所は、そこじゃないよ」等と、誤りや修正方策を口にしながらノートに書き込む姿が観察された。また、同じグループの者同士で、互いのノートを見て表記を確認し合いながら書字活動を進めていた。

23名のうち、指導Ⅲの対象となる3名を除く20名は、平仮名の読み書きはできたが特殊音節表記の読み書きに誤りが見られた。20名は、視写や聴写、誤り修正を繰り返すうちに、正しい語が書けるようになり、検査③のテストⅡ（書き）では23名（指導Ⅲ対象者の3名を含む）の得点の平均値が27.1点となり、得点率90％を超えた。

第3層にあたる指導Ⅲの対象となった3名は、指導Ⅱ終了後（検査③）のテストⅠの結果はa児＝4、b児＝8、c児＝7、テストⅡの結果はa児＝16、b児＝17、c児＝18であり、検査②（テストⅠはa児＝4、b児＝6、c児＝9、テストⅡはa児＝9、b児＝16、c児＝12）に比べ、テストⅠの伸びはなく、テストⅡは上昇した（表4－6）。しかし、この時点で3名とも単語のモーラ分解や音の抽出にミスがあり、音韻意識が形成されていなかった。また、平仮名文字の読みも習得できておらず、文字の想起も困難であった。そこで、指導Ⅲの前半では、一文字積み木の中から「あ」「い」「う」〜という順に積み木を探して50音順に並べる、並べた積み木の文字を声に出して読む、一文字積み木を取り札とする平仮名カルタゲームをする、積み木しりとりゲームをする等、音と文字を対応させる活動を多く取り入れた。このように平仮名文字の読み書きから指導を開始し、その習得状況をみながら特殊音節表記の読み書きの練習に移行した（表4－5）。

3名は、1年生の2月の段階で、すでに読み書きの苦手意識を抱いていた。また、15分という短い時間でも集中が途切れることが多かった。作業を伴う楽しいゲームや、励まし

促しの声かけが必要であった。中でもｂ児は書字に強い抵抗を示し、書字に関する活動になると、立ち歩いたり机の下に潜り込んだりすることが多かった。そこで、3人がそれぞれ好きな色のチョークを選んで黒板に大きく視写や聴写をする黒板書き取りゲームや、問題数を減らして黒板に答えを書く黒板3問聴写テストを行った。このような工夫があると、ｂ児をはじめ3名とも意欲的に書字に取り組んだ。

　ａ児は、指導Ⅲの平仮名文字の学習の段階（表4－5、前半）の視写（「あ～」「い～」と唱えながら文字を書く）を続けるうちに、拍打ちや平仮名文字の書字の間違いが減り、文字を正しく書けるようになった。指導Ⅱまでは、聴写課題の検査用紙に空欄があったが、指導Ⅲの後半にさしかかる頃から聴写ができるようになり空欄がなくなった。指導Ⅰの段階では単語課題を逐次読みしていたが、指導Ⅲ終了時にはゆっくりではあるが間違えずに読むことができるようになった。ｂ児は、指導Ⅲの後半に入ってから書字に抵抗を示さなくなった。それまでは聴写課題の検査用紙に空欄があったが、途中であきらめずに全問記入するようになり空欄がなくなった。ｃ児は、平仮名文字の読みを間違えて覚えていたが、指導Ⅲ前半の平仮名文字の書字活動で誤りを確認し修正した。以後、読み書きともに間違いが減少し、指導Ⅲ後半の特殊音節表記の学習に意欲的に取り組むようになった。

　指導Ⅲの3名への集中的な指導の結果、検査④で、テストⅠはａ児＝6、ｂ児＝9、ｃ児＝14に、テストⅡはａ児＝29、ｂ児＝28、ｃ児＝29になった（表4－6、検査④の平均値を参照）。

　もう1点、指導Ⅰ（第1層）から指導Ⅲ（第3層）に至るまでの、指導体制及び連携の経過において生じた課題を記す。実践を始めるにあたり、【解説】82頁で示した倫理的な配慮に基づいた説明と依頼をして了承を得た後、該当学級の担任教師と筆者で打ち合わせを行った。内容は、「時間、指導者、場所、指導内容と方法、対象児童の抽出方法」であった。時間は授業時間45分または業前朝学習タイム15分、指導者は筆者（指導Ⅰは担任教師とティームティーチング、指導Ⅱ・Ⅲは担任教師が教室に残った児童と過ごす）、場所は指導別に設け（指導Ⅰは全員が対象なので教室、指導Ⅱは人数が減るので少人数指導用の教室、指導Ⅲは人数が少ないと想定されるので相談室・会議室）、指導内容と方法は「特殊音節を含んだ平仮名単語」を多層（3層）の読み書き指導モデルに沿って指導する、対象児童の抽出は検査（テストⅠ・テストⅡ）の結果に基づいて行う、ということを確認し共通理解を図った（表4－2）。その後、筆者と担任教師の2名で指導体制を組み、その都度相談をしながら本実践を進めた。実践終了後の振り返り協議の結果、指導体制と連携の課題が2点あげられた。

　1つ目は取り出し時間の調整に関する課題である。指導Ⅰは授業時間3時間分であり、計画通りに進んだが、指導Ⅱに入ると取り出しの時間調整が難しくなった。筆者と担任教師の都合、さらに対象児童23名の出席状況を加味して指導Ⅱの取り出し時間を調整する必要が生じたからである。指導Ⅲになるとさらに難しくなった。3名の中に家庭の事情で遅刻の多い児童が1名含まれたために、業前朝学習タイムに取り出すと指導Ⅲを2名で実施しなければいけなくなるからであった。そこで、業前朝学習タイムと併せて教育課程の実施に支障の

ない内容の授業時間に取り出しをすることになった。また、指導Ⅱに比べて指導Ⅲの対象児童（3名）は読み書きにおける著しい困難さを示しており、担任教師に取り出し時間の追加を依頼する必要が生じた。このように、取り出しを行うに際し、時間調整が課題であることが示された。

2つ目は取り出しに際しての保護者や本人への説明は誰が行うかという課題である。第2層の取り出しについては、実践前に保護者に説明と依頼をし、了承を得ていた。実践中、特に保護者からの質問や意見もなく、12月の個人懇談会で担任に（取り出し読み書き指導について）感謝の意を伝える保護者もいた。23名の児童は、楽しく勉強ができるという担任教師からの説明で、取り出しに抵抗を示すことなく積極的に活動に取り組んだ。第3層の取り出しについては、担任教師が12月の個人懇談会の場を活用して対象児童3名の保護者への説明をし、了承を得た。その後、担任教師が本人への説明をした。周囲の児童から尋ねられた時には、3人は違う場所で勉強していると担任教師が説明した。

これらは、指導は筆者が行うとしても、保護者や本人、周囲の児童への説明は日常的にかかわりのある担任教師が行うことが望ましいであろうということになり、担任教師が説明と依頼を担当したことによる。指導者と担任教師で、取り出しに際しての説明者と説明方法を相談し決めておくことも課題である。以上の2点の課題が示された。

（2）2群のテストⅠ・テストⅡの結果を比較する

2群のテストⅠとテストⅡの結果を表4-7に示す。

表4-7 2群のテストⅠ・テストⅡの結果

		検査①（10月）		検査③（12月）		検査④（3月）	
	群	平均値	SD	平均値	SD	平均値	SD
テストⅠ（読み）	指導実施群（F小）	10.1	3.6	12.1	5.2	15.6	5.9
	比較対照群（J小）	10.1	3.6	11.3	4.3	12.4	4.2
テストⅡ（書き）	指導実施群（F小）	23.0	5.4	28.0	3.7	29.1	1.7
	比較対照群（J小）	22.9	6.2	25.5	5.5	26.1	5.1

F小（N=33） J小（N=36）

指導実施群（F小）、比較対照群（J小）は、同じ教育課程を履修しており、両群の事前検査（検査①）の得点の平均値はほぼ同じであった。その後、テストⅠ、テストⅡともに、両校の得点の平均値は上昇したが、指導の経過とともに、F小の得点が高くなった。検査④の標準偏差値は、テストⅠではF小の方が大きくなり、テストⅡではF小の方が小さくなった（表4-7）。

両群の低成績者（F小は指導Ⅲの対象者3名、J小は検査①における低成績者3名）の最

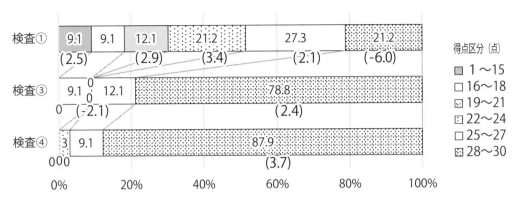

図4-2 F小学校 テストⅡの得点分布の推移　（ ）内は、調整済み残差

注：図4-2の帯グラフは、表4-8の各得点の人数と全体の人数（33人）から比率を算出し、内訳の合計が100%になるように調整した。

表4-8 F小学校 テストⅡの各得点分布の人数

得点	1～15	16～18	19～21	22～24	25～27	28～30
検査①	3	3	4	7	9	7
検査③	0	3	0	0	4	26
検査④	0	0	0	1	3	29

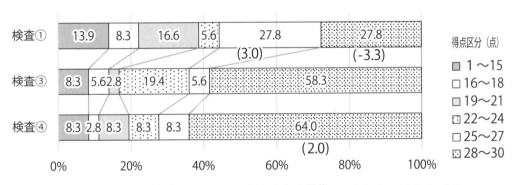

図4-3 J小学校 テストⅡの得点分布の推移　（ ）内は、調整済み残差

注：図4-3の帯グラフは、表4-9の各得点の人数と全体の人数（36人）から比率を算出し、内訳の合計が100%になるように調整した。

表4-9 J小学校 テストⅡの各得点分布の人数

得点	1～15	16～18	19～21	22～24	25～27	28～30
検査①	5	3	6	2	10	10
検査③	3	2	1	7	2	21
検査④	3	1	3	3	3	23

終的な検査④の結果を比べると、F小はテストⅠ（a児＝6，b児＝9，c児＝14）、テストⅡ（a児＝29，b児＝28，c児＝29）であったが、J小はテストⅠ（d児＝6，e児＝6，f児＝6）、テストⅡ（d児＝15，e児＝14，f児＝13）であった。F小3名に比べ、J小3名の得点は低く、特にテストⅡの得点差が顕著になった。テストⅠにおいても、F小3名に、より大きな得点の伸びがみられ、特にc児の伸びが大きかった。

　得点差が顕著だったテストⅡに着目し、2群の得点分布の推移を図4－2（表4－8を図化）、図4－3（表4－9を図化）に示した。

　F小学校のテストⅡの得点分布の推移（図4－2）では、カイ二乗検定において、有意差がみられた（$p < 0.05$）。調整済み残差では、28～30の得点者が、検査①では有意に少なく、検査③、検査④では、有意に多い結果であった。1～15、19～21、22～24、25～27の得点者は、検査①では有意に多かった。22～24の得点者は、検査③では、有意に少なかった。以上より、検査①では、得点の低い児童が多く認められ、得点の高い児童が少なかったが、検査③、検査④では得点の高い児童が多数を占めたことが示された。

　J小学校のテストⅡの得点分布の推移（図4－3）では、カイ二乗検定において、有意差がみられた（$p < 0.05$）。調整済み残差では、28～30の得点者が検査①では有意に少なく、検査④では有意に多い結果であった。25～27の得点者は、検査①では、有意に多い結果であった。以上より、検査①では、得点の高い児童が少なく、次に得点の高い児童が多かったが、検査④では得点の高い児童が多く認められた。

　具体的に述べると、F小学校においては、指導Ⅰ、指導Ⅱで特殊音節の指導を実施したので、検査③の正答率が全体的に大幅に上がった。正答率90％以上（28～30点）の児童が21.2％から78.8％へと増加した。また、正答率50％以下（15点以下）の児童がいなくなった。

　J小学校においては、正答率90％以上（28～30点）の児童が27.8％から58.3％と増加した。また、正答率50％以下（15点以下）の児童は13.9％いたが、8.3％になった。

　さらに、F小学校では、3名への集中的な指導を実施した指導Ⅲ終了後の検査④の結果、正答率90％以上（28～30点）の児童が87.9％となり、正答率70％以下（21点以下）の児童がいなくなった。

　一方、J小学校においては、最終的に、正答率90％以上（28～30点）の児童が64.0％になったが、正答率50％以下（15点以下）の児童は8.3％のままであり、正答率の低い児童に伸びがみられなかったことがわかる。

　群全体の平均値の推移（表4－7）に目を向けると、F小とJ小のテストⅠとテストⅡの得点の平均値の上がり方が異なっている。テストⅠでは、J小の得点は、検査③、検査④と進むにつれ、約1得点ずつ上がった。一方、F小では、検査③で2得点、検査③から検査④では3.5得点上がった。

　テストⅡでは、J小の得点は、検査③で2.6得点、検査③から検査④では0.6得点上がった。一方、F小では、検査③で5得点、検査③から検査④では1.1得点上がった。F小、J小ともに、検査①から検査③の得点の上昇が大きく、検査③から検査④では得点の上昇が弱まっている。

また、検査①から検査③にかけての得点の上昇は、F小がJ小を上回った。

これらの得点の上昇が統計的に有意であるものか、また、両校での上昇の仕方が異なるのかを検証するために、テストⅠとテストⅡ、それぞれについて、指導経過要因と学校間要因を2要因とする二元配置分散分析を行った。

テストⅠについては、指導経過要因には、有意な主効果がみられ（$F(1, 67) = 61.3, p < .01$）、学校間要因には有意な主効果はみられなかった（$F(1, 67) = 1.7, n.s.$）。さらに、指導経過要因と学校間要因の間で、有意な交互作用が認められた（$F(1, 67) = 10.5, p < .01$）。

テストⅡについても、指導経過要因には、有意な主効果がみられ（$F(1, 67) = 72.5, p < .01$）、学校間要因には有意な主効果はみられなかった（$F(1, 67) = 3.0, n.s.$）。また、指導経過要因と学校間要因の間で、有意な交互作用が認められた（$F(1, 67) = 6.8, p < .01$）。

テストⅠ・テストⅡともに、指導経過要因と学校間要因の間で有意な交互作用が認められたため、単純主効果の検定を行った。テストⅠの結果を図4－4に、テストⅡの結果を図4－5に示す。

テストⅠでは、学校間の単純主効果が、検査③では有意ではなかったが、検査④では有意であった。

一方、テストⅡでは、学校間の単純主効果が、検査③と検査④で有意であった。また、F小、J小ともに、検査①と検査③の単純主効果は有意であったが、検査③と検査④の単純主効果は有意ではなかった。

第Ⅱ部 「集団」への支援① －「学習面」の困難さに着目して

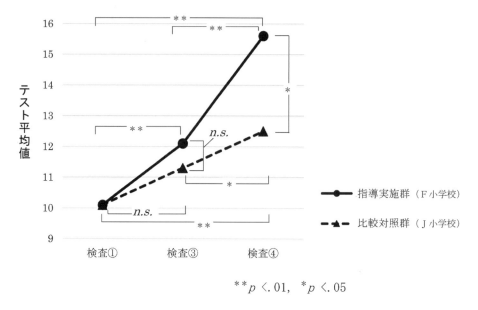

$**p <.01, *p <.05$

図4－4　テストⅠ（読み）単純主効果の検定

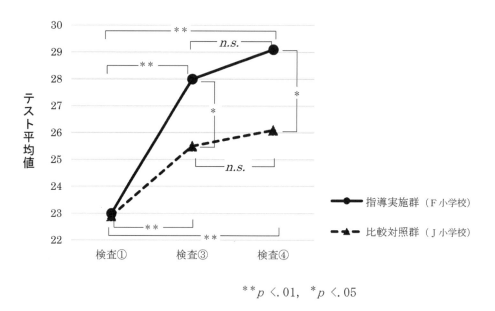

$**p <.01, *p <.05$

図4－5　テストⅡ（書き）単純主効果の検定

4 指導の効果と「書き」の学習効果 —考察—

（1）多層（3層）指導モデルを用いた指導の効果を考察する

　第4章では、周辺群を含む通常の学級集団全体を視野に入れた支援策として、多層の指導モデルを用いた読み書き指導プログラムを作成し、通常の学級に在籍する児童全員を対象に「読み」「書き」の習得を目指した指導を実施し、その効果を検討することを目的とした。さらに、「読み」の習得に着目した指導モデルではなく、「書き」の習得に着目した指導モデルによる読み書き指導を行い、「書き」の習得が「読み」の習得に与える影響についても検討した。そのため、本章の考察では、「書き」の指導に主眼を置いて考察を進める。

　第1層にあたる指導Ⅰ（表4-3）では、通常の学級全員を対象に指導を行った結果、テストⅠ・テストⅡともに平均値が向上した（表4-6）。児童が語の拍打ち、語の音声化を伴う視写に慣れ、以後、書字の前に拍をとったり、書字の際に音声化したりするようになったことが、音韻意識の伸長に影響を与え、得点の上昇につながったと推測される。また、視写（書字）は記憶に残りやすい[39]という指摘のように、書くことで学習内容の定着が進み、得点が上昇したとも考えられる。1層目にあたる指導Ⅰ（学級全員）では、すでに理解できている児童にとっては学習内容を整理し定着させることができ、まだ理解できていない児童にとっては学習内容を学び直しさせることができたと考える。さらに指導者（筆者）にとっても担任教師にとっても、未習得の児童を早期に見つけることができるプロセスであった。

　第2層にあたる指導Ⅱ（表4-4）の対象23名は、読みも書きも練習しているが、検査②③間で、テストⅠの得点の伸びは少なく、テストⅡの得点が伸びている（表4-6）。指導Ⅱの前半では、ゲームを通して平仮名文字に着目しながら語の構成を認識し、三択カードで読みの練習を行った。指導Ⅱの後半では、語の拍打ちや音声化しながら、視写や少人数グループでの誤り修正、聴写等の読み書きの練習（主に書き）を行った。

　中でも有効だったのは、書きの指導における誤り修正であった。誤りタイプ別に構成された少人数グループのために、グループ内での誤りは類似している。それ故に互いの間違いに気づきやすく、互いのノートの表記を確認し合いながら、それぞれの誤りやすい語の表記を修正していくことができた。誤り修正では、グループで互いに誤りや修正方策を言語化しながら書くことで、自己修正機能が養われ、正答が増えたのではないかと考える。その他、視写では、指導課題及び検査課題に関連した視覚認知処理、言語性短期記憶の能力が高まり、聴写で指導課題及び検査課題に関連した音韻意識、聴覚認知処理、言語性短期記憶の能力が高まり、その結果、書きの成績が向上したと推測される。

　指導Ⅱでは、読み書きにつまずきのある対象児への誤り修正等の補足的な指導を行った。指導Ⅲの対象児3名を除く20名には、平仮名の読み書きはできるが特殊音節表記の読み書きに間違いが見られ、学習障害の診断には該当しないが学習につまずきのある周辺群に該当する児童が含まれているであろうと予想される。指導Ⅱの結果、20名のつまずきが改善され、テストⅡの平均値が上昇した（表4-6）。2層目にあたる指導Ⅱは、このような周辺群に

対しての支援ができるプロセス（層）であったと考える。

　指導Ⅲの対象となった3名は、指導Ⅱ終了後の検査①③間でも得点が上昇している（表4－6）。特にテストⅡにおける伸びが大きく、テストⅠにおける伸びは少なかった。3名の児童は、音韻意識が形成されていなかったが、指導Ⅱで他児と一緒に書字活動を繰り返すことで、平仮名文字の書きの習得が進んだと考えられる。しかし、指導Ⅱの指導が終了した時点での20名との差は大きく、指導Ⅲ（表4－5）で3名を対象に集中的な指導を実施した。指導Ⅲの前半では、一文字積み木やカードを活用しながら遊びやゲームを取り入れて、音と文字の対応からスタートさせ、平仮名文字の読み書きを習得させた。指導Ⅲの後半では、黒板を活用して特殊音節表記の書字練習に取り組ませた。3名の読み書きの苦手意識は大きく、時間内に集中が途切れることも多かったが、上記のような具体物や作業のある活動、ゲームを取り入れた活動、さらに活動ごとの小刻みな声かけがあると、その都度気を取り直して意欲的に活動に向かうことができた。この3名に対しては、特にこれらの指導の工夫や動機づけが有効であった。このような指導Ⅲにおける指導の結果、3名の児童は読み書きの間違いや書き取りテストの空欄が減少し、検査③④間でも得点が大きく上昇した（表4－6）。要因の詳細を検討すると、文字や語の拍打ちや音声化しながらの平仮名文字の視写を繰り返すことで音韻意識が養われ、さらに動機づけや指導の工夫をしながらの聴写を繰り返すことで、指導課題及び検査課題に関連した聴覚認知処理、言語性短期記憶の能力が高まり、検査④の得点が上がったと考えられる。3層目にあたる指導Ⅲでは、3名の子どもの実態や困難さに焦点を当てた集中的な指導を行った結果、文字や語の読み書きの習得と、読み書きに関する困難さの改善がみられたことが成果であった。

　海津（2006）は、つまずくまで待つのではなく、子どもの状態像を捉える過程が既に指導の一貫になっており、こうした予防的な支援（介入）が必要不可欠である[40]と指摘している。実際、ここで実施した3層の読み書き指導の2層目の指導Ⅱでは、23名の指導を行うプロセスで、例えば、音韻分解ができない、書字の際の手の動きに課題がある、視覚的な入力が弱い、聴覚的な入力が弱い等の、それぞれの児童の困難さに気づくことができた。2層目は、より多くの児童の困難さへの気づきのプロセスであったともいえる。

　このような気づきを学級担任に伝え、例えば、拍をとりながら板書を音読する機会を増やすとよいこと、大きな動作で書く練習をさせるとよいこと、板書をノートに写す時に上下に視線を動かすのが難しい場合は横に手本を置いて左右に視線を動かして視写させるとよいこと等の具体的な支援方法をアドバイスし、日常の授業で意識するように依頼した。その結果、担任教師が児童の教育的ニーズに配慮した指導や支援を実施できるようになった。このことは、今後拡大するであろうと予想される学習面の困難さを予防するという意味でも有意義であった。本実践は、学級規模（クラスワイド）の取り組みであり、担任教師にもう一人加わり、二者が連携を図れば可能な支援システムである。

　ただし二者による振り返りから、指導体制と連携の課題として、取り出し時間の調整に関する課題と、取り出しに際しての説明者と説明方法に関する課題が挙げられている。これら

の課題をクリアすればどの学級でも実現可能であり、有効に機能する支援システムになり得ると考える。

（2） 2群間比較により示された指導実施群における指導の効果を考える

　次に、2群間比較に論を進める。指導終了後の検査④の結果を比較すると、F小は、J小と比してテストⅠ・テストⅡともに得点が高く（表4－7）、学習内容の習得率が高かった。ただし、テストⅠにおいて、F小の標準偏差値がJ小より大きくなっている。松田ら（2018）は、本実践のテストⅠと同じ検査紙を活用してテストを実施した結果、国語成績が中程度以上の児童の方が国語成績の低い児童より得点の増加が大きかった[41]と報告しているが、それと同様の結果が生じたと考えられる。つまり、F小のテストⅠにおける標準偏差値の拡大は、児童間の差が広がり効果が十分でない児童が残されているのではなく、上位層の児童の伸びが大きかったために生じたと考えられる。低成績者については、F小3名の得点はJ小3名より高く、特にテストⅡの正答率は90％を超えており、効果が不十分な児童が残されていないことが分かる。このことは、2群のテストⅡの得点分布の推移（図4－2、図4－3）でも示された。

　ここで、図4－2、図4－3の検査③・検査④の結果に着目して検討を進める。検査③は、F小での第2層にあたる指導Ⅱが終了した段階の検査である。2校の検査③の帯（得点分布）を比べると、F小の検査③では、高得点者が有意に改善でき、高得点者層が増え低得点者層が有意に減少している。その後、F小の第3層にあたる指導Ⅲが終了した段階の検査④では、やはり高得点者が有意に改善でき、さらに1～21（正答率70％以下）の得点区分の得点者がいなくなっている。これが得点分布からわかる本実践における指導の特徴といえる。つまり、指導Ⅱ終了後に高得点者が一気に増え、指導Ⅲ終了後に得点の低い者がいなくなるというのが、この指導（介入）の特徴であるともいえる。これは、指導Ⅱの補足的な指導で児童の間違いやつまずきを改善した結果であり、すなわち、第2層の重要性を示すものである。また、指導Ⅲで特につまずきが重篤であった3名への集中的な指導を実施した結果であり、第3層も重要なプロセスであったことが示された。一方、J小学校の下位の児童は、誤答が改善されていないために得点区分の上層への移動がなく、低い得点区分層のままで3月を修了した。

　このように、F小では学級児童全員を対象に、指導Ⅰ、指導Ⅱ、指導Ⅲという対象を絞り込みながらの3層の指導を行うことで、学習面の困難さを抱えた児童をより早い段階で発見し、より早い段階で支援を開始することができた。またその結果、彼らの困難さを改善することが可能になったのではないかと考える。最終的に書きの低成績者がいなくなったことが本実践の成果であり、3層の指導プログラムの効果である。一方、J小3名は読み書きのつまずきが解消されないままであり、今後さらにつまずきを積み重ねるであろうことが予想される。F小における多層（3層）の読み書き指導の効果は明らかである。

（3）「書き」の学習効果を検討する

　2群の単純主効果の検定の結果（図4-4、図4-5）、特別な指導を行ったF小では、「読み」「書き」ともに、J小より高い学習効果が得られたことが示された。さらに、検査④で初めて学校間要因に有意差が現れた「読み」（図4-4）よりも、検査③・検査④で学校間要因に有意差が現れた「書き」（図4-5）に、特別な指導の効果が早く現れた。特別な指導の有無にかかわらず、J小においても「読み」よりも「書き」の習得が先行している。

　本章について考えると、「書き」の習得が先行し、その効果として視覚認知処理、音韻意識、聴覚認知処理、言語性短期記憶の能力が高まり、それが「読み」の習得を促進した可能性が示唆される。音韻の自覚の発達・形成は語の読み書きの習得を促し、語の読み書きの行為・活動は、音韻の自覚の一層の発達・形成を促す[42]という天野（2005）の指摘がある。例えば、a児は指導Ⅲでの平仮名文字の書字活動を経て音韻意識が養われ、音と文字の変換が円滑になって聴写課題ができるようになり、それと同時に読みの得点が上昇したと推測される。

　指導Ⅱの対象児たちは、グループで音声化しながらノートに語を書くことで、それまでの特殊音節表記の誤りを修正した。もしこれが音声化するだけであったら、誤りが修正できただろうか。逆に、音声化せずに書く作業だけを繰り返したら、誤りが修正できただろうか。小学校1年生にとって、平仮名書きの学習場面は新たな文字の習得の場であるとともに、既に定着した誤字を修正する場でもある[43]が、指導Ⅱの対象児は音声化を伴う書字活動で誤り修正をすることで、表記とその読み方の確認をしながら同時に読みを習得したのではないかと推測される。

　c児は指導Ⅲでの平仮名文字の書字活動で誤りを確認し修正することで、読み間違いが減少した。書く作業の結果は、後に指導者がその内容を評価できる[44]というメリットがあるが、学習している児童にとっても文字を視覚情報として捉え、語や文字の正誤を確認することができる。

　幼児期から始まる言語の発達は、音韻意識が備わり、さらに読みを習得した後、書きの習得へと続く。しかし、本実践の結果から、小学校段階では、「読み」と「書き」の学習を同時に行うことで、「書き」の習得で得られた効果が「読み」の習得に影響を与える可能性が高まった。宇野ら（2015）は、漢字と異なり仮名は、一文字に一モーラが対応する規則性の高い文字言語構造であるために、50音表を書きながら文字を言語音に変換する処理も同時に行われる[45]と指摘している。本実践においても、文字や語を書きながら文字や語を言語音に変換する処理が同時に行われ、「書き」の練習によって「読み」も向上したのではないかと考えられる。今後は、「書き」の学習効果が、「読み」の指導にどのように影響するのか、さらに検討する必要がある。

（4）成果と課題から考察する

　第4章では、学級児童全員を対象に、指導Ⅰ、指導Ⅱ、指導Ⅲという3層の読み書き指導を行った結果、多層の指導モデルの効果が明らかになった。対象を絞り込みながらの3層の

指導を行うことで、学習面の困難さを抱えた児童をより早い段階で発見し、より早く支援を開始し、困難さを改善することが可能になったと考える。また、指導Ⅱ終了後に高得点者が一気に増え、指導Ⅲ終了後に得点の低い者がいなくなるというのが、今回の指導（介入）の特徴であり、すなわち、補足的な指導で児童の間違いやつまずきを改善した第2層と、集中的な指導で児童の重篤な困難さを改善した第3層の重要性が示された。

さらに、「読み」よりも「書き」に、特別な指導の効果が早く現れたことから、小学校段階では、「読み」と「書き」の学習を同時に行うことで、「書き」の習得で得られた効果が「読み」の習得に影響を与える可能性が高まった。今後も「書き」の学習効果の影響について、さらに検討する必要がある。

では、上記に挙げた実践研究の成果を踏まえ、学級規模（クラスワイド）から学校規模（スクールワイド）へと、対象集団の規模を拡大したらどのような効果が期待できるだろうか。学校現場に視点を当てると、公立小学校のスクールワイドの取り組みでは、第1層にあたる全員への指導（通常教育）はすでに各学級で行われており、第3層にあたる集中的な指導（個に特化した指導）は特別支援学級または通級による指導で行われている、と考えることができよう。しかし、第2層にあたる介入指導は、どの学校現場でも実施されていないというのが実情であろう。このことからも、スクールワイドへと対象集団の規模を拡大した「学習面の困難さ」への指導が課題であり、中でもこれまで実施されてこなかった第2層にあたる学習支援を進めることが、最も重要な課題であると考えた。

公立小学校には多様な教育的ニーズのある児童が多数在籍している。周辺群と呼ばれる児童や困難さに気づかれにくい児童、さらに今後困難さが生じる可能性のある児童等がいる。本章の対象であった集団の規模を拡大して、スクールワイドの多層化された学習支援を行うことで、同様の効果が生じる可能性がある。さらに、学習面での困難さを示す「より多くの児童」の早期発見や、後続学習へのマイナス影響の減少という意味においても期待できる。

しかしながら、RTIを参考にした多層の指導モデルを用いた読み書き指導の効果が明らかになったが、その一方でRTIの導入に伴う課題も明らかになった。RTIは、学習障害の早期発見・早期対応を目指す校内システムである[46]ために、学習上の困難がある子どもへは第2層、第3層の介入指導が行われるが、第1層の介入後のスクリーニング検査で困難がないと判断された場合は、その後の介入がなされない。つまり、一部の応答（移動）はあるものの、第2層の指導が始まったところから、第1層（全員）で指導を受けた多くの児童へのその後の指導が行われないのである。クラスワイドで指導・支援を行う以上、第2層以降の指導が行われている間、この児童たちへの指導・支援をどうするかを検討する必要がある。

もう一点、本実践で最終的に絞り込まれた3名の児童は、早い段階から著しい困難を示していた。このような児童には、第2層をスキップして第3層で行ったような集中的な指導をより早く開始した方がよいのではないか、という課題も挙げられる。学習障害を認識するために対象を段階的に絞り込んでいく多層の指導モデルを導入するのではなく、多様な教育的ニーズのある児童を含む全ての児童への指導・支援を行うための多層の指導モデルの在り方

を追究する必要がある。
　最後に実践効果の検証の際に、学校間比較を行う場合の両校の学習条件の統一という課題について言及したい。本実践研究では、F小の通常の学級児童全員に指導Ⅰ、対象児童に指導Ⅱ・指導Ⅲという特別な指導を行った。それに対して、J小の児童には特別な指導は行っていない。したがって、F小には通常の指導に加えて特別な指導を行っているのに対し、J小には通常の指導のみを行っており、指導時間はJ小よりF小の方が多い。指導時間の差が両校の検査結果に影響を与えていることは少ないと考えられるが、条件を統一できていない。今後は、学習条件をより厳密に統一した研究方法を検討し、さらに効果的な指導プログラムを検討する必要があろう。

【注及び引用文献】

(1) 小野次朗・脇田真寿美 (2010) 通常学級における「ひらがな」チェックの有用性について．和歌山大学教育学部教育実践総合センター紀要, 20, 151-156.
(2) 天野清 (2006) 小学校低学年LD児に対する読み・書き入門言語・認知教育プログラム．LD研究, 15(3), 354-368.
(3) 高橋登 (2016) 読み書き能力．田島信元・岩立志津夫・長崎勤編, 新・発達心理学ハンドブック．福村出版．407-416.
(4) 天野清 (2005) かな文字の読み・書きの習得と音韻（節）分析の役割．教育学論集, 47, 145-203.
(5) 野口法子 (2009) 音韻意識に困難を持つ発達性読み書き障害児の指導方法に関する研究－KSの指導プロセスの分析を通して－．滋賀大学大学院教育学研究科論文集, 12, 67-79.
(6) 松本博雄 (2008) 子どもは文字をどのように自分のものとするか．加藤義信編, 資料でわかる認知発達心理学入門．170-184．ひとなる書房.
(7) 矢口幸康・小高佐友里・梶井直親・福田由紀 (2015) 発達性読み書き障がい周辺児に関する言語能力特性の検討．読書科学, 57(3-4), 47-54.
(8) Fuchs,D., & Fuchs,L.S. (2006) Introduction to Response to Intervention: What, why, and how valid is it?. Reading Research Quarterly, 41, 93-99.
(9) 羽山裕子 (2016) アメリカ合衆国におけるResponse to Intervention 導入期の論点に関する一考察－2003年 Response to Intervention シンポジウムでの議論に焦点を当てて－．国士舘人文学, 48, 1-19.
(10) 関内偉一郎 (2016) ギフテッド教育におけるRTIモデル活用に関する一考察－アメリカ合衆国の教育システム統合の動きに着目して－．筑波大学教育学系論集, 40(2), 31-44.
(11) 川合紀宗 (2009) IDEA 2004の制定に伴う合衆国における障害判定・評価の在り方の変容について．広島大学大学院教育学研究科附属特別支援教育実践センター研究紀要, 7, 59-68.
(12) Wright,P.W.D. & Wright,P.D. (2007) Wrightslaw : Special Education Law. 2nd edition. Harbor House Law Press, Incorporated. Virginia, 37-186.
(13) 関あゆみ (2015) 鳥取大学方式の紹介 (特集 発達性読み書き障害への気づきと対応について：最近の進歩と今後の展望：一般社団法人日本LD学会公開シンポジウム（鳥取）より) -- (RTIを活用した発達性読み書き障害の子どもへの気づきと対応)．LD研究, 24(3), 324-328.
(14) 海津亜希子・田沼実畝・平木こゆみ・伊藤由美・Vaughn Sharon (2008a) 通常の学級における多層指導モデル（MIM）の効果－小学校1年生に対する特殊音節表記の読み書きの指導を通じて－．教育心理学研究, 56(4), 534-547.
(15) 海津亜希子・平木こゆみ・田沼実畝 (2008b) 読みにつまずく危険性のある子どもに対する早期把握・早期支援の可能性－Multilayer Instruction Model-Progress Monitoring（MIM-PM）の開発－．LD研究, 17(3), 341-353.
(16) 海津亜希子・田沼実畝・平木こゆみ (2009) 特殊音節の読みに顕著なつまずきのある1年生への集中的指導－通常の学級での多層指導モデル（MIM）を通じて－．特殊教育学研究, 47 (1), 1-12.
(17) 小枝達也・関あゆみ・内山仁志 (2010) 治療の介入 鳥取大学方式．稲垣真澄・特異的発達障害の臨床診断と治療指針作成に関する研究チーム編, 特異的発達障害 診断・治療のための実践ガイドライン．50-54．診断と治療社.
(18) 小枝達也 (2012) 発達性読み書き障害のすべて－鳥取大学方式の紹介－．発達障害研究, 34(1), 21-28.
(19) 内山仁志・関あゆみ・小枝達也 (2010) 単文音読検査を用いたディスレクシア児の早期発見に関する研究．小児の精神と神経, 50(4), 399-405.
(20) 海津亜希子 (2010) 多層指導モデルMIM 読みのアセスメント・指導パッケージ．学研教育出版.
(21) 海津亜希子・田沼実畝・平木こゆみ・伊藤由美・Vaughn Sharon (2008a) 再掲.
(22) 海津亜希子・平木こゆみ・田沼実畝 (2008b) 再掲.
(23) 小枝達也・関あゆみ・内山仁志 (2010) 再掲.
(24) 小枝達也・内山仁志・関あゆみ (2011) 小学1年生へのスクリーニングによって発見されたディスレクシア児に対する音読指導の効果に関する研究．脳と発達, 43(5), 384-388.
(25) 大庭重治 (2010) 通常の学級における低学年児童の書字学習状況とその支援課題．上越教育大学研究紀要, 29, 151-157.
(26) 宇野彰・春原則子・金子真人・後藤多可志・粟屋徳子・狐塚順子 (2015) 発達性読み書き障害児を対象としたバイパス法を用いた仮名訓練－障害構造に即した訓練方法と効果及び適応に関する症例シリーズ研究－．音声言語医学, 56(2), 171-179.
(27) 天野清 (2005) 前掲.
(28) 4章における「読み」「書き」という表記について確認しておく．4章では、「書き」に着目して読み書き指導の効果を検討し、「書き」の「読み」への影響について検討するため、「書き」の指導とその効果に主眼を置いて論考を進め、さらに「書き」の「読み」への影響を検討するために「読み」と「書き」を対比しながら論じる展開になっている．4章では、「書き」の効果に着目した記述、「書き」と「読み」を対比する形の記述について、「読み」「書き」と表記した.
(29) 海津亜希子 (2010) 前掲.
(30) 村井敏宏 (2010) 読み書きが苦手な子どもへの＜つまずき＞支援ワーク．明治図書.
(31) 海津亜希子 (2010) 前掲.
(32) 小野瀬雅人 (1987) 幼児・児童におけるなぞり及び視写の練習が書字技能の習得に及ぼす効果．教育心理学研究, 35(1), 9-16.

(33) 大庭重治・佐々木清秀 (1990) 通常学級における平仮名書字学習困難児の実態とその指導形態. 特殊教育学研究, 28(2), 35-42.
(34) 宇野彰・春原則子・金子真人・後藤多可志・粟屋徳子・狐塚順子 (2015) 前掲.
(35) 小野瀬雅人 (2007) 聴写・視写・清書の効用-「書写」をとおして豊かな語彙を培う・表現方法をみにつける-. 児童心理, 61(11), 1093-1097.
(36) 天野清 (2005) 前掲.
(37) 宇野彰・春原則子・金子真人・後藤多可志・粟屋徳子・狐塚順子 (2015) 前掲.
(38) 第4章は、「堀部要子 (2019)「書き」の効果に着目した多層の読み書き指導モデルの検討. LD研究, 28(1), 96-110.」を改変したものである。表4－6についても誌上掲載しているが、一部の数値に四捨五入の位のずれからくる誤植があり、本著ではそれを修正して表に記載した (検査②テストⅡの結果：23名の平均値 22.5(5.4)、3名の平均値 12.3(3.5))。なお、該当学会には報告済みである。
(39) 小野瀬雅人 (2007) 前掲.
(40) 海津亜希子 (2006) 米国における読みの指導に関する研究の動向：The Three-Tier Reading Model. 世界の特殊教育, 20, 21-28.
(41) 松田奈々恵・佐野と喜ゑ・星 茂行・加藤憲司・海津亜希子・野呂文行 (2018) 小学1年生に対する多層指導モデルMIMを用いた1stステージ指導の有効性. LD研究, 27(3), 278-289.
(42) 天野清 (2005) 前掲.
(43) 大庭重治 (2003) 就学前後の平仮名書字における誤字の発生とその変化. 上越教育大学研究紀要, 22(2), 529-537.
(44) 福田由紀・小高佐友里・矢口幸康 (2017) 本邦における発達性読み書き障がい児・者の研究に関する展望－1999年1月から2009年7月までの論文を対象として-. 法政大学文学部紀要, 74, 95-118.
(45) 宇野彰・春原則子・金子真人・後藤多可志・粟屋徳子・狐塚順子 (2015) 前掲.
(46) 羽山裕子 (2016) 前掲.

第5章

スクールワイドの学習支援を行う
－学校全体で取り組む継続的な短時間取り出し学習支援－

　第4章では、1年生の学級児童全員を対象に多層（3層）の指導モデルによる読み書き指導を行った結果、高得点者が増えるとともに低得点者が有意に減少し、指導の効果が明らかになった。RTIを参考にした対象を絞り込みながらの3層の指導を行うことで、学習面の困難さを抱えた児童をより早い段階で発見し、より早く支援を開始し困難さを改善することが可能になったのではないかと考える。中でも、2層目における学習面の困難さが見逃されやすい児童への補足的な指導と、3層目における重篤な学習面の困難さを示す児童への集中的な指導の重要性が確認できた。多層（3層）の指導モデルは、つまずくまで待つのではなく、早期につまずきのリスクに気づき早期に支援を開始することで、予防的な支援（介入）になりうると考える。

　では、前章の対象であった「学級」という集団の規模を、「学校」へと拡大して、学校規模（スクールワイド）の多層化された学習支援を行うことで、同様の効果が生じるだろうか。学習障害あるいは学習障害が疑われる児童、その他の発達障害が背景にあるために学習の遅れが生じた児童、家庭環境に起因する学習困難のある児童等の、多様な学習面の困難さを示す児童が在籍している小学校に勤務していた筆者は、自校での学習支援の必要性を感じていた。そして学校全体で体制を整えて学習支援を行うことで、学習面での困難さを示すより多くの児童への支援を実現できるのではないかと考えた。また時間や人的資源の制約がある中でも、スクールワイドだからこそ可能となる校内支援システムのあり方を追究できるのではないかと考えた。そしてその具体的な対応策として、通常の学級に在籍する全児童へのスクリーニングテストで学習支援が必要だと判断される児童を抽出し、通級指導教室における個に特化した集中的な指導とは別の、取り出しによる「学習支援」の実施を検討した。

　第5章では、特別な教育的ニーズのある児童を含む学校に在籍する児童全員を対象とした学校規模（スクールワイド）の支援方法を追究し、学校「集団」への学習支援を実施した上でその効果を検証する、という取り組みを報告する。

1 取り出し学習支援をスタートさせるまでに検討したこと

（1）RTI導入に伴う課題から指導モデルを考案し、その上で2層目に着目する

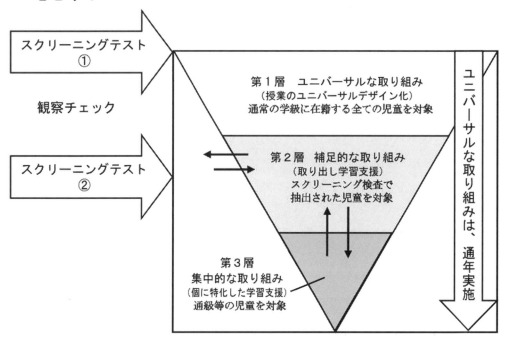

図5-1 「スクールワイドの学習支援」の多層（3層）の学習支援モデル[1]

　前章で挙げたRTIの導入に伴う課題については、次のように対応する。まず第1層として、通常の学級に在籍する全ての児童を対象に、1年間を通してユニバーサルな取り組みを行う。また、学習支援開始時のスクリーニングで学習面の著しい困難が認められた児童については、第2層を経ずに第3層の集中的な取り組みに進む。

　以上をふまえて第5章では、学習面の困難さを示す児童への取り組みとして、第1層では通常の学級に在籍する全ての児童へのユニバーサルな学習支援、第2層では取り出しによる小集団の補足的な学習支援、第3層ではアセスメントに基づいた個別の集中的な学習支援を試みることにした。本章で行うスクールワイドの学習支援における多層（3層）の指導モデルを図5-1に示す。

　具体的には、第1層にあたるユニバーサルな学習支援として、通常の学級に多様な教育的ニーズのある子どもがいるという前提で、授業のユニバーサルデザイン化[2]を導入した授業研究及び授業実践[3]に取り組む。ユニバーサルな学習支援では、第2層に向けての指導内容・指導期間に限定せず、年間を通して、より「わかる・できる」授業を目指して、授業実践を進める。第2層では、通常の学級に在籍する児童全員にスクリーニング検査を実施し、基礎的な内容の学習支援が必要だと判断される児童を抽出し、取り出しによる補足的な学習

支援を行う。第3層では、通級指導教室等で個に特化した個別の集中的な学習支援を行う。ここには、第2層を経ずに早い段階から第3層での通級による指導[4]を受けている児童も含まれる。つまり、最初のスクリーニング検査の段階で得点の低い児童については、より早期に支援を開始するために、第2層での学習支援を待たずに、第3層での個に特化した学習支援を受ける児童もいるということである。

さて、学校現場では、第1層にあたる全員への指導（通常教育）と、第3層にあたる個に特化した指導は特別支援学級または通級指導教室で行われている、と考えることができるが、第2層にあたる介入指導は、あまり行われていないというのが実情であろう。したがって、第2層にあたる学習支援について実践し、その効果や方法等について検討することが重要な課題である。また、前章においては、2層目における学習面の困難さが見逃されやすい児童への補足的な指導と、3層目における学習面の困難さが重篤な児童への集中的な指導の重要性が確認されている。

そこで第5章では、2層目の学習支援に着目し、「学習支援の内容と方法及び実施の効果」と「学校規模（スクールワイド）の学習支援システム」に焦点化して論を進める。第1層のユニバーサルな取り組み（授業のユニバーサルデザイン化）と、第3層の集中的な取り組み（個に特化した学習支援）の詳細については、別稿にゆずる。

なおこの学習支援は、通級による指導とはねらいや内容を異にする。通級指導教室では特別の教育課程による「自立活動」と、必要に応じて「教科の補充指導」が行われる。筆者の

【解説】学校教育（公立小学校）で行われている特別支援教育

インクルーシブ教育システムの構築のために、学校教育において、特別支援教育を着実に進めていくことが必要である（文部科, 2012）[5]とされています。

インクルーシブ教育システムでは、障害のある子どもと障害のない子どもが、同じ場で共に学ぶことを追求します。ただし、それは単に同じ場にいることを目指すのではなく、授業内容が分かり、学習活動に参加している実感・達成感をもちながら、充実した時間を過ごしつつ、生きる力を身に付けていけるかどうかが重要です[6]。そのために報告では、教育的ニーズのある子どもに対して、その時点で最も的確に指導を提供できる、連続性のある「多様な学びの場」を用意しておくことが必要であるとしています。ここにある「多様な学びの場」とは、個別の教育的ニーズに応じられる場のことであり、義務教育段階においては、通常の学級、通級による指導、特別支援学級、特別支援学校といった連続性のある多様な学びの場を指します。

公立小学校では、図5-1の第1層にあたる全ての児童への指導・支援は通常の学級で行われ、また、第3層にあたる特別な教育的ニーズのある児童への個に特化した指導・支援は特別支援学級または通級指導教室（通級による指導の場）で行われています。しかし、第2層にあたる学習面の困難さが見逃されやすい児童への指導・支援を行う場は、制度として設けられていません。この第2層に着目して、学習支援の方法を検討し、それを具現化したものが第5章の「取り出し学習支援」です。

※インクルーシブ教育システム（inclusive education system）とは、人間の多様性の尊重等を強化し、障害者が精神的及び身体的な能力等を可能な最大限度まで発達させ、自由な社会に効果的に参加することを可能にするという目的の下、障害のある者と障害のない者が共に学ぶ仕組みのことです。

勤務校では、通級による指導の対象児に週に1～2時間の個別指導を行っており、「教科の補充指導」では知能検査や視知覚検査等の結果を踏まえた認知特性に応じた学習の指導を行っていた。この取り出しによる学習支援は、通常の教育課程履修に支障のない時間に設定された週15分間の短時間学習であり、基礎的な学力を保障するための補足的な指導を行うことをねらいとした。

（2）第2層　補足的な取り組み「取り出し学習支援」の実施上の課題を検討する

　第2層の補足的な取り組み「取り出し学習支援」の実施に際して生じる課題としては、①学習支援及びスクリーニング検査の内容に関する課題、②手続き及び支援システムに関する課題、の2つが挙げられる。

〈ア〉学習支援の内容・スクリーニングテストの内容

　まず、1つ目の学習支援及びスクリーニングテストの内容について検討する。学習支援を行うにあたり、何を教え、そのためにどのような内容のスクリーニングを行うかは、学習支援の根幹にかかわる課題である。

　小学生に必要な学力は一般的に「読み、書き、計算」と言われているが、学習活動ではどの科目においても文字の読み書きの比重が大きく、読み書きの困難は学習全般へ大きく影響する[7]。読み書きは主に就学後の国語科の学習で体系的に学習するものであり、小学校第1学年では、ひらがなの読み書き、特殊音節の使い方について学習するため、ここでつまずくとその後の学習全般に大きな影響が及ぶことが推測される[8]。さらに高学年になると教科書や資料、その他の種々の文字で書かれた資料を読むことが、語彙・知識の獲得のための重要な手段となるので、読み書きの困難さが学習に与える影響は深刻である。したがって、なるべく早期に、できれば低学年の間に、読み書きの問題が認識され、学習支援の手立てが考えられることが必要である[9]。

　海津（2002）は、LD児の学力におけるつまずきの特徴について調査した結果、「読む」「書く」領域の「促音や拗音などの特殊音節を読み（書き）間違える」という項目では健常児との有意な差が認められ、特に「書く」領域の「促音や拗音などの特殊音節を書き間違える」という項目に関しては高学年低学年共に高いつまずきを示した[10]としている。また、鈴木ら（2010）は、スクリーニング検査を用いて発達性読み書き障害群のひらがなとカタカナの書字の特徴を調査した。その結果、発達性読み書き障害児の書字特徴は、特殊音節で誤りやすく、その誤りは学年が上がっても減少しにくい点、低学年ではひらがなの単語よりも1文字で誤りが多い点、ひらがなに比べてカタカナの習得の遅れが著しい点である[11]としている。さらに、発達性読み書き障害児は定型発達児に比べてカタカナにおいてより遅れを示すため、教育現場などにおいて時間が制限されている場合、カタカナの課題を優先して行うことが児童の書字能力を評価する目安になりうるのではないか[12]と提起している。しかしな

がら、カタカナ書字は、小学1年生で指導するが、その後、正確かつ流暢に書けているかどうかの確認は、2年生以降ほとんど行われないのが現状である。カタカナは漢字の構成要素になるものが多いため、カタカナをスムーズに書けることは、漢字学習の基礎として欠かせない[13]という指摘もある。以上より、学習支援で扱う国語の基礎的な学力を、平仮名の特殊音節表記の読み書きと、カタカナの読み書きと捉え、その習得に係る内容を国語の学習支援の内容とした。

もう一点、小学校で学習支援を行うに際し、算数に関する学習上の困難さも外せない。算数障害は、限局性学習症（SLD）のひとつのタイプとして位置付けられている発達障害で、算数の学習困難があることが主な症状ととらえられている[14]。熊谷（2015）は算数障害を、ICD-10（WHO，1992）[15]でも「ただ単に一般的な知的障害あるいは非常に不適切な学校教育だけでは説明できないような算数能力の特異的障害である。この障害は、代数学、三角法、幾何学または微積分学のようなより抽象的な数学的能力よりは、むしろ加減乗除のような基本的な計算能力の習得に現れる」とあるように、高度な算数・数学ではなく、基本的な四則演算における問題を取り扱うものである[16]としている。伊藤（2018）も、算数障害の主要な症状は計算の困難さにある[17]としており、本章の取り出し学習支援においても計算の困難さに着目することにした。

実際、学校教育では、算数の学習で計算ができないことや、計算手続きの習得や定着の難しさが問題として取り上げられる。またそれに対する具体的な支援として、マス目のある用紙の使用や計算を実行しやすくするために手続きを書いたメモ、かけ算九九を手元におくなどの方法が考えられてきた[18]。しかしこのような工夫がなされても、例えば、繰り上がりや繰り下がり、九九など、算数障害の有無に関わらず初歩的な計算でつまずく児童は多い。そこで、学習支援で扱う算数の基礎的な学力を四則計算の計算技能ととらえ、その習熟に係る内容を算数の学習支援の内容とした。

さらに上記の学習支援内容の習得状況を調べるため、スクリーニング検査の内容へと検討を進めた。この学習支援は、通常の学級に在籍する児童全員を対象にした学校規模の取り組みである。通常の学級に在籍する児童全員が一斉にスクリーニングのテストを実施できること、国語・算数の基礎的な学力を調査でき、実施後にその紙面を見ながら学習支援が必要かどうかを検討できることが必須条件だった。国語では、特殊音節表記やカタカナ文字を一人ずつ声に出して読ませるのは条件に合わないことから、聴写課題を導入することにした。算数では、学年に応じた四則計算の計算課題を実施することになった。このように検討を進め、実践に備えた。

〈イ〉手続き・支援システムに関する課題

次に、2つ目の手続き及び支援システムに関する課題について検討をする。取り出し学習支援をスクールワイドで行うにあたり、誰が直接の支援者になるか、どのような手続きで取り出しを行うか、本人や保護者への説明はどうするか等、具体的な方法を十分に事前検討す

る必要があった。

　学校現場では、生徒指導上の問題（行動の問題と心の問題）についてはすぐに対応しチームアプローチの体制がとられるが、学習面の困難さについては対応が遅れがちであり、チームで取り組むという視点が不足している[19]。しかしながら、学校全体で学習面の困難さに対応している実践事例は存在する。例えば、通常の学級の希望する児童を対象に国語と算数の補充学習を実施した小学校の実践[20]や、全校テストを行った上で取り出しによる個別指導を実施した小学校の実践[21]がある。前者は学級担任が提出したリストをもとに取り出しの担当教師が国語と算数のスクリーニングを行い、後者は計算と漢字の全校テストを行っている。また、いずれも担任教師以外の者が取り出しの指導を行っている。これらの先行実践事例からも、学校の実情に合った方法を考案することが必要であることが示唆される。

　第4章のF小学校におけるクラスワイドの学習支援実践においては、実践を始めるにあたり、該当学級の担任教師と筆者の二者で打ち合わせを行った。内容は、「時間、指導者、場所、指導内容と方法、対象児童の抽出方法」であった。その後、筆者と担任教師の二者で指導体制を組み連携を図りながら実践を進めたが、課題が生じた時にはその都度相談をした。

　確認のためにあえて繰り返すが、第4章における指導体制と連携の課題は2点あり、1つ目は取り出し時間の調整に関する課題であった。指導Ⅱ、指導Ⅲと段階が進むにつれて取り出し時間の調整が難しくなり、3層目の指導Ⅲでは取り出し時間の追加を依頼することになった。2つ目は、取り出しに際しての保護者や本人への説明は誰が行うかという課題であった。最終的には、指導は筆者が行うとしても、保護者や本人、周囲の児童への説明は日常的にかかわりのある担任教師が行うことが望ましいであろうということになり、担任教師が説明と依頼を担当した。

　これをスクールワイドの学習支援へと発展させていくには、さらに詳細な事前検討をする必要があった。通常の学級（全12学級）の児童全員と教職員全員が関係してくる上に、全保護者への周知が必要になる。クラスワイドの取り組みとは関係者の人数や規模が違い、必然的に検討を要する事項は多くなる。対象児童の教育課程履修に支障のないように時間をどこに設定するか、取り出しの対象となる児童の保護者と本人への説明をどうするか、学習支援の内容をどのようにするか、児童全員を対象としたスクリーニングをどのように行うか、担任教師不在の教室を作らないためには誰が学習支援の指導者になるとよいか、教職員間の共通理解と連携をどのように進めるか等々、検討すべき手続き及び支援システムに関する課題は山積していた。以下、課題を整理した。

- 学習支援の内容と抽出の方法に関すること（スクリーニングの内容と方法、学習支援の内容、学習支援内容や抽出方法を検討する場の設定等）
- 対象児童本人とその保護者に関すること（対象児童の抽出方法、本人への説明方法と了解のとり方、保護者への説明方法と了解のとり方、保護者との連携方法等）
- 学習支援の実施上の手続き及び方法に関すること（取り出し学習支援を実施する時間、

指導者、取り出し時の担任教師と対象外児童の所在、学習支援の場所、教職員の共通理解と連携の方法、評価方法等）
・　その他の配慮事項（全保護者への説明、学級の周囲の児童への説明等）

　これらの課題については校内で詳細な検討をし、その上で実践をスタートさせた。その具体的な内容は後述する。
　第5章では、スクールワイドの多層の指導モデルを用いたスクールワイドの学習支援のうちの第2層に焦点化し、学習面の困難さを示す児童への取り出しによる学習支援の内容と方法及び学習支援システムの在り方について検討するとともに、その効果の検証を行うことを目的とした。

2　スクールワイドの取り出し学習支援の実施

（1）全校スクリーニングテストの構成と分析方法を検討する

　学級単位で一斉に実施できること、国語・算数の基礎的な学力を調査できることを条件にコーディネーター会議[22]で検討し、以下の3つのテストをスクリーニング検査として年間2回（前年度末3月、年度中11月）実施することにした。テストⅠ・テストⅡは全学年同一の課題を実施し、テストⅢは学年の既習内容に応じて課題数を増やして実施した。

①テストⅠ（国語：平仮名特殊音節表記の書き）
　「単語聴写課題（村井，2010[23]より引用）」…特殊音節（撥音、拗音、長音、拗長音、促音、拗促音）を含む平仮名単語を聴写する（30点満点）
②テストⅡ（国語：カタカナ文字の書き）
　「カタカナ聴写課題（宇野ら，2006[24]より引用）」…濁音、半濁音、拗音を含むカタカナ文字を聴写する（20点満点）
③テストⅢ（算数：計算）
　「計算課題[25]」…前年度末3月と年度中11月は同一のテストを実施した。1年生は16問、2年生は20問、3年生は30問、4年生以上は42問という問題数の計算課題を作成し実施した[26]。4年、5年、6年は、同一のテストを実施した。

3つのテストは、年間2回（前年度末3月、年度中11月）実施された。まず3月に1～5年生の全学級でテストⅠ・Ⅱ・Ⅲを実施し、前担任とコーディネーターが児童の学習内容の習得状況を把握し、その上で学習支援の対象児童（以後、対象児と表記）を検討した。次に11月に同じテストを実施し、対象児への支援の継続あるいは終了の検討、新規の対象児の検討、学習支援の効果の検証を行った。

　なお、1年生については、入学後に担任教師からの情報をもとにコーディネーターが学習内容の習得状況を把握することで、9月からの学習支援の対象を検討した。その後、11月には他の学年と同様にテストを実施したが、この時期にはカタカナ文字の学習が完了していないことから、テストⅠとテストⅢのみを実施し、新規に学習支援の対象となる児童の選定を行った。対象児の選定は、テストの実施後、誤答の割合（テストⅠ・Ⅱは10％、テストⅢは20％程度）を基準に検討を進めた。

　学習支援の効果を検証するために、まず対象児のテスト結果について、全体の得点と内訳項目ごとの得点について分析した。テストⅠ・Ⅱでは対応のあるt検定で対象児の得点の伸びを検討した。なお、テストⅢでは、学年ごとに課題が異なるために、内訳項目ごとの分析を行うには人数が少なく、t検定を実施できなかった。そこで、学年ごとに各対象児の正答数の変容を示すとともに、後述する群分けによる分析で正答率に換算し、学習支援の効果を検討することにした。

　次に、通常の学級に在籍する全児童を、学習支援の対象児である「取り出し群」、通級による指導を受けている「通級群」、それ以外の「通常群」の3群に分けて、テストごとに指導経過要因（3月、11月）と群間要因の2元配置分散分析を実施した。検定を行うにあたっては、国語の内容で学習支援を受けた対象児はテストⅠ・Ⅱの結果を分析対象とし、算数の

【解説】スクールワイドの取り出し学習支援の実施に向けて

♥どんな学校で取り出しによる学習支援を行ったか♥
　D市立E小学校は、通常の学級が12学級（全学年2学級）、特別支援学級が3学級の計15学級、通級指導教室が1教室あり、20XX年度当初の全校児童数は320名（男子174名、女子146名）で、そのうち通常の学級に在籍する児童は316名でした。教師は学級担任15名を含む21名でした。

♥どのような期間に取り出し学習支援を行ったか♥
　20XX年2～3月に実施方法や役割分担等を検討・改善し、校内システムを整備しました。その上で、20XX年4月から20XX+1年3月までの1年間、毎週1回朝短学活（8:30～8:45）の時間に、取り出し学習支援を実施しました。

♥どのように倫理的な配慮を行ったか♥
　取り出し学習支援の実施にあたっては、学校改善運営委員会で検討協議を十分に行い、承認を得た上で、さらに運営委員会と職員会で全教職員への説明と協力依頼を行いました。保護者にも、口頭及び文書で説明を行い、それに対する質問や意見を受け付けましたが、否定的な意見はみられませんでした。データの取り扱いに関する守秘義務の遵守と研究結果の公表については、保護者宛て文書で説明と依頼をして了承を得ました。（一般社団法人日本特殊教育学会倫理綱領・倫理規定に準拠）また、本書の著述に際しては、個人が特定されないように配慮しています。

内容で学習支援を受けた対象児はテストⅢの結果を分析対象とした。国語と算数の両方の内容で学習支援を受けた対象児はテストⅠ・Ⅱ・Ⅲの全ての結果を分析対象とした。

スクリーニングテストの実施にあたっては、テストⅠ・Ⅱは朝の短学活の時間（8:30〜8:45）を活用し、テストⅢは算数の授業時間を活用した。

（2）教師及び対象児童のアンケート結果から、学習支援の内容や方法を分析する

実践終了時の教師及び対象児のアンケート結果（記述式）から学習支援の内容や方法等の分析を行った。教師へのアンケートでは「①学習支援についての感想や意見、②観察された対象児の言動等、③観察された周囲の児童の言動等」に関する記述を求めた。対象児へのアンケートでは「①ぐんぐんタイム（学習支援の呼称）はあったほうがいいと思うか、またその理由、②ぐんぐんタイムをどう思うか、③ぐんぐんタイムをもっといいものにするにはどうしたらいいか、④教えてくれた先生へメッセージ」に関する記述を求めた。

教師19名（内、取り出し学習支援指導者6名）と対象児童31名（3月段階で取り出し学習支援を受けていた児童）の記述を、実験者効果が混入しないように取り出し学習支援指導者ではない他校2名（通級指導教室担当者・担任教師）と筆者で合議の上、分類し妥当性を検討した。

（3）学習支援の実施に向けて校内支援システムを構築する
〈ア〉内容の検討と校内支援システムの構想

20XX年2月、教職員の年度末反省で、学習障害が疑われる児童や学習の遅れが見られる児童への対応が課題として出された。そこで学校改善運営委員会を開催し、通常の学級に在籍する学習面の困難さを示す児童への支援方法を検討した。学校改善運営委員会の構成員は、校長、教頭、教務主任、コーディネーター[27]、学年主任、養護教諭であった。協議の結果、スクールワイドの取り出し学習支援を実施することになり、その内容と方法を検討した。協議の結果を踏まえ、以下の6項目を共通理解事項とした。

① 学習支援の実施時間は、取り出された児童と教室に残された児童双方の教育課程履修に支障のない時間（朝短学活15分間（8:30〜8:45））を活用し、週1回火曜日に行う
② 学習支援の時間の呼称は、児童、保護者、教職員に馴染みやすいように「ぐんぐんタイム」とする
③ スクリーニングテストは、通常の学級に在籍する全児童を対象に実施し、その結果と担任教師の情報から学習面の困難さの有無を検討し、学習支援が必要と判断され、かつ児童及びその保護者が希望する場合に、学習支援の対象とする
④ 学習支援の指導者チームは担任教師以外で編成する
⑤ 支援内容は、国語、算数に関する基礎的な内容とする
⑥ 対象児が学習支援を受けている間、教室に残った児童は担任教師と読書をして過ごす

さらにこの学校改善運営委員会の場で、まずは各学級における効果的な授業や学習指導が基本であること、ぐんぐんタイムは各学級での適切な指導を行ってもなお学習面の困難さを示す児童への支援を行うものであること、学校全体で取り組むスクールワイドの学習支援であることを確認した。加えて、通級による指導を受けている児童は、通級指導教室で個に特化した集中的な指導が行われるため、学習支援の対象から外すことを確認した。

以上、学校改善運営委員会において検討の上で決定した取り出し学習支援の概要を表5－1に示す。

表5－1　取り出し学習支援（ぐんぐんタイム）の概要

時　　間	・毎週火曜 朝短学活 15分間（8:30～8:45）
名　　称	・ぐんぐんタイム（取り出し学習支援を実施する時間の呼称）
対 象 者 [抽出方法]	・通常の学級に在籍する全ての児童にスクリーニングテストを実施し、その結果と担任教師の情報から学習面の困難さの有無を検討する。必要と判断され、かつ保護者が希望する場合に取り出し学習支援の対象とする（特別支援学級在籍児童のテスト実施については担任教師の判断）。
対象以外 の児童	・教室で担任教師と読書をして過ごす。取り出しの児童が不在なので、授業や課題を進めることはしない。
指 導 者 [場　所]	・コーディネーター3名[図書室、通級指導教室]、教務主任[図書室]、校長[校長室]、（年度途中より参加）特別支援学級担任1名[図書室または通級指導教室]
支援内容	・国語、算数に関する基礎的な内容（行動面にのみに困難さを示す場合はSST）
連携方法	・対象児に各1冊「ぐんぐんファイル」を作り、その時間に学習したプリント等を綴る。ファイルは担任が確認した後、児童が持ち帰り、保護者が確認する。
評　　価	・スクリーニングテスト、観察、児童及び教師へのアンケート（記述式）で評価する。

注：20XX年4月からコーディネーターが3名になることを想定して、コーディネーター3名と教務主任、校長の計5名で指導者チームを構成した。年度途中より、コーディネーター以外の特別支援学級担任2名のうち、1名が教室に残り、1名が指導者チームに加わることになり、以後、計6名で指導にあたった。

教室から児童を取り出すためには、保護者と本人の了解が必要な上に、場合によっては周囲の児童への説明が必要となり、多面的な配慮が要る。さらに学級担任も朝の時間に学習指導で進めたいことや学級経営として取り組みたいことがあり、担任教師の理解を得る必要もある。これをスクールワイドで行うということは、かなりの困難さを伴うことが予想された。

そこでコーディネーター会議を開催し、取り出し学習支援の方法を確認するとともに役割分担を明確にし（表5－2）、さらに学習支援に関するスケジュールを検討した（表5－3）。コーディネーター会議の構成員は、校長、教頭、教務主任、コーディネーターであった（表1－2）。

役割分担は、①校内の連絡調整はコーディネーターAが、学習支援とスクリーニングテストについてはコーディネーターBが、それぞれ中心になって進める、②全保護者への説明と

表5－2　役割分担

全体のマネジメント	コーディネーターA、校長
スケジュール作成	教務主任
スクリーニングテストの提案と実施	提案：コーディネーターB、実施：担任
学習支援内容に関する提案	コーディネーターB、校長
全保護者への説明と周知	校長（PTA総会）、教頭（文書）
対象児の保護者への連絡と説明	学級担任、コーディネーターA
担任教師等への説明	教務主任、コーディネーターA
対象児抽出や課題の検討	コーディネーター会議メンバー
学習支援の指導者	校長、教務主任、コーディネーター3名（年度途中より特別支援学級担任教師が加わる）
学習支援実施時の職員室対応	教頭

注1：20XX年4月からコーディネーターが3名になることを想定して役割分担をした。
注2：学習支援の指導者は5名体制でスタートし、年度途中より6名体制になった。

表5－3　実践スケジュール

前年度末 （2月～3月）	・学校改善運営委員会で、取り出し学習支援の導入を提案し、実施方法を検討（対象者、指導者、時間、場所、支援内容、連携方法、評価等） ・コーディネーター会議で、役割分担とスケジュールを明確化
3月	・運営委員会、職員会で取り出し学習支援についての提案と共通理解 ・**スクリーニングテスト①**
4月	・職員会議での提案と、教職員間の共通理解 ・PTA総会での保護者への説明と周知（学習支援の実施、通級指導教室の設置）
5月	・保護者向け文書の配付（図5－2） ・コーディネーター会議①（対象児の検討） ・対象児の保護者への連絡と、ぐんぐんタイム参加への意向の確認 ・**「ぐんぐんタイム」開始**（5月～3月、毎週火曜朝15分間）
6月	・校内委員会全体会（新規対象児の確認）
7月	・1学期末個人懇談会（対象児の保護者へは状況報告、新規は意向の確認）
9月	・コーディネーター会議②（対象児の増加への対応策の検討）
11月	・**スクリーニングテスト②** ・コーディネーター会議③（検査結果による継続・終了の検討、新規対象児の検討）
12月	・2学期末個人懇談会（対象児の保護者へは状況報告、新規は意向の確認）
2月～3月	・学習支援の振り返り（対象児童・教師：アンケート等） ・学校改善運営委員会・コーディネーター会議で評価改善のための検討
毎週火曜日 随時	・連携ツール「ぐんぐんファイル」の記入と交換（指導者、担任教師、保護者） ・コーディネーター会議で学習支援の課題について検討

周知は管理職が行う、③対象児本人と保護者への説明と参加の確認は担任教師が行う、④スクリーニングテスト後の対象児の抽出と学習支援実施途上で生じた課題については、コーディネーター会議で検討する、⑤学習支援実施時の職員室対応は教頭が行う、ということになった。その他、コーディネーターAが取り出し学習支援の方法や判断に困った時や、保護者や本人の了解が得られない時、担任教師の理解を得られない時等の対応策について校長に

相談する、困難事例については校長が関与する、ということを確認した。

さらに学習支援に関するスケジュールも検討した。スクリーニングテストの1回目は、前担任の方が児童の実態を知っていることと、新年度の学級編成直後では落ち着かないであろうことから、前年度末の3月に実施することになった。2回目は、年度途中に実施すると対象児抽出の再検討ができることと、担任教師がその結果を以後の学級での指導の参考にできるであろうこと、さらに11月にスクリーニングテストを行えば、その後で対象児抽出の検討をし、12月の個人懇談会で保護者の意向を確認した上で1月から学習支援を開始できることから、年度途中の11月に実施することにした。そして、スクリーニングテスト①②の結果を受け、コーディネーター会議の場で、対象児の抽出について検討することにした。

また、スクリーニングテスト①の前に、運営委員会及び職員会議で全教職員の共通理解を図り合意を得る、保護者への説明は年度当初にPTA総会や文書で行う、保護者への連絡と説明、参加の確認は、学期中は電話で、学期末は個人懇談会の面談（7月、12月）で、学級担任が行うという確認をした。

〈イ〉教職員への説明と校内における共通理解

3月、スクリーニングテストを実施する前に職員会議を開催し、コーディネーターAが学習支援の内容と方法に関する提案（主に前出の共通理解事項6項目、111頁）を行い、全教職員の共通理解を図った。ここではさらに具体的な提案がなされた。例えば、取り出し学習支援を始めるにあたって、担任教師として気をつけなければいけない注意点（表5-4）や、保護者への伝え方（表5-5）が提案された。

表5-4　取り出し学習支援実施にあたっての注意点（職員会議要項から）

① アセスメントを行い、抜け落ちている部分やつまずきを正確に把握する。
　※（スクリーニング）テストは幅広い内容になっている。正確なデータをとることで、今後の指導内容の根拠としていくため、通常の学級児童全員に実施する。
② 対象児の他にも気になる児童があれば、コーディネーターに相談する。
③ 担任教師・通級指導教室担当者と指導者が情報交換を密に行い、日常的な指導に生かす。
④ その日の課題や内容については、指導者間で相談して作成する。個別にファイル（ぐんぐんファイル）を用意する。
　※指導記録は、指導者→担任教師（印を押す、気づきがあればコメントを記入）→保護者へ
⑤ 対象児童の状況に応じて、周りの児童へ説明するとともに、対象児童への配慮をする。

注：①の「アセスメント」は、スクリーニングテストを主とする実態把握を示す。

取り出し学習支援の対象となるのは、①スクリーニング検査結果と観察から学校が必要と判断する場合、②保護者の申し出により行う場合がある。中には取り出しに抵抗を感じる保護者もいるので、配慮が必要である。取り出し学習支援について「なぜ必要か」「いつ始めるのか」「どの時間に」「誰が」「何を」など、支援についての目的や内容を保護者に丁寧に伝える必要がある。最初の窓口は担任教師なので、前出の職員会議や対象児童のケース会議等で、保護者への伝え方（説明内容）について共通理解を図った。具体的には、①学習支援のねらいと支援の内容、方法、②学習支援の期間と開始時期、時間、③スクリーニングテス

トを中心とする実態把握の結果、④指導者であった（表5－5）。

　保護者に伝えるのは、電話連絡や個人懇談時が主になる。特に個人懇談の際には、必要があれば担任教師との懇談後に、管理職やコーディネーターと相談ができるような体制を整え、それを全教職員で確認した。

表5－5　保護者への伝え方（担任教師が保護者に説明する時に活用）

◎対象児童の保護者に「ぐんぐんタイム」への参加を勧める時は、以下の内容を伝えてください。

ねらいと支援の内容
・基礎的な学力をつけるための学習支援（小集団でのSSTを行う場合もある）を行う。

ぐんぐんタイムを始める時期、期間、時間
・5月○○日（火）より開始する。
・時間は毎週火曜日朝の読書タイム（朝短学活 8:30～8:45）の時間に行う。

アセスメントの結果
・アセスメント（スクリーニングテストや観察等）を行い、国語・算数の基礎学力で抜け落ちた部分を調べ、その上で支援をする。

指導者
・○○先生、○○先生、○○先生、○○先生、○○先生

注：「アセスメントの結果」は、スクリーニングテストを主とする実態把握を示す。

〈ウ〉全保護者への説明と周知

　児童を教室から取り出すことは保護者の理解・協力がなくては実現できない。そこで、4月のPTA総会の場で、授業のユニバーサルデザイン化を導入して授業研究を進めること、学習面でのつまずきを早期発見し学習支援をするために基礎的な学習内容のテスト（スクリーニングテスト）を実施すること、希望により毎週火曜日の朝15分間に取り出し学習支援「ぐんぐんタイム」を行うこと、通級指導教室が新設されたこと、通級指導教室では週1～2時間の取り出しの個別指導を行うこと、これらを踏まえて子どもの学習状況等で気になることがあったら学校に相談してほしいこと等を内容とするプレゼンテーションを行った。

　その後、保護者向け文書の配付をし、取り出し学習支援「ぐんぐんタイム」の周知を図った（図5－2）。

図5－2　配付した保護者向け文書（一部）

（4）学習支援を実施する

〈ア〉スクリーニングテスト①の実施

　3月、国語と算数のスクリーニング検査（テストⅠ・テストⅡ・テストⅢ）を、1～5年生を対象に、テスト期間（1週間）を定め、学年毎に日時をそろえて実施した。テストⅠ・テストⅡは朝の短学活（8：30～8：45）を活用し、テストⅢは算数の授業時間を活用して実施した。

〈イ〉対象児の検討と、それぞれへの支援内容とグルーピングの検討

　スクリーニングテスト①の後、コーディネーター会議でどの児童を学習支援の対象にするかを検討した。その後、本人と保護者に説明と参加の確認をした。

　対象児が決まってから、計算が苦手、カタカナ文字が習得できていない等の、それぞれの課題に合わせて学習支援の内容を検討し、グルーピングした。具体的には学習支援開始時（5月）に、テストⅠ・Ⅱで誤答が多かった2年生6名は国語グループ、テストⅢで誤答が多かった3・4・5・6年生8名は算数グループ、テストⅠ・Ⅱ・Ⅲともに誤答が多かった3・4・5・6年生8名は国語・算数グループ（両方を指導）というように分け、各グループの担当者、場所の割り振りをした（表5－6）。

　なお、2年生の国語グループの中でテストⅢでも誤答が多かった児童は、国語グループでの学習支援を先行して行い、特殊音節とカタカナの表記が習得できたことを確認した上で、算数グループに移った。1年生においては、前述したように担任教師による情報提供とコーディネーターによる観察をもとに、学習支援の対象児を決定し、9月より5名の児童が学習支援に参加した（国語グループ3名、算数グループ2名）。その他、年度途中に新規に対象になった児童については、既設のグループに加わって学習支援を受けた。

【解説】スクリーニングテストはどんな内容？

◆テストⅠ・・・平仮名特殊音節表記の書き（聴写：全学年共通）◆
くま、うさぎ、あいさつ、はっぱ、おもちゃ、おに、どんぐり、しいくごや、おとうさん、じょうず、きつね、ごはん、しんかんせん、すいぎゅう、しょっき、かぜ、えんそく、ぺんぎん、きょうしつ、うんどうじょう、いっしょ、ちょっぴり、じどうしゃ、しゃっくり、ほっきょく、ぎゅっと、はらっぱ、しゅっぱつ、きょうそう、どっこいしょ（村井，2010）

◆テストⅡ・・・カタカナ文字の書き（聴写：全学年共通）◆
ケ、リョ、ゾ、メ、ピ、ツ、ヤ、セ、デ、シャ、モ、ル、ニ、ゴ、ギュ、チ、シ、ヌ、ベ、ピョ
（宇野ら，2006）

◆テストⅢ・・・計算課題（4年生以上用の例：学年によって問題数が異なる）◆
全学年ともに、1年生の内容から順に課題が構成されています（4＋5、8＋8、7－4、17－9等）その後で、九九、2桁の筆算（掛け算、引き算）、割り算、と問題が続きます。

表5-6 学習支援開始時（5月）の学年（人数）・内容・担当者・場所

対象児の学年（人数）	内　容	担当者	場　所
3・4年（5名）	算数	教務主任	図書室
5・6年（3名）	算数	コーディネーターA	
3・5・6年（4名）	国語（算数）	コーディネーターC	
3・4・5年（4名）	国語・算数、SST	コーディネーターB	通級指導教室
2年（6名）	国語	校長	校長室

〈ウ〉学習支援の実施

　5月中旬から学習支援を開始したが、原則として火曜日の朝には行事等を設けず、学習支援を優先した。ただし、9月は運動会の準備と練習のため、11月は修学旅行等の行事のため、学習支援を実施できない週が多かった。最終的な学習支援の実施回数は、1年間で計25回であった。学習支援を継続する中で、顕著な困難さが認められる児童や学習支援の効果が観察されない児童については、通級による指導の開始を検討した。

　学習支援の具体的な流れを記す。火曜日の朝8:30前に、対象児は筆記用具とぐんぐんファイル（学習支援内容の保存と連携用の対象児別個別ファイルの呼称：以後、ファイルと表記、図5-3）を持って学習支援の場所に移動した。各指導者は児童が全員揃ったら事前に用意した教材やプリントを活用して、対象児の習得できていない部分に着目した学習支援を行った。

　学習支援の内容としては、例えば、校長の担当する2年生6名は、拍をとりながらの特殊音節を含む平仮名単語の読み練習や聴写、50音表枠を活用したカタカナ書字練習等を行った。指導者自作の学習プリント（聴写した語を記入する枠、50音表枠等）を使用した。

　コーディネーターAの担当する5・6年生3名は、百マス計算（1位数＋1位数、2位数－1位数）や小数・分数の復習、四則計算練習を行った。指導者自作の学習プリント（百マス計算枠）や市販等の計算プリント（つまずいている箇所の計算課題）を使用した。

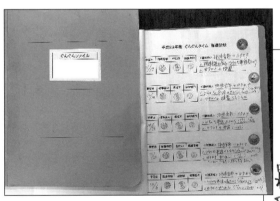

図5-3　連携ツールの「ぐんぐんファイル」

15分間の学習が終わったら、児童は教室に戻った。指導者はその日に学習したプリントをファイルに綴り、メッセージ（学習支援の進捗状況や対象児の取り組みの様子についての連絡）を記入して押印し、担任教師に渡した。担任教師はその日の学習内容等を確認して、押印してから児童に手渡した。児童はファイルを持ち帰り、保護者もその日の学習内容等を確認して押印し、翌日児童が担任教師に提出した。このファイル交換の途上で、担任教師や保護者のメッセージが書き込まれることもあった（図5－3、右）。このような形で、ファイルは指導者・担任教師・保護者間の連絡及び連携ツールとして活用された。

〈エ〉スクリーニングテスト②の実施
　11月、2回目のスクリーニング検査（テストⅠ・テストⅡ・テストⅢ）を実施した。この結果をもとに、コーディネーター会議で抽出する対象児の再検討を行った。学習支援の内容が定着したと判断された場合は、ぐんぐんタイムを卒業することにした。一方、取り出し学習支援を実施していなかった児童につまずきが見つかった場合には、新規参加を検討した。いずれの場合も、担任教師が懇談会や電話連絡等で保護者への連絡をし、了解を得るようにした。

3　取り出し学習支援を実施した結果とその考察

（1）学習支援と通級による指導の対象人数の推移を考察する

　3月、1回目のスクリーニングテストの結果、テストⅠ（特殊音節を含む平仮名単語聴写課題）については高学年でも誤答がみられ、テストⅡ（カタカナ文字聴写課題）については中学年でも半数近く誤答あるいは空欄という児童がいた。テストⅢ（計算課題）については繰り上がり、繰り下がりの誤りや九九の未習得、小数点の位置の間違い等、つまずきの箇所に違いがみられた。児童全員を対象にしたスクリーニングテストでは、普段の授業では気づきにくいつまずき箇所を見つけることができた。この結果等を踏まえ対象児を検討した。学習支援と通級による指導の対象人数の推移を表5－7に示す。

表5－7　学習支援と通級による指導の対象人数の推移

	5月〜	9月〜				1月〜			
	新規	継続	新規	終了	通級へ	継続	新規	終了	通級へ
学習支援	22（6.9％）	20	8	0	3（1名は学習支援も継続）	25	3	1	2
		28（8.9％）				28（8.9％）			
	新規	継続	新規（学習支援から）		終了	継続	新規（学習支援から）		終了
通級による指導	10（3.2％）	10	3（1名は学習支援も継続）		0	11	2		2
		13（4.1％）				13（4.1％）			
計	32（10.1％）	40（12.7％）				40（12.7％）			

注1：「9月〜」「1月〜」の欄で、人数の合計が41名ではなく40名になっているのは、1名の児童が、保護者の強い希望により、学習支援と通級による指導の両方を受けていたことによる。
注2：（　）内は、通常の学級に在籍する全児童数316名に対する対象人数の割合（％）を示す。「5月〜」の学習支援と通級による指導の各対象人数の割合（％）の和と、合計人数の割合（％）に、小数第1位の差が生じたため、学習支援の対象人数の割合（％）で調整した。

　5月の学習支援の対象者は22名であった。これには、入学直後の新1年生は含まれていない。

　1学期末（7月）の個人懇談で保護者への学習支援の説明と参加の確認をし、9月からの対象児は28名になった。新規8名が加わり、3名が通級による指導へ移った（内1名は保護者の希望により学習支援に継続参加）。このように基本的には学習支援と通級による指導の対象児童は異なるが、両方を強く希望した保護者がいたため、両方実施することになった児童が1名含まれていた。なお対象人数の増加に伴い、指導者チームを1名増員し6名体制にした。

　11月、2回目のスクリーニングテスト実施後、コーディネーター会議で検査結果の変化を確認し、対象児の見直しをした。それをもとに12月の個人懇談等で保護者との相談を行った結果、1月からの学習支援の対象人数は28名になった。人数は変わっていないが、3名が加わり、2名が通級による指導に移り、1名が終了している。

　最終的に計5名（1名は学習支援も継続）が学習支援を経て、通級による指導を開始した。学習支援は、困難さに気づかれにくく見逃されやすい児童等への支援を行う場であったが、支援を行っても伸びが不十分であったり顕著な困難さが認められたりした場合には、通級による指導の開始を検討した。このように、学習面の困難さのある児童の発見の場にもなり、その意味でも有効に機能した。

　1月段階での通常の学級に在籍する全児童数に対する各対象人数の割合は、学習支援は8.9％、通級による指導は4.1％であり、合わせて約12.7％であった。文部科学省（2022）は通常の学級に在籍する特別な教育的支援を必要とする児童生徒が約8.8％存在すると報告しているが、E小学校ではその約1.4倍にあたる児童への支援が行われたことになる。

　本邦においては、困難さに気づかれにくく見逃されやすい児童等への、RTIの第2層にあたるような介入指導はあまり行われていないと前述した。しかし、学習支援を行うことで、

顕著な困難さを示す児童だけでなく、学習面の困難さに気づかれにくく見逃されやすい児童を含むより多くの児童への支援が可能になったといえる。

（2）スクリーニングテストの結果から考察する
〈ア〉対象児のスクリーニングテスト結果の検討

　5月から11月までの間に学習支援を受けた者（15分×13回）を対象に、スクリーニングテスト結果の変化を検討した。国語の対象児はテストⅠ・Ⅱで、算数の対象児はテストⅢで、分析を行った。1年生は、3月にテストを実施していないため、比較の対象から除外した。はじめに国語を支援内容とした対象児の各得点平均値の比較を行う。国語の内容であるテストⅠ・Ⅱは全学年に同一のテストを行ったため、2～6年生の国語の対象児について比較した（表5－8）。

　テストⅠ（単語聴写課題）の有効検査数は13（2年6名、3年3名、4年2名、5年1名、6年1名）であり、3月及び11月の得点（30点）と内訳得点（特殊音節別、各5点）について、対応のあるt検定により分析した（表5－8）。その結果、得点（両側検定：$t(12) = 2.40, p < .05$）と、内訳の促音（両側検定：$t(12) = 3.32, p < .01$）、拗促音（両側検定：$t(12) = 2.69, p < .05$）に関して、3月から11月にかけて有意な正の変容が認められた。

　テストⅠの得点が有意に上昇したのは、内訳にある促音と拗促音の有意な上昇が反映したと考えられる。矢野・金森（2008）は、小学校の低学年児童を対象に平仮名単語聴写課題を実施した結果、長音と拗音の誤りは少ないのに対して、拗促音の習得は最も困難を示した[28]と報告している。テストⅠにおいても、3月の段階で拗促音の得点が最も低く、そのような児童の介入当時の実態は、単語を音声化しながら拍をとることができず、音韻意識が十分に形成されていない様子であった。学習支援の場では、拍をとり音声化しながらの単語の読み練習を試みたが、支援を継続することで次第に拍をとることができるようになった。

表5－8　国語を支援内容とした対象児のテストⅠ・テストⅡの各得点平均値の比較

		n	3月	11月	t値
テストⅠ	得点 (30)	13	24.0 (3.3)	27.1 (2.7)	2.40
	内訳				
	撥音 (5)	13	4.9 (0.3)	5.0 (0.0)	1.00 n.s.
	拗音 (5)	13	4.7 (0.5)	4.9 (0.4)	0.81 n.s.
	長音 (5)	13	4.2 (0.9)	4.5 (0.9)	0.72 n.s.
	拗長音 (5)	13	3.9 (1.3)	4.5 (0.7)	1.20 n.s.
	促音 (5)	13	4.1 (0.9)	4.8 (0.4)	3.32 **
	拗促音 (5)	13	2.2 (1.9)	3.5 (1.6)	2.69 *
テストⅡ	得点 (20)	14	13.4 (5.2)	17.0 (2.5)	2.89 **

注1：比較の対象は、取り出しで国語の学習支援を行った2～6年生とした。テストⅠ・Ⅱの対象児は同一であるが、そのうちの1名が3月のテストⅠを実施しなかったために、テストⅠの有効検査数が13になった。
注2：得点の列の内訳項目右の（ ）内は素点（問題数）を示し、3月・11月の列の（ ）内は標準偏差を示す。

$**p < .01$　$*p < .05$

また、学習支援の場では聴写も練習したが、聴写は音を分解し、その音に対応する文字を書く課題であるため、音韻認識に弱さがあると誤りやすいといわれている[29]。拍をとりながら音声化する学習活動は音韻意識を形成させ、そのことが聴写の誤答の減少につながった可能性がある。さらに、日常の授業では出現頻度の少ない特殊音節を含む平仮名単語を、学習支援の場で多数取り上げて読み書き練習をしたことで、習得が促進されたのであろうと考える。

　テストⅡ（カタカナ聴写課題）の有効検査数は14（2年7名、3年3名、4年2名、5年1名、6年1名）であり、3月及び11月の得点（20点）について、対応のある t 検定により分析した（表5−8）。その結果、得点（両側検定：$t(13) = 2.89, p < .01$）に関して、3月から11月にかけて有意な正の変容が認められた。

　カタカナ書字は1年生で指導し、その後の確認は2年生以降ほとんど行われないという現状であり[30]、発達性読み書き障害児の書字ではひらがなに比べてカタカナの習得の遅れが著しい[31]。対象児は1年生のカタカナ学習後、特にその習得状況を確認されることもなく記憶が曖昧なままに学年が進んでしまったという状況であった。しかしながらスクリーニングでカタカナ未習得が見つけ出され、50音表枠を活用したカタカナ文字の書字練習やカタカナ単語の読み書き練習等の学習支援を受けたことでカタカナの読み書きを習得し、有意な正の変容につながったと考えられる。カタカナは漢字の構成要素になるものが多いため、カタカナをスムーズに書けることは、漢字学習の基礎として欠かせない[32]。この意味でも、カタカナを内容とする学習支援は有用であったといえよう。

　次に、算数を支援内容とした対象児のスクリーニングテスト結果の変化を検討する。テストⅢ（計算課題）は学年毎に課題数（2年生20問、3年生30問、4〜6年生42問）が異なるため、t 検定ではなく対象児の正答数の変化を結果として示す。対象児の3月と11月の正答数の変容は、2年1名（19→20（3月→11月、以後の10名についても同左））、3年3名（20→28；24→20；24→28）、4年4名（39→39；34→38；40→38；36→38）、5年2名（32→38；38→34）、6年1名（37→38）であった。正答数が増加した者が7名、変わらなかった者が1名、正答数が減少した者が3名であった。

　計算には、暗算の範囲である基本的な計算と筆算を伴う複雑な計算があり、計算が困難な子どもたちは、基本的なたし算・ひき算では、記憶をベースとした方略を習得できず、数える方略を使用する傾向が続くため、加数分解法／減加法という方略の使用と習得に著しい困難を示し、かけ算・わり算（九九の範囲）の場合は、九九を記憶できていないというより、記憶したものを想起しにくかったり、逆算がスムーズにできなかったりするために、計算に時間がかかることが特徴としてあげられる[33]。実際、算数の対象児の中には、支援開始当初、指を使って数える方略で計算問題に取り組んでいた者もおり、15分間という短い時間では十分な問題数にあたれないという実態があった。それでも5月から11月までの13回の学習支援で、時間内で取り組める問題数が増えるとともに正答も増えていき、その結果、11月のテストの正答数で増加を示した児童が多かったと考えられる。

なお正答数が減少した３名については、１名は３月に正答だった引き算の筆算が誤答になり、１名は３月に正答だった足し算の筆算が誤答になり、１名は計算ミスをしていた。前者２名のように、計算を苦手とする児童の中には、一度獲得したと思われる計算方略を失するケースがある。そのため、時間をおいてから計算方略の定着状況を確認する必要がある。この３名については、11月以降の学習支援で誤りを修正することができた。児童のつまずいているところまで戻って指導できるのが学習支援の場であり、その意味でも学習支援は有意義であったと考える。

〈イ〉 ３群間のスクリーニングテスト結果の比較

学習支援を受けた者と通級による指導を受けた者、それ以外の特別な指導を受けていない者の各得点平均値を比較するために、通常の学級に在籍する全児童を３群に分けて分析を行った。５月から11月までの間に学習支援の対象になった児童を「取り出し」群、前年度から通級による指導を受けていた児童と11月までの間に通級による指導の対象になった児童を「通級」群、それ以外の児童を「通常」群とした。その上で、各テストについて指導経過要因と群間要因を２要因とする二元配置分散分析を行った。

なお、１年生は３月にテストを実施していないため分析対象から除外した。２年生は１年生時の３月にテストⅠを実施しなかったためテストⅠの分析対象から除外し、テストⅡ・Ⅲの分析対象とした。テストⅠの分析結果を図５－４に、テストⅡの分析結果を図５－５に、テストⅢの分析結果を図５－６に示す。

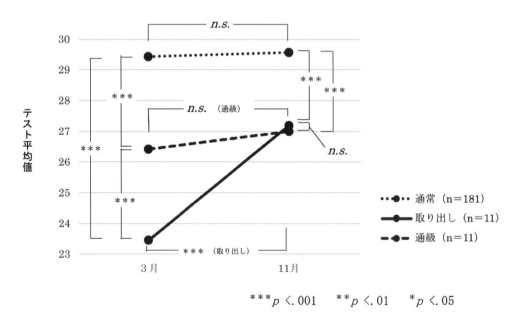

図５－４ テストⅠ（特殊音節を含む単語聴写課題）における３群の平均値の推移

テストⅠについては、指導経過要因に有意な主効果がみられ（$F(1, 200)=40.10, p<.001$）、群間要因にも有意な主効果がみられた（$F(2, 200)=61.77, p<.001$）。さらに、指導経過要因と群間要因の間で、有意な交互作用が認められた（$F(2, 200)=25.46, p<.001$）。まず群間要因の各水準における指導経過要因の単純主効果の検定を行った結果、取り出し群において有意な上昇がみられ（$F(1, 200)=57.88, p<.001$）、他の２群においては有意な上昇がみられなかった（通常群：$F(1, 200)=1.26, n.s.$；通級群：$F(1, 200)=1.45, n.s.$）。次に群間要因の各水準における指導経過要因の単純主効果の検定を行った結果、３月と11月において有意であった（３月：$F(2, 200)=81.63, p<.001$；11月：$F(2, 200)=22.94, p<.001$）。各水準に対して多重比較（Bonferroni）を行ったところ、３月、11月ともに、通常群のほうが取り出し群・通級群より平均点が有意に高かった。また３月では通級群のほうが取り出し群より平均点が有意に高かったが、11月では通級群と取り出し群の有意な差は認められなかった。

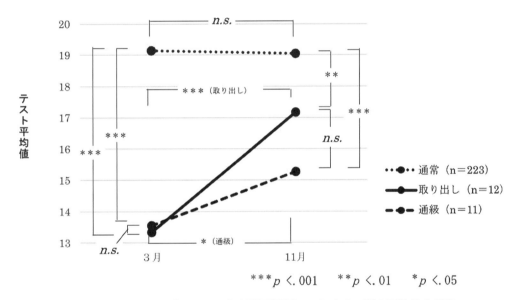

図５－５　テストⅡ（カタカナ文字聴写課題）における３群の平均値の推移

　テストⅡについては、指導経過要因に有意な主効果がみられ（$F(1, 243)=29.83, p<.001$）、群間要因にも有意な主効果がみられた（$F(2, 243)=61.12, p<.001$）。さらに、指導経過要因と群間要因の間で、有意な交互作用が認められた（$F(2, 243)=18.37, p<.001$）。まず群間要因の各水準における指導経過要因の単純主効果の検定を行った結果、取り出し群と通級群において有意な上昇がみられ（取り出し群：$F(1, 243)=31.62, p<.001$；通級群：$F(1, 243)=5.88, p<.05$）、通常群においては有意な上昇がみられなかった（$F(1, 243)=.46, n.s.$）。次に群間要因の各水準における指導経過要因の単純主効果の検定を行った結果、３月と11月において有意であった（３月：$F(2, 243)=71.28, p<.001$；11月：$F(2, 243)=21.50, p<.001$）。各水準に対して多重比較（Bonferroni）を行ったところ、３月、11月ともに、通常群のほうが取り出し群・通級群より平均点が有意に高かった。また３月、11月

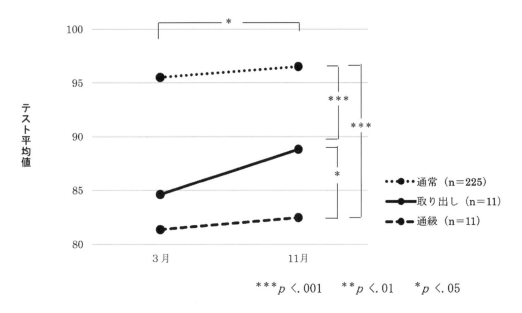

図5-6 テストⅢ(計算課題)における3群の平均値の推移
注:正答率(%)で分析した。2要因分散分析の結果,交互作用が認められなかったため,
図では指導経過要因の主効果および群間要因の多重比較の結果がそれぞれ示されている。

ともに、取り出し群と通級群の平均点の有意な差は認められなかった。

テストⅢについては、指導経過要因に有意な主効果がみられ(F (1, 244) =5.59, p < .05)、群間要因にも有意な主効果がみられた(F (2, 244) =53.78, p < .001)。指導経過要因と群間要因の間では、有意な交互作用が認められなかった(F (2, 244) = 1.40, $n.s.$)。主効果が有意であった群間要因において多重比較(Bonferroni)を行ったところ、通常群が取り出し群・通級群より平均点が有意に高く、取り出し群が通級群より有意に高かった。

注目すべきは、全てのスクリーニングテスト(テストⅠ・Ⅱ・Ⅲ)において、3月から11月への得点が有意に上昇したのは、3群の中の「取り出し群」であった、ということである。取り出し群の児童は、15分×13回の学習支援を受けたことで、得点の有意な上昇がみられた(図5-4、図5-5、図5-6)。すなわち取り出しで学習支援を行った取り出し群の児童への指導の効果が示されたといえよう。

このように取り出し群の児童は、短時間であっても実態に合った学習支援を行えば、伸びが期待できると考えられる。通常群より学習内容を習得できていないが、通級群のように集中的な個別指導を受けるほどではない取り出し群の児童にとって、学習支援が有効であったと考える。

ここで特に強調したいのは、通常の学級に在籍する児童全員にスクリーニングテストを行ったことで、障害に起因する教育的ニーズのある児童だけでなく、それ以外の教育的ニーズのある児童を発見できたということである。安彦(2013)は、障害のあると思われる子どもだけを対象にするのではなく、障害のない子ども含む「学級全体」(学校全体)を対象に

指導を浸透させる必要がある[34]と提言している。これは、教育課題が山積する学校現場にとって注目に値する示唆である。通常の学級に在籍する児童全員を対象とするスクリーニングは、学校全体で学習支援を行うための必要条件であり、これがあったからこそより多くの多様な教育的ニーズのある児童への支援が可能になったといえよう。

　第5章における学習支援は、学習面の困難さに気づかれにくく見逃されやすい児童を含むより多くの児童の基礎的な学力を保障することができる効果的な方法である。例えば、高学年になると教科書や資料、その他の種々の文字で書かれた資料を読むことが、語彙・知識の獲得のための重要な手段となるので、読み書きの困難さが学習に与える影響は深刻である[35]。なるべく早く学習面の困難さを見つけ出し、より早く学習支援を開始すれば、後続の学習困難の拡大を防げるのではないだろうか。学習支援を実施したことで、児童が大きくつまずくまで待つことなく、予防的な支援（介入）が可能になったと考える。

（3）教師及び対象児へのアンケートの結果から考察する

〈ア〉教師のアンケート結果の検討

　教師19名（内、学習支援指導者6名）の記述を、実験者効果が混入しないように、取り出し学習支援の指導者ではない他校教師2名と筆者の計3名で合議の上、分類し妥当性を検討した。教師の記述は、指導者とそれ以外に分け、さらに教師の感想、対象児・周囲の児童の言動等の観察に整理した（表5-9）。

　直接指導にあたっている指導者チーム6名は、対象児の学力の伸びを直に感じており、意義を理解して学習支援を行っていることが読み取れる。また指導者以外（担任教師）の13名が学級の児童を送り出す側であることから、助かる・ありがたいという気持ちであり、普段の教室の授業では扱えないような基礎的な内容であること、少人数で丁寧に指導してもらえること等、取り組みの意義や方法について肯定的であることが読み取れる。このように教師が学習支援をポジティブに捉えていることが示された。

　しかしながら課題も示された。年度当初には、学習支援で扱うのは国語、算数に関する基礎的な内容であると共通理解を図った。にもかかわらず学習支援終了時には、指導者は基礎的な内容こそが必要であり支援する意味があると感じており、その一方で、一部の担任教師が学年相応の内容を扱ってほしいと考えるようになっていた。この教職員間の意識の違いが生じないよう、年度途中のこまめな共通理解が必要であった。

　次に対象児の言動等の観察では、対象児が、楽しい、できるようになってうれしい、というようなポジティブな発言をしていることが多数あげられた。周囲の児童の言動等の観察では、対象児が教室から出てまた戻ってくることについて、気にしていない様子であることがあげられた。ただし、対象児の中には他の児童の目を気にしている者や家であまり行きたくないと口にした者がおり、その時には担任教師が本人の気持ちを聞き取り、どうしたらいいかを一緒に考えた。また周囲の児童の中には学習支援を勉強のできない子が行く場所であると認識している者がいた。このような児童に気づいた時には、担任教師がその場で個別に対

第Ⅱ部 「集団」への支援① -「学習面」の困難さに着目して

表5-9 教師の学習支援に関する記述（n=19）

学習支援指導者（n=6）
【教師の感想】
児童の学力が伸びた（3）／意味のある取り組みである（4）／異学年交流になる（1）
△連携が十分できていない（3）［内訳：保護者のファイル確認不足2、担任教師との意識のずれ1］／指導しにくい（2）［内訳：人数が増えた1、少人数でも理解の差がある1］／終了のタイミングの判断が難しい（2）
【対象児の言動等の観察】
ポジティブな発言があった（8）［内訳：勉強ができるようになってうれしい2、復習できる2、楽しい1、自分のペースで勉強できる1、質問しやすい1、内容を家で勉強した1］／笑顔が増えた（2）
【周囲の児童の言動等の観察】
自分も（ぐんぐんに）入りたいという声を聞く（2）

指導者以外（担任教師）（n=13）
【教師の感想】
助かる・ありがたい（6）／よい取り組みである（3）／児童の学力が伸びた（2）／カタカナ・引き算など、一人のために教室ではできない内容の復習ができる（2）／続けてほしい（2）／保護者から感謝された（2）
△実際の様子を見たい（1）／戻ってくるのが遅いと1時間目にずれ込む（1）／年度当初に保護者に意向を尋ねるのが難しい（1）／児童を送り出すのを忘れた（1）／足し算・引き算だけでなく学年相応の内容もやってほしい（1）
【対象児の言動等の観察】
ポジティブな発言があった（20）［内訳：楽しい8、できるようになってうれしい3、続けたい2、わかりやすい2、自信がついた2、間違いが減ってうれしい1、集中できていい1、すぐ教えてくれる1］／楽しく行っている（4）／ぐんぐんタイムを楽しみにしている（2）／意欲的に参加している（1）
△若干他の児童の目を気にしている（1）／始めは、あまり行きたくないと家庭で言っていた（1）
【周囲の児童の言動等の観察】
気にしていない・反応なし（9）／どんなことをやっているか興味津々な子がいる（1）／「いってらっしゃい」「おかえり」と声かけしている（1）
△「勉強できない子が行くところ」という認識があるようで、「ぐんぐんに行かないようにがんばらなきゃ」ということをつぶやいていたことがあり、その場で訂正・補足した（1）

注1：（ ）内の数字は人数、その内訳と各人数を［ ］内に記載した。1名が内訳の内容を複数記述していた場合は、すべて計上した。
注2：△印は、課題や改善点を記述しているものを示す。
注3：学習支援の指導者は、年度途中に5名から6名に増員された。表上段には6名の記述を掲載した。

応した。
　このような取り出し指導について古屋（2013）は、取り出される児童が疎外感を感じないような学級の雰囲気づくりの具体例を紹介している[36]。E小学校の担任教師たちにも、学習支援の対象児に「いってらっしゃい」「おかえり」と声をかけ、対象児の出入りが特別なことではないかのように、自然に対応している様子が観察された。このような声かけや対応は、取り出される対象児にとって学級が自分の居場所であり、取り出されることは恥ずかしいことではないと感じさせるために必要な配慮であった。しかしながら、このような配慮を行ったにもかかわらず、児童の中にはネガティブな感情を抱いた者が3名いた（表5-3：対象児2名、周囲の児童1名）ことから、その都度子どもの様子を見取り、丁寧に向き合っていくことが不可欠であろう。
　児童期は学校における社会ルールに基づく仲間との関係に見られる「横の関係：ならぶ関係」が形成される時期である[37]。取り出しによる支援を行う場合には、対象児本人が納得

できるような説明をするだけでなく、横の関係も考慮しなければならない。周囲の児童との関係性も十分に見守っていく必要がある。

〈イ〉対象児のアンケート結果の検討

対象児31名（年度末の3月に学習支援を受けていた児童）へのアンケート内の学習支援に関する記述を、学年別に集約・整理し、表5－10に示した。

対象児全員が学習支援を「あったほうがいい」と答えた。その理由として、学習内容がわかるから、できるようになるから等の学習面のメリットを示す記述と、楽しい、嬉しい、自信がもてる、落ち着く等のポジティブな心情を示す記述がみられた。

低学年（1・2年）、中学年（3・4年）、高学年（5・6年）別にみると、低学年では、楽しい、うれしい等という気持ちやできるようになったことを、具体的に記述している。で

表5－10　対象児の学習支援に関する記述（n＝31）

【1年生：5名】
たのしくべんきょうできる（3）／けいさんがはやくなった（2）／うれしいとおもう／にこいこできる（正：にこにこできる）／やってよかった／いっぱいけいさんができる／べんきょうをしてけいさんやかん字やカタカナやべんきょうをやるとあたたかくなります。

【2年生：8名】
わかりやすい（3）／カタカナがかけるようになった（3）／楽しい（2）／おとなになったらたすかる／3年生になってももっとべんきょうをがんばりたい／いろいろなべんきょうができるからいい／ここはまちがえるところだからおもいきりまちがえたりできるし、まちがえたのがれんしゅうできる／あたまをよくするまでできる／先生がいるからきょうしつでやっているような気がする／ぐんぐんタイムのじかんをふやしてほしい／クラスでは，早くつぎのさんすうにいくけど、ぐんぐんタイムはゆっくりつぎにすすむから、ついていける

【3年生：5名】
楽しい（5）／忘れたことを思い出せる（2）／分かりやすく教えてくれる／みんながえがおになれる／カタカナとかがおぼえやすいからあったほうがいい／ゆっくりおぼえられるからいい／べんきょうでできなかったことをふりかえりができるからいい／きらいなさんすうがわかるようになってきた／べんきょうがすきになってきた／しずか

【4年生：5名】
楽しく勉強ができる（3）／分からない問題もとけるようになる／ぐんぐんタイムができてよかった／すぐに教えてもらえる／きょうしつよりもおちついてできたりする／しゅうちゅうしてできる／自分のためになる／算数のやり方がわかってうれしかった／すらすらとける／じゅぎょうよりしゅう中して勉強できる。しずかだから／仲間がいて心づよくてじしんをもってぐんぐんタイムに取りかかれる／冷静にできる

【5年生：6名】
楽しく勉強が分かる（3）／苦手なことをなくせる（2）／授業のふくしゅうになる（2）／いまいちわかっていないもんだいをおしえてくれる／勉強をあまりやらない人が勉強するきっかけになる／みんなと勉強できていい／勉強の楽しさがわかった／6年生になってもやりたい／べんきょうがわからないままよりわからないことをおぼえたほうがいい

【6年生：2名】
わからないところや苦手なところがわかる（2）／塾のような所でわかりやすい／人数が少ないので一人一人教えられる／ノートがないから書く必要がないしプリントで楽にできる／楽しく勉強できる／ふくしゅうしているかんじがするから／自分に合った問題が出てきて、わからない時におしえてもらえるからとてもいい

注1：同義の記述は代表的なものを掲載し、（　）に記述した人数を記す。1名が複数の内容を記述していた場合は、すべて表に記載した。

きなかったことができるようになったことを素直に喜び、さらに意欲的に学習に取り組むようになるであろうことが示された。

中学年では、できなかったこと、嫌いな算数、分からない問題、という記述がみられ、「できない、わからない」という経験をしていることがわかる。また、しずか、集中できる、落ち着いてできる、仲間がいて心づよい、という記述がみられ、児童が学習環境を意識していることから、落ち着いて学習できるような環境調整が必要であることが示された。

小学校中学年は9・10歳ごろの発達の節目にあり、それをこえるとそれまで以上に客観的な自己認識が強まるために、自分自身を評価し始める。これがマイナスの自分（頑張れない自分）を認識してしまうことにもなりやすい[38]。この発達の節目の時期にある特別な教育的ニーズのある児童への対応には、一つには学習面でのつまずきが顕著に出やすい時期であるという点、もう一つは自己評価を低め、時には自己否定感をもってしまうことになるという点に考慮する必要がある[39]。中学年の児童へは、発達的変化を踏まえた上で、学習面、心情面に配慮した支援が求められる。

高学年になると、苦手、わからない、という記述が多く、「できない、わからない」経験を繰り返したことから自身の学習面の困難さを自覚し、教科の学習に対する苦手意識を抱いていることが読み取れる。「できない、わからない」経験を繰り返したために学習意欲が低下したのであれば、「できる、わかる」成功体験を積ませること、それを自分の能力に原因帰属させるような援助が求められる[40]。高学年の対象児の記述を見ると、わからないところや苦手なところがわかる、勉強の楽しさがわかった、と記されている。15分間という短時間ではあるが、学習支援の場で「できる、わかる」成功体験を積むことができたのではないかと考える。

また布施（2009）は、内発的動機づけとは「算数を勉強することが楽しいから勉強する」というような、内側にある知的好奇心や楽しみから学習が生じるという動機づけを指す[41]としている。表5-10の記述内容から、どの学年の対象児にとっても、学習支援が内発的動機づけを促す場になった可能性が示された。

なお、高学年になると、児童が思春期にあり、本人が他との違いを気にして、学校からの配慮の提供を拒むケースがある[42]。しかし、苦手や未習得が克服できれば、それは本人にとって喜びであり、失くしかけていた自信や学習意欲が回復するのではないかと考える。実際にE小学校では、高学年の対象児が意欲的に学習支援に参加している姿が観察されている。本来なら学習面の困難さを積み重ねる前の低学年から学習支援を開始することが望ましいが、高学年からでも遅くはない。スクリーニングで児童のつまずきに気づいた時点で、支援を開始すべきであろうと考える。

（4）学習支援の実施に伴う校内支援システムの構築及び運用過程から考察する

学習支援の実施に伴う校内支援システムの構築及び運用過程で、教職員がどのようにかか

わったかを整理して表5－11に示した。最も中心的なかかわりをした者（◆）、中心的なかかわりをした者（●）、補助的・部分的なかかわりをした者（○）、かかわりのない者（空欄）のそれぞれが担った役割を見ると、校内支援システムの［構築過程］ではコーディネーターと教務主任と管理職（校長、教頭）が中心的な役割を担った。［運用過程］では、「スクリーニングテストや対象児の検討」はコーディネーター会議のメンバーが、「本人や保護者・周

表5－11 学習支援のための校内支援システムの構築及び運用過程における立場別のかかわり方一覧

	立場 事項	担任	Co A	Co B	Co C	教務	校長	特担	教頭
構築過程	学校改善運営委員会での実践方法の検討	○	●	●	/	●	◆	○	○
	コーディネーター会議での役割分担の検討		●	●	/	●	◆		●
	実践スケジュールの立案と検討		●	●	/	◆	●		●
	委員会、職員会等での提案、協議、共通理解	○	◆	●	○	○	○		○
	保護者への説明（プレゼンテーション、文書）	○					◆		●
運用過程	学習支援実施に向けて								
	スクリーニングテスト　内容の検討		●	◆	○	●			○
	スクリーニングテスト　教職員への説明・依頼		◆	○		○			
	スクリーニングテスト　実施	◆	○	○					
	スクリーニングテスト　採点・集計	●		◆	●			●	
	対象児の検討（誰を抽出するか）	○	◆	●	○	●	○		●
	本人への説明と参加の確認	◆	○	○	○				
	保護者への説明と参加の確認	◆	○	○	○				
	対象児以外の周囲の児童への説明	◆				○			
	教材や学習プリントの準備		○	◆	○				
	連携ツール（ぐんぐんファイル）の作成		◆	○					
	実施								
	教室からの送り出し時、戻り時の配慮	◆							
	学習支援の実施		●	●	●	●	●	●	
	学習支援の即時評価（ファイル記入）		●	●	●	●	●	●	
	ファイル確認と保護者受け渡しの中継	◆							
	指導者チームが抜けている間の職員室対応								◆
	評価								
	担任からの情報収集（児童の言動等）	●	◆	●	○	●	○		
	指導者と担任との情報交換（課題の確認）	●	◆	●	○	●	○		
	学習支援の内容と方法の見直し		●	●	●	●			
	保護者との情報交換（児童の言動等）	◆	○	○					○
	コーディネーター会議での対象児の検討 （新規、終了、通級への移行等を検討）		◆	●	●	●	●		●
	コーディネーター会議での課題に関する検討		◆	●	●	●	●		●

注1：◆…最も中心的なかかわりを示す。●…中心的・積極的なかかわりを示す。○…補助的・部分的なかかわりを示す。
注2：「Co」はコーディネーター、「教務」は教務主任、「特担」は指導者チームに加わった特別支援学級担任教師を示す。
注3：コーディネーターC（Co C）は20XX年度からの指名のため、表内の一部が斜線になっている。

囲の児童への説明等の人的な環境調整」は担任教師が、「学習支援の実施」は指導者チームが中心的な役割を担ったことが示された（表5－11）。このように役割を分担することで、チームで学習支援にあたることができ、さらにそれぞれの負担を軽減することができたのではないかと考える。

　取り出し学習支援の実現のためには、「教室から取り出す」ことに関する配慮が必要不可欠であった。本人や保護者にとって、教室から取り出されることへの抵抗感が大きく、また担任教師や周囲の児童にとっても、対象児への接し方や対応に迷うことがある。教室から児童を取り出すためには、本人や保護者への十分な説明と参加の確認が必要であり、場合によっては周囲の児童への説明が必要となる。

　まず保護者への説明と参加の確認のためのシステムについて述べる。誰を学習支援の対象とするかは、スクリーニングテストの結果を受けて、コーディネーター会議で慎重に検討した。その後、保護者への説明と参加の意向確認は、基本的にその児童の学級の担任教師が行ったが、例えば個人懇談会後の相談等の場を活用できる場合には、教務主任、コーディネーター、管理職が同席して行った。保護者の中には、「取り出しで勉強を教えてもらえるのはありがたい。本人がやりたいと言えばお願いしたい」という保護者が多く、その一方で「子どもが皆と別の部屋に行くのは嫌がるだろうから取り出し学習支援を希望しない」という保護者や、逆に「取り出し学習支援と通級による指導の両方を受けたい」という保護者がいた。担任教師が中心となって保護者に説明し参加の意向を確認したが、我が子の気持ちを尊重する保護者が多かった。

　そこで、本人への説明と参加の確認については、相談の時間をとりやすく日常接している担任教師が行ったが、これが有効だった。担任教師は、例えば対象児本人が内心では学習支援に行きたくないと思っていることや他の児童の目を気にしていることに気づきやすく、迅速に対応することができる。具体的には、担任教師は、取り出しでの学習支援が必要であろう児童へ、本人の気持ちを聞きながら説明をした。そのため担任教師は、児童自身が毎週15分間教室から抜けることを嫌がっていることや、学級の他の児童の目を気にしていることに気づき、対応することができた。例えば、他の特定の児童（本人が気になっている児童）あるいは学級全体へ、特別なことではなく、この時間に別の場所で活動したり勉強したりしているという説明を行った。また、途上で、本人や周囲の児童の気になる言動をキャッチしたら、すぐに個別に話を聞き、問題が生じている場合は改善に向けて対応した。

　このように、保護者、本人、周囲の児童との人的な環境調整は担任教師が中心的な役割を担い、それ故にシステムが円滑に運用できたと考える。また保護者や本人への説明が難しい場合には、管理職やコーディネーターが担任教師をサポートする体制になっていたが、これも担任教師にとって安心できるシステムであった。

　加えて、取り出しを行う場合には、取り出した児童にどのように学習支援を行うかだけでなく、対象児が抜けた後の教室、指導者チームの編成、指導者が抜けた後の職員室の対応にも配慮が要る。学習支援の実施と評価については、指導者チームの6名（校長、教務、コー

ディネーターA、B、C、特別支援学級担任教師）が中心的な役割を担い、それぞれが担当する児童への学習支援とその評価を行った。ということは、毎週火曜日の朝15分間、職員室から指導者チームが抜けることになる。そのため、その時間は、教頭が必ず職員室で待機し、例えば保護者からの連絡や児童間のトラブル等に対応した。教室では、取り出し学習支援の対象児童が抜けた後、担任が他の児童とともに静かに読書をして過ごした。このように、取り出しをする場合は、取り出した児童にどのように学習支援を行うかだけでなく、指導者チームの抜けた後の職員室、対象児が抜けた後の教室をどうするかということについても事前に考えておく必要があった。対象児が抜けた後の教室での読書タイムの設置は、対象児にとっては授業や教育課程履修に影響がなく、残った児童にとっては読書のために保障された時間となった。学校全体で取り組むスクールワイドの取り組みだからこそ、読書タイム（対象児にはぐんぐんタイム）という時程の設置が可能になり、担任教師以外の限られた人員で指導者チームを組むことができ、教頭の職員室待機が可能になったといえる。

　大塚ら（2017）は、小学校の通常の学級に在籍する児童に対しての、例えば取り出し指導のような合理的配慮の提供をしていくにあたっての課題を調査した結果、72.9％の小学校が「教職員等の人的資源」と答え、最も多かったと報告している[43]。しかしながらE小学校では、他の小学校と変わらない人的資源であっても、取り出し学習支援を具現化することができた。これは、学校全体で会議や委員会を設置して協議し、効果的な時程を設置し、教職員の役割分担等を検討し、校内支援システムを構築し効果的に運用することで可能になったと考える。システムの中で特に有用であったのはコーディネーター会議であった。この場で、スクリーニングテストや学習支援の内容と方法、対象児の抽出等の重要な事項について検討することができた。まず3名のコーディネーターがこの場でそれぞれの役割分担や課題について相談できる上に、実施に向けての連絡調整もできた。また教務主任が同席しているために、スケジュールや教務内容とも調整できる。さらに管理職も同席しているので、その場で判断することができ、事後報告する手間も省けた。コーディネーター会議が有効に機能したために、校内支援システムを効果的に運用できたともいえる。

　以上の検討を踏まえ、校内支援システムへの校長の関与について考察する。長谷部ら（2012）は、小中学校において、校長、同僚教師などからサポートを受けていると感じているコーディネーターの役割ストレスが低かったと報告している[44]。このように、校長の関与や同僚教師の協力は重要であるが、E小学校では学習支援の実施にあたって校長が積極的に関与していた（表5−11）。具体的には、ミドルリーダー（教務主任、コーディネーター）が困った時に相談にのり一緒に方策を検討する、保護者の了解が得られない場合や担任教師の理解が得られない場合の対応について相談しながら対策を練る、困難事例について積極的に参画する、等の形でミドルリーダーをサポートした。最終的には、担任教師をミドルリーダーが支え、そのミドルリーダーを管理職が支えるという形のシステムになった。

　文部科学省は、特別支援教育の推進において「校長の責務」や「校長のリーダーシップ」を唱導しているが、実際どのようにリーダーシップを発揮するかという、その手続きと効果

評価の観点については、必ずしも具体的に示されていない[45]。校長は「もう一人の隠れた特別支援教育コーディネーター」であるという認識が大切である[46]が、その認識に基づいてどのように行動したらいいかがわからないというのが実情であろう。本章の実践研究は、校内支援システムの構築及び運用や、学習支援の実施手続きに際して、校長がどのように関与したかを具体的に示すものであり、その意味でも意義があるといえよう。

（５）学習支援実施のための校内支援システム構築及び運用の要件を整理する

　以上、学校全体で取り組んだ学習支援について論じてきた。最終的に、学習支援実施のための校内支援システム構築及び運用の要件を、次の８点に整理する。
① 事前の校内検討の場を設ける
② 役割分担とスケジュールを明確にする
③ 児童の実態に応じたスクリーニングテストと支援の内容を検討し、カリキュラムを作成する
④ 学校の実情に合った効果的な実施時間を設定する
⑤ 対象児をスクリーニングテストの結果及び観察に基づいて検討する
⑥ 保護者・本人への説明及び参加の確認を担任教師が行う
⑦ 担任教師以外で指導者チームを編成し、取り出した児童への学習支援にあたる
⑧ システム運用時の課題や配慮事項を検討する場を設ける（本実践研究ではコーディネーター会議）

　各学校現場において上記の要件を整備すれば、時間や人的資源の制約が多い学校においても、第２層にあたる取り出し学習支援の実施が可能になるであろうと考える。

（６）成果と課題から考察する

　第５章の取り組みから、「通常群より学習内容を習得できていないが、通級群のように個別指導を受けるほどではない、学習面の困難さが目立ちにくいが補足的な指導をすることで困難さを改善できる可能性がある児童（取り出し群）」にとって、取り出し学習支援が効果的であるということが示された。クラスワイドよりさらに大きなスクールワイドの取り組みにおいても、第２層にあたる取り出し学習支援の有効性が認められた。

　本章における取り出し学習支援は、障害に起因する教育的ニーズのある児童だけでなく、学習面の困難さを示す児童全員の基礎的な学力を保障することができる効果的な方法である。例えば九九ができなければこの先のかけ算やわり算の筆算の学習でつまずくのは必至であり、読み書きができなければこの先の学習全般に大きく影響が及ぶであろう。取り出し学習支援で、多様な教育的ニーズのある児童を対象に基礎的な学力の保障をすれば、今後の学習困難拡大の予防ができると考える。

　また、全校スクリーニングテストの実施は、その内容を検討し、テストを作成し、教職員へ説明と依頼をし、担任教師が学級で実施し、採点集計し、というように多大な労力を要し

た。しかしこれを実行したことで、障害に起因する教育的ニーズのある児童だけでなく、それ以外の学習面の教育的ニーズのある児童を見つけることができた。全校スクリーニングテストは、スクールワイドで学習支援を行うための必要条件であり、これがあったからこそ「より多くの児童」を対象にすることが可能になった。

　取り出し学習支援は、学習面での困難さを示す児童の早期発見や後続学習へのマイナス影響の減少に貢献できる効果的な方法であると提言するものである。

　最後に本実践研究の課題について述べる。学習支援の実施途上では、保護者や本人の意向あるいは転校等の事情から、様々なケースが生じた。その都度柔軟に対応する必要があり、その結果、検証の対象や期間を厳密に統制することができなかった。可能な形での効果的な検証方法を検討する必要があろう。

　また本研究ではスクリーニングテストの結果をもとに統計手法の分析を行った。今後はさらに対象児の学習到達度検査や学力テストの得点の変容も対応させて分析を行うことで、より有効な指導内容や指導方法の検討、学年による指導効果の違いについての検討ができるであろう。

【注及び引用文献】

(1) 通常の学級での授業を第1層とし、前年度末、全ての児童にスクリーニング検査を実施し、学習上の困難が発見された児童には、第2層としての小集団での補足的な取り出し学習支援を行う。第2層の学習支援を実施しても伸びが不十分であった児童には、第3層としての集中的な個に特化した学習支援を行う。

(2) 柘植雅義（2014）誰もが学びやすい授業のデザインとは？－「ユニバーサルデザイン」という考え方と手法－．柘植雅義編著，ユニバーサルデザインの視点を活かした指導と学級づくり．金子書房．2-7．「近年，「ユニバーサルデザイン（universal design）」という言葉が我が国の社会にすっかり浸透してきた。ユニバーサルデザインの対象は，物理的な物や形や機能のみならず，教育や福祉といった対人援助サービスに関わる領域にまで，その考えが浸透してきている。教育の領域では，発達障害などの障害のある児童生徒が通常学級に在籍する場合，学級の一員として当たり前のことだが，彼らにも理解しやすい指導や授業の展開が求められる。通常学級におけるユニバーサルデザインとは，そのような児童生徒も一緒に学んでいけるという前提での，誰にも学びやすい授業にしていこうという試みである」としている。

(3) 小貫悟・桂聖（2014）授業のユニバーサルデザイン入門　どの子も楽しく「わかる・できる」授業の作り方．東洋館出版社．E小学校では，授業のユニバーサルデザイン化として，小貫・桂（2014）にある視点を取り入れた授業研究及び授業実践に取り組んだ。

(4) E小学校の通級による指導では，対象児が，週に1～2回，学級から通級指導教室に移動して「自立活動」と「教科の補充指導」を受けていた。通級指導教室担当者（コーディネーターB）は，取り出し学習支援後のスクリーニングテストで伸びが認められなかった児童と，最初のスクリーニングテストの段階で得点の低かった児童へ，それぞれのつまずきの状況を踏まえた「教科の補充指導」を行った。
　　D市の通級による指導は，「巡回方式」であった。拠点校に設置された通級指導教室の担当者が市内各校に赴き，通級による指導を行っていた。20XX-1年度までは，数名の児童が，来校した他校担当者による指導を受けていたが，20XX年度に通級指導教室が設置されたことにより，指導を受けられる児童数が大幅に増えた。

(5) 中央教育審議会初等中等教育分科会（2012）「共生社会の形成に向けたインクルーシブ教育システム構築のための特別支援教育の推進（報告）」

(6) 国立特別支援教育総合研究所（2015）『特別支援教育の基礎・基本　新訂版』ジアース教育新社．

(7) 原恵子（2008）通常の学級・通級における音韻のアセスメント．LD研究，17(3)，290-294．

(8) 高見文子・戸ヶ崎泰子（2015）特殊音節単語の読み書きに関する音韻意識に焦点をあてた個別指導の効果．LD研究，24(4)，505-517．

(9) 原恵子（2008）前掲．

(10) 海津亜希子（2002）LD児の学力におけるつまずきの特徴－健常児群との学年群ごとの比較を通して－．国立特殊教育総合研究所研究紀要，29，11-32．

(11) 鈴木香菜美・宇野彰・春原則子・金子真人・Taeko N. Wydell・粟屋徳子・狐塚順子・後藤多可志（2010）発達性読み書き障害群のひらがなとカタカナの書字における特徴－小学生の読み書きスクリーニング検査（STRAW）を用いて－．音声言語医学，51(1)，1-11．

(12) 鈴木香菜美・宇野彰・春原則子・金子真人・Taeko N. Wydell・粟屋徳子・狐塚順子・後藤多可志（2010）同上．

(13) 押田正子・川崎聡大（2013）通常小学校において理解と活用が望まれる発達性読み書き障害児への支援の在り方－発達性dyslexia児に対する大学教育相談を通じて－．富山大学人間発達科学研究実践総合センター紀要　教育実践研究，7，27-32．

(14) 伊藤一美（2018）算数障害の主要な症状としての計算障害について．LD研究，27(2)，166-170．

(15) WHO（1992）ICD-10．「疾病及び関連保健問題の国際統計分類：International Statistical Classification of Diseases and Related Health Problems（ICDと略）」とは，異なる国や地域から，異なる時点で集計された死亡や疾病のデータの体系的な記録，分析，解釈及び比較を行うため，世界保健機関憲章に基づき，世界保健機関（WHO）が作成した分類である。最新の分類は，ICDの第10回目の改訂版として，1990年の第43回世界保健総会において採択されたものであり，ICD-10（1990年版）と呼ばれている。

(16) 熊谷恵子（2015）算数障害とはいったい？．心理学ワールド，70，17-20．熊谷は，ICD-10（WHO,1992）を参照し，算数障害を，高度な算数・数学ではなく，基本的な四則演算における問題を取り扱うものであるとしている。

(17) 伊藤一美（2018）前掲．

(18) 秋元有子（2017）数学的思考の視点から見た算数障害．教育心理学研究，65(1)，106-119．

(19) 花熊曉（2014）学校全体で取り組むユニバーサルデザインとは．柘植雅義編著，ユニバーサルデザインの視点を活かした指導と学級づくり．金子書房．49-55．

(20) 原田浩司（2016）すべては子どもたちの学びのために　不登校，いじめ，勉強嫌いがなくなった学校．あめんどう．

(21) 関谷たへ子（2011）特別支援教育推進のための校長のリーダー性－学校ぐるみで指導する「全校テスト」や取り出し指導の試みを通して－．岐阜大学教育学部附属特別支援教育センター年報，18，31-39．

(22) 第1章で述べたが，E小学校では，3名の特別支援教育コーディネーターが指名されていた（校務主任（県独自の主任：A），通級指導教室担当者（B），特別支援学級担任教師（C））。また同校では，特別支援教育に関する校内委員会を機能別に3つ設置していた（校内委員会全体会，ケース会議，コーディネーター会議）。コーディネーター会議では，コーディネーター3名の間の連絡相談や，支援の実施や支援システムに関する課題等の検討が行われた。コーディネーター会議は，管理職（校長，教頭），教務主任，特別支援教育コーディネーター3名の計6名で随時開催された。

(23) 村井敏宏（2010）読み書きが苦手な子どもへの＜つまずき＞支援ワーク．明治図書．

(24) 宇野彰・春原則子・金子真人・Taeko N. Wydell（2006）小学生の読み書きスクリーニング検査　発達性読み書き障害（発達性dyslexia）検出のために．インテルナ出版．全学年共通のカタカナ20問を使用した．
(25) 計算課題は、コーディネーターBが算数教科書（E小学校の地区では啓林館を使用）及び教科書に準拠した計算ドリルより問題を抽出または一部数字を改変して作成した。
(26) 1年生は11月に繰り上がりのある足し算を含む16問の計算課題を実施した。2年生は3月（1年生時の学年末）に繰り上がりのある足し算と繰り下がりのある引き算を含む20問の計算課題を実施し、11月にも同じ計算課題で実施した。3年生は3月（2年生時の学年末）に、九九、足し算と引き算の筆算を加えた30問の計算課題を実施し、11月にも同じ計算課題を実施した。4年生は3月（3年生時の学年末）に割り算と小数の計算を加えた42問の計算課題を実施し、11月にも同じ計算課題を実施した。5年生、6年生も、4年生と同様、42問の計算課題を実施した。
(27) 20XX年4月より通級指導教室が設置され、特別支援教育コーディネーターが3名指名され（表1-1）ために、20XX年度よりコーディネーター3名の体制で支援システムが運用された。
20XX-1年度のコーディネーターは2名であった。コーディネーターAは校務主任（連絡調整・相談窓口の役割）で、コーディネーターBは特別支援学級担任（アセスメントや支援内容の検討等の専門性を要する役割）であった。この時（年度末の2月）には、まだ通級指導教室が設置されておらず、校内で専門性の高い人材が特別支援学級の担任であったために、この2名の指名となった。なお、この特別支援学級担任教師（コーディネーターB）は、特別支援学級3学級の主任（特別支援学級主任）であり、学年主任と同じ位置づけであった。
(28) 矢野正・金森裕治（2008）通常学級における読み書き能力のアセスメント－ひらがな単語聴写課題の開発と評価－．大阪教育大学実践学校教育研究，11，61-72.
(29) 竹下盛・村井敏宏・栗本奈緒子他（2017）：ひらがな単語聴写能力の発達的変化．LD研究，26(1)，80-86.
(30) 押田正子・川崎聡大（2013）前掲．
(31) 鈴木香菜美・宇野彰・春原則子・金子真人・Taeko N. Wydell・粟屋徳子・狐塚順子・後藤多可志（2010）前掲．
(32) 押田正子・川崎聡大（2013）前掲．
(33) 伊藤一美（2018）前掲．
(34) 安彦忠彦（2013）通常の学級における発達障害のある子どもの支援のあり方について．LD研究，22(4)，419-425.
(35) 原恵子（2008）通常の学級・通級における音韻のアセスメント．LD研究，17(3)，290-294.
(36) 古屋喜美代（2013）児童・生徒指導－集団と個の成長．神奈川大学心理・教育研究論集，34，43-52.
(37) 河合優年（2012）認知発達．学校心理士資格認定委員会編，学校心理学ガイドブック．風間書房．84-87.
(38) 別府哲（2002）児童期の発達の様子．石川道子・辻井正次・杉山登志郎編著，可能性ある子どもたちの医学と心理学．ブレーン出版，103-108.
(39) 別府悦子（2013）特別支援教育における教師の指導困難とコンサルテーション．風間書房．
(40) 岡直樹（2012）学校教育の基盤としての教授・学校心理学．学校心理士資格認定委員会編，学校心理学ガイドブック．風間書房．61-64.
(41) 布施光代（2009）授業参加行動と動機づけの変化．心理科学研究会編，小学生の生活とこころの発達．福村出版．119-130.
(42) 大塚玲・中村恭子・山元薫他（2017）小・中学校における特別な支援を必要とする児童生徒に対する合理的配慮．静岡大学教育学部研究報告．人文・社会・自然科学篇，68，101-116.
(43) 大塚玲・中村恭子・山元薫他（2017）同上．
(44) 長谷部慶章，阿部博子，中村真理（2012）小・中学校における特別支援教育コーディネーターの役割ストレスに関連する要因．特殊教育学研究，49(5)，457-467.
(45) 大石幸二（2006）特別支援教育における学校長のリーダーシップと応用行動分析学の貢献．特殊教育学研究，44(1)，67-73.
(46) 上野一彦（2004）校内支援体制の整備と校長の役割．教職研修，32(10)，32-35.

第Ⅲ部

「集団」への支援②
－「行動面」の困難さに着目して

第6章 クラスワイドの行動支援を行う
　　　　－スクールワイド SST の導入方法の検討－

第7章 スクールワイドの行動支援を行う
　　　　－学校全体で取り組む
　　　　　継続的な短時間 SST 実践の有用性－

第6章
クラスワイドの行動支援を行う
―スクールワイドSSTの導入方法の検討―

　第Ⅱ部では、勤務する公立小学校において「学習面」の困難さに着目して「集団」への学習支援を行い、その内容と方法及び効果を報告した。しかしながら、小学校・中学校の通常の学級に在籍する児童生徒の中に、学習面又は行動面での著しい困難を示す子どもが約8.8％、そのうち行動面で著しい困難を示す子どもが約4.7％の割合で存在する（文部科学省，2022）[1]。このように通常の学級には、学習面での教育的ニーズのある児童だけでなく、行動面での教育的ニーズのある児童が在籍しており、すなわち、「学習面」だけではなく「行動面」の困難さに対するアプローチも求められる。

　そこで第Ⅲ部では、「行動面」の困難さに着目した「集団」への支援へと、取り組みをさらに進めることにする。まず第6章では、児童「集団」への行動支援を実現するためにはどうしたらいいか、その検討の過程と行動支援の内容と方法について記す。

1　全校体制でのクラスワイドSSTを選択するまでの経緯

（1）子どもへのSSTの研究動向を調査する

　通常の学級に在籍する「行動面で著しい困難を示す子ども」は、約4.7％の割合で存在すると上述したが、ここでいう「行動面で著しい困難を示す」とは、「不注意」「多動性−衝動性」、あるいは「対人関係やこだわり等」について一つか複数で問題を著しく示す場合を指す。このような状況下の学校教育現場で最も導入されている行動支援方法の一つが、ソーシャルスキルトレーニング（Social Skills Training：SST，以後、SSTと表記）である[2]。SSTとは、個人に欠けている社会生活技能や適応のための知識を何らかの形で学習したり、適切に発揮されないでいる社会生活技能がより効果的に表出されるように学習したりする訓練の総称である[3]。

　SSTは精神障害患者の回復のために米国で開発された治療法であった。SSTによって患者が必要な対人関係能力を身につけ、周囲から好意的な反応を引きだすことが増えれば、その人は回復の道を進むという考え[4]に基づいて考案され、欧米では70年代以降発展し、80年代に「生活技能訓練」という名称で日本に紹介されている[5]。その後、問題が顕在化していない子どもでも、現在のソーシャルスキル（社会生活技能：Social Skills：SS，以後、SSと表記）のレベルを向上させておけば、将来心理的問題を抱えるリスクを減らすことが

できると考えられるようになり、「治療法」に対して「予防法」という発想が生じ、さらに発展させて「教育」という発想が出てきた[6]。例えばKing and Kirschenbaum (1992) は、社会的適応に問題のある行動を抱えている幼児・低学年児童への早期介入研究を進め、教示、リハーサル、フィードバックを柱とした社会的訓練プログラムを作成し、社会的行動スキルの改善を報告した[7]。

本邦における子どもへのSSTに目を向けると、SSTが心理臨床技法として適応され始めた当初は、病院や相談室などでの個別や小グループの形態であった[8]。例えば、金子ら (1982) は、小学2年生男児にSSTを適用し、仲間との相互作用の促進と回避行動の減少等の効果を報告している[9]。しかし、臨床場面ではスキルを獲得できたように見えても、日常生活場面でそのスキルを発揮できない、つまり般化が起こりにくい場合があり、そのために日常生活場面（学校や学級）でのSSTが試みられるようになった[10]。般化とは学んだスキルを現実の場面で実行に移すこと[11]である。般化の解決のために、佐藤 (1996) は訓練対象児と一緒に学級の仲間も訓練に参加させ、彼らに対象児との社会的な相互作用の方法を教示する技法（仲間媒介法）を実施した。孤立が顕著な年中園児に、遊びへの参加を標的スキルとして同クラスの仲間ヘルパーを参加させてSSTを実施した結果、対象児の孤立行動が減少した[12]。

仲間媒介法をさらに発展させた方法として、学級全体にSSTを実施する方法がある。学級は、児童が日々様々な対人場面を経験する場であり、実際にSSを獲得し、獲得したSSを実践する場でもある[13]。学級での集団SSTを推奨する多様なマニュアルやワークシートが開発され（小林・相川，1999[14]；河村，2001[15]；佐藤・相川，2005[16]；河村ら，2007[17]）、学級規模のSSTの効果に関する研究が多く見られるようになった（藤枝・相川，1999[18]；後藤ら，2000[19]；金山ら，2000[20]；石川ら，2007[21]）。後藤ら (2000) は適切な働きかけと応答を標的スキルとし、小学2年生へ3セッションの学級集団SSTを実施した結果、社会的スキル得点が有意に増加し、引っ込み思案得点が有意に減少した[22]と報告した。

藤枝・相川 (2001) は、小学校4年生に実践学級と統制学級を設定し、仲間の誘い方や頼み方、断り方等をねらいとした学級単位SSTを実施した。その結果、社会的スキル程度の低い児童（各10名）の自己評定に有意な変化が起こらず、授業形態、リハーサルの取り組み、目標スキルの選定、実施時期にその原因があった[23]と報告している。

学級単位の集団SSTの効果が検討される中、学級担任の変更やクラスの再編成等で環境が変化しても児童が実行し続けることができるように、学校全体でのSSTが試みられるようになった[24]。小林・渡辺 (2017) は、中学校全体で感情に焦点をあてた集団SSTを6回実施し、男子の向社会的スキルと2年生の向社会的スキルの上昇、引っ込み思案行動の改善を報告している[25]。

学校現場への集団SSTの導入が進む中、小野寺・河村 (2003) は、物理的な課題として、学校現場は授業時間の確保が困難で、対人関係育成のプログラムを教育課程の中に位置付けたり授業時間の中に組み入れたりするのが苦しい状況にある[26]と指摘している。さらに、

アセスメントに基づく計画的、長期的プログラムの設定が今後の集団 SST の課題である[27]という指摘もされている。これらの指摘にある実践課題への対応策として、曽山（2012）は、コンサルタントとして小学校全教師に対し SST の考え方や進め方について助言し、全児童を対象とする1単位時間及び朝の短学活を活用した SST を実施した。そして児童の学級適応感の促進を報告し、担任教師による実践の意義、効果的なプログラムと時間確保について整理した[28]。

（2）「集団」への行動支援として、SST の導入を検討する

　以上のような経緯で本邦における子どもへの SST が展開され、学校における集団 SST に関する研究成果が報告されてきた。しかし、学校全体で取り組む集団 SST に関する研究の報告はいまだ少なく、さらに、集団 SST 実施の土台となる校内システムの構築・運用の仕組みや、学校・児童の実態から発生する教育課題、授業時間確保や長期的プログラム設定などの SST 実践に当たっての課題[26][27]に対応できる実践方法について、検討が十分なされていなかった。

　そこで、通常の学級に対人関係や行動面での困難さを示す児童が在籍する小学校に勤務していた筆者は、曽山（2012）の提唱する方法（継続的な短時間 SST）[29]を取り入れ、学級単位（クラスワイド）の集団 SST に、全校体制で取り組むことにした。

　まず学校規模で機能する独自の校内支援システムを整備し、その上で特別な教育的ニーズのある児童を含む全ての児童「集団」を対象とした「行動面」の困難さへの支援を実施し、その効果の検討と校長を含む教職員の役割を検討する。このように、一部の児童だけでなく、学校・学級に在籍する全ての児童を視野に入れることで、より多くの児童の行動面での困難さの改善が期待できるとともに、いじめや不登校等の二次障害の予防が可能になるのではないかと考えた。

　以上より、第6章では、学校全体で SST を実施するための校内支援システムを整備し、その上で各学級の担任教師が学級集団を対象とした継続的な短時間 SST 実践を実施する。その内容と方法について検討するとともに効果を分析することで、学校規模（スクールワイド）SST の導入方法を検討することを目的とした[30]。

2 クラスワイドのSST実践の実施

（1）効果の分析方法を検討する

〈ア〉測定尺度得点の結果の分析

　標準化された心理尺度「楽しい学校生活を送るためのアンケートQ-U（小学校用）」（以後、Q-U）[31]を用いた。Q-Uは標準化されており、十分な信頼性と妥当性が検証された心理尺度であるため、効果の検証に活用されている[32]。

　Q-Uは、「学級満足度尺度」「学校生活意欲尺度」の2つのテストから構成されている。「学級満足度尺度」は、学級内で友人から承認されているか否かと関連する承認得点と、学級内におけるいじめ・冷やかし等の被害を受けているか否かと関連する被侵害得点の2つの尺度得点により、児童の学級への満足度を測定するものである。さらに、各尺度の平均値との比較から児童を4つの群（学級生活満足群、侵害行為認知群、非承認群、学級生活不満足群）に分類し、児童の学校・学級生活における適応感を把握することが可能な尺度である。「学校生活意欲尺度」は、友達関係得点、学習意欲得点、学級の雰囲気得点の3つの尺度得点により、児童の学校生活のそれぞれの領域における意欲を測定するものである。

　5月と10月の2回、2年生から6年生までの児童全員にQ-Uを実施し、その変容からSSTの効果を測定した。なお、1年生については、入学直後の5月段階では学校生活に慣れていないこと、質問文の読みと内容理解に個人差が想定されることから、Q-Uを実施しなかった。

　SSTは全学年を対象として実施したが、測定尺度による効果の分析については、Q-U得点の変容が大きかった学年（3年生）、変容がみられなかった学年（4年生）、中程度の変容のあった学年（6年生）の3学年を対象とした。

〈イ〉担任教師及び児童の自由記述・感想の検討

　学級集団を対象としたSSTの指導者（担任教師）の自由記述・感想と、SSTの対象者（児童）の自由記述・感想の内容から効果を分析した。

〈ウ〉管理職・教務主任・特別支援教育コーディネーターの取り組みの評価

　管理職・教務主任・コーディネーターの取り組みの内容を検討するとともに、支援システム運用過程における各取り組みの評価を行った。

（2）クラスワイドのSST実践に向けて準備をする
〈ア〉内容の検討と校内支援システムの構想

　20XX-1年2月、校長提案による学校改善運営委員会を開催し、学校全体で実施可能なSSTの導入を提案するとともに、実践方法について検討した。学校改善運営委員会の構成員は、校長、教頭、教務主任、コーディネーター2名[33]、学年主任6名（1～6年）、養護教諭であった。なお、コーディネーターは、この翌年から3名指名になった。

　検討内容は、SST実施時間の設定や、指導者、対象者、指導場所、評価方法等であり、協議の結果、時間的負担の少ない朝短学活15分間（8:30～8:45）を活用し、毎週1回（木曜日）各学級で実施することになった。SST実践の時間の呼称は、児童、保護者、教職員に馴染みやすいように「にこにこタイム」とした。協議後の決定事項を、SST実践の概要として表6-1に示す。この場で、E小学校におけるSST実践とは、学級児童全員を対象に実施するクラスワイドのSSTであり、全校体制で取り組むスクールワイドのSST実践であることを確認した。

表6-1　クラスワイドのSST実践（にこにこタイム）の概要

時　間	毎週木曜 朝短学活15分間（8:30～8:45）
名　称	にこにこタイム（SSTを実施する時間の呼称）
指導者	各学級の担任教師
対象者	全校児童（特別支援学級在籍児童は、交流学級でにこにこタイムに参加）
場　所	各教室（通常の学級）
評　価	・児童は、にこにこタイム終了後に、ワークシートに4段階自己評価をする ・担任教師・教務主任・コーディネーターは、常時、児童の行動観察で評価をするとともに、自由記述・感想や聞き取り、年間2回のQ-Uで、実践全体を評価する

【解説】クラスワイドのSST実践の実施に向けて

♥どんな学校でクラスワイドのSST実践を行ったか♥
　D市立E小学校は、通常の学級が12学級（全学年2学級）、特別支援学級が3学級の計15学級であり、20XX-1年度当初の全校児童数は321名（男子167名、女子154名）でした。教師は、学級担任15名を含む22名でした。

♥どのような期間にクラスワイドのSST実践を行ったか♥
　20XX-1年2月～3月に実践方法やスケジュール、役割分担を検討して校内支援システムを整え、20XX-1年4月から10月まで、毎週1回朝短学活の時間（木曜日8:30～8:45）に、全学級でSSTを実施しました。

♥どのように倫理的な配慮を行ったか♥
　クラスワイドSSTの実施にあたっては、学校改善運営委員会で検討協議を十分に行い、承認を得た上で、さらに運営委員会と職員会で全教職員への説明と協力依頼を行いました。保護者にも、口頭及び文書で説明を行い、それに対する質問や意見を受け付けましたが、否定的な意見はみられませんでした。データの取り扱いに関する守秘義務の遵守と研究結果の公表については、保護者宛て文書で説明と依頼をして了承を得ました。（一般社団法人日本特殊教育学会倫理綱領・倫理規定に準拠）また、本書の著述に際しては、個人が特定されないように配慮しています。

次に、コーディネーター会議を開催し、方向性を検討するとともに、役割分担を明確にした。コーディネーター会議の構成員は、校長、教頭、教務主任、コーディネーター2名の計5名であった。SST指導方法、Q-U解釈等についてのスーパーバイザー（以後、SV）として大学教授を招聘し、研修を進めながらSST実践に取り組むことになった。また、教務主任とコーディネーター2名が中心にSST実践を推進し、SVとの連絡や保護者への説明は校長が担当することになった。校内における実践の役割分担を、表6-2に示す。

表6-2　役割分担

実践全体のマネジメント	校長
SVとの連絡調整	校長、教務主任
スケジュール作成	教務主任
研修企画運営	教務主任
実践プログラム作成	コーディネーターB
保護者への説明	校長（PTA総会、文書）
担任教師への説明	SV、教務主任、コーディネーターA、B
Q-Uについての説明	SV、教務主任、コーディネーターA

〈イ〉実践スケジュールの作成

　3月、教務主任を中心に、Q-Uの実施時期、SVの招聘時期と研修内容を検討して、実践スケジュールを作成した（表6-3）。SST実践校の視察もスケジュールに組み込んだ。
　4月当初、運営委員会（年度末の学校改善運営委員会と構成員は同じ）、職員会議でSSTのねらいや内容、方法を提案し共通理解を図った。

表6-3　実践スケジュール

前年度末 （2月～3月）	・学校改善運営委員会で、学級単位の集団SSTの導入を提案し、実践方法を検討 　　　　　　　　　　　　　　　　（時間、指導者、対象者、場所、評価等） ・コーディネーター会議で、役割分担を明確化
4月	・運営委員会、職員会議でのSST実践についての提案 ・PTA総会で保護者に説明（SST、Q-U実施）、文書での説明・周知 ・「にこにこタイム」開始（4月～10月、毎週木曜朝15分間）
5月	・Q-U①（1回目）の実施 ・SVによる研修会の開催（SST実践の観察・助言・講演）
10月	・Q-U②（2回目）の実施 ・SVによる研修会の開催（SST実践の観察・助言・講演）
11月	・SST実践の評価と改善
毎月末 随　時	・コーディネーターBによるエクササイズの説明とリハーサル ・SST実践校視察（県内外小中学校）

保護者へは、4月のPTA総会の場を活用して、SSTの内容とその意義、Q-Uの実施とその内容について説明をするとともに、文書で周知をした。

実際に指導をする担任教師へは、学級集団SSTの実践方法を理解し練習できるように、エクササイズについて説明をしてからリハーサルを行うことにした。プログラムが変わる月末の職員打ち合わせの時間に、全教職員が参加して翌月のエクササイズを練習するのだが、このリハーサルがスタッフトレーニングになると考えた。

〈ウ〉プログラムの作成

E小学校には発達障害あるいは発達障害の疑われる児童が複数在籍し、意思の疎通が図れないために発生する児童間のトラブルが多かった。その一方で、引っ込み思案や自信のなさから、自身の意見や考えを話せない児童が多く、児童間のコミュニケーションに課題があった。このような児童の実態と、SVの助言、校内検討の結果をふまえ、ターゲットスキル（以後、スキル）を「聞き方、話し方、あいさつ」に絞った。その上で、コーディネーターBが、曽山（2016a）のいう、負担感のない短時間の活動、ルールと型が徹底された活動、繰り返し行える活動、友だちとのかかわりを楽しめる活動であること[34]を条件にエクササイズを選択し、プログラムを作成した（表6-4）。

表6-4　プログラムの内容

月（回数）	エクササイズ	内容　[ ]内は形態	ねらい
4月（3回）	きみこそスターだ（1～3年生）探偵ゲーム（4～6年生）	じゃんけんをして、勝った人が負けた人からサインをもらう[全員] じゃんけんをして、勝った人が質問をして、相手がイエスと答えてくれたらサインをもらえる[全員]	「おねがいします」「ありがとうございました」「どうぞ」というあいさつを、相手の顔を見て言う
5月（3回）	どちらをえらぶ	2つの選択肢から1つを選び、自分の選んだものを伝える[ペア]	相手の顔を見て聞く うなずきながら聞く あいさつをする
6月（4回）	アドジャン	「アドジャン」の掛け声でジャンケン（指0本から5本まで可）をして、その合計数の1の位の話題を順番に答える[3～4名グループ]	相手の顔を見て聞く うなずきながら聞く あいさつをする 自分のことを伝える
7月（3回）	いいとこみつけ	互いに相手のいいところ2つ（3つの場合も有）に○をつけ合い、いいところを伝え合う[3～4名グループ]	友だちや自分のよいところを見つける 落ち着いて活動する
10月（3回）	どちらをえらぶ	2つの選択肢から1つを選び、自分の選んだものを伝える[3～4名グループ]	相手の顔を見て聞く うなずきながら聞く あいさつをする 自分のことを伝える

注：エクササイズは、滝沢（1999）[35]、河村（2001）[36]、曽山（2008[37],2016a[38],2016b[39]）を参考にした。

SSTの基本訓練モデルは、「問題の定義、目標の設定、行動リハーサル、正のフィードバック、促し行動、モデリング、宿題設定」などからなる[40]。本実践では、相川（2009）が標準的な方法として示した「導入、教示、モデリング、リハーサル、フィードバック、般化」[41]を参考に、15分間を「インストラクション（教示3分）→モデリング（模範提示3分）→リハーサル（実行3分）→フィードバック（評価6分）」という構成にした。

（3）担任教師がクラスワイドのSSTを実施する

　担任教師は、以下のような手順でエクササイズを実施した。
① 　インストラクション（にこにこタイムの約束事、めあてや方法の確認等）（3分）
② 　モデリング（3分）
③ 　リハーサル（エクササイズ）（3分）
④ 　フィードバック（6分）

　各教室で、担任教師が学級の児童全員（特別支援学級在籍児童は、交流学級で参加）を対象に、ペアやグループを替えながら、同じエクササイズを1か月間継続的に実践した。月末には全教職員参加のリハーサルをして、月初めのエクササイズの変更に備えた。4月から10月まで、週1回、朝短学活15分間のSST実践を、計16回実施した。

3 クラスワイドのSSTを実践した結果

（1）Q-U各得点の結果を検討する

　2年生から6年生までのQ-U各得点平均値の比較を表6-5～表6-9に示す。なお、1年生には、Q-Uを実施していない。

表6-5　2年生（48名）のQ-U各得点平均値の比較

	全国平均	5月	10月	t値
承認得点	17.8 (4.1)	17.3 (4.2)	18.5 (4.1)	1.80 n.s
被侵害得点	12.7 (4.3)	12.2 (4.5)	11.8 (4.2)	.60 n.s
友達関係得点	9.8 (1.7)	9.5 (2.2)	9.9 (1.9)	1.62 n.s
学習意欲得点	9.9 (1.6)	10.4 (1.4)	10.2 (1.6)	.88 n.s
学級の雰囲気得点	10.3 (1.7)	10.6 (1.3)	10.7 (1.6)	.29 n.s

***$p<.001$　**$p<.01$　*$p<.05$　（ ）内は標準偏差
注：被侵害得点は、プラスの変容があると得点平均値が下がる。その他の得点は、プラスの変容があると得点平均値が上がる。

第Ⅲ部 「集団」への支援② －「行動面」の困難さに着目して

表6-6 3年生（57名）のQ-U各得点平均値の比較[42]

	全国平均	5月	10月	t値
承認得点	17.8 (4.1)	17.3 (4.0)	18.3 (3.6)	3.34**
被侵害得点	12.7 (4.3)	11.5 (5.0)	10.3 (4.1)	2.77**
友達関係得点	9.8 (1.7)	9.8 (1.6)	10.4 (1.4)	3.56***
学習意欲得点	9.9 (1.6)	9.9 (1.7)	10.0 (1.5)	1.05 n.s
学級の雰囲気得点	10.3 (1.7)	10.3 (1.9)	11.0 (1.3)	3.40***

***$p<.001$　**$p<.01$　*$p<.05$　（ ）内は標準偏差
注：被侵害得点は、プラスの変容があると得点平均値が下がる。その他の得点は、プラスの変容があると得点平均値が上がる。

表6-7 4年生（50名）のQ-U各得点平均値の比較

	全国平均	5月	10月	t値
承認得点	18.3 (3.8)	18.6 (3.5)	18.6 (3.5)	.08 n.s
被侵害得点	11.1 (4.1)	9.9 (3.2)	9.7 (3.3)	.40 n.s
友達関係得点	9.9 (1.7)	10.3 (1.4)	10.1 (1.6)	.62 n.s
学習意欲得点	9.5 (1.8)	9.6 (1.9)	9.5 (1.5)	.56 n.s
学級の雰囲気得点	9.7 (1.9)	10.0 (1.7)	10.0 (2.0)	.00 n.s

***$p<.001$　**$p<.01$　*$p<.05$　（ ）内は標準偏差
注：被侵害得点は、プラスの変容があると得点平均値が下がる。その他の得点は、プラスの変容があると得点平均値が上がる。

表6-8 5年生（51名）のQ-U各得点平均値の比較

	全国平均	5月	10月	t値
承認得点	18.3 (3.8)	19.9 (3.2)	20.0 (3.6)	.14 n.s
被侵害得点	11.1 (4.1)	9.1 (3.4)	8.9 (3.1)	.59 n.s
友達関係得点	9.9 (1.7)	10.8 (1.4)	10.7 (1.5)	.11 n.s
学習意欲得点	9.5 (1.8)	10.2 (1.5)	10.1 (1.7)	.80 n.s
学級の雰囲気得点	9.7 (1.9)	10.8 (1.3)	10.7 (1.6)	.52 n.s

***$p<.001$　**$p<.01$　*$p<.05$　（ ）内は標準偏差
注：被侵害得点は、プラスの変容があると得点平均値が下がる。その他の得点は、プラスの変容があると得点平均値が上がる。

表6-9 6年生（57名）のQ-U各得点平均値の比較

	全国平均	5月	10月	t値
承認得点	18.3 (3.8)	19.4 (3.3)	20.1 (3.5)	1.90 n.s
被侵害得点	11.1 (4.1)	8.8 (3.3)	8.7 (2.8)	.25 n.s
友達関係得点	9.9 (1.7)	10.2 (1.6)	10.6 (1.5)	2.28*
学習意欲得点	9.5 (1.8)	10.0 (1.5)	10.2 (1.8)	.98 n.s
学級の雰囲気得点	9.7 (1.9)	10.2 (1.7)	10.8 (1.4)	2.68**

***$p<.001$　**$p<.01$　*$p<.05$　（ ）内は標準偏差
注：被侵害得点は、プラスの変容があると得点平均値が下がる。その他の得点は、プラスの変容があると得点平均値が上がる。

表6−5から表6−9まで、全学年のQ-U各得点平均値の比較を示したが、ここでは、Q-U得点の変容が大きかった学年（3年生）、変容がみられなかった学年（4年生）を中心に論じる。

　3年生の調査の有効回答数は57名（男子26名、女子31名）であり、SST実践の効果を検討するため、5月及び10月のQ-U各得点（承認得点、被侵害得点、友達関係得点、学習意欲得点、学級の雰囲気得点）について、対応のあるt検定により分析した（表6−6）。その結果、承認得点（両側検定：$t(56) = 3.34, p < .01$）、被侵害得点（両側検定：$t(56) = 2.77, p < .01$）、友達関係得点（両側検定：$t(56) = 3.56, p < .001$）、学級の雰囲気得点（両側検定：$t(56) = 3.40, p < .001$）に関して、5月から10月にかけて有意な正の変容が認められた。3年生は、児童の笑顔が増えた、エクササイズを楽しんでいる、話している人を見て話を聞けるようになった、話せない子を周囲が助ける姿が見られる等、行動観察による変容も顕著だった。

　4年生の調査の有効回答数は50名（男子33名、女子17名）である。対応のあるt検定で分析した結果（表6−7）、全ての得点に関して、5月から10月にかけて有意な正の変容が認められなかった。例えば2年生（表6−5）は、有意な変容は認められないものの、5月から10月にかけて平均値が上がっている得点が見られるが、4年生（表6−7）は、どの得点も平均値の変化が少ない。4年生は男児の割合が多く、入学当初より活発であったが、反面、トラブルが多かった。一部の児童によるからかいや攻撃的な言動が、授業時間内だけでなく、SSTの時間内にも観察され、温かい受容的な雰囲気でエクササイズを実施できなかった。一部の児童が自分の解釈でルールを作ってしまい、それを修正することができなかったこともあった。彼らについては、計16回のSSTを行う中でポジティブな行動変容が観察されなかったため、校内委員会全体会で共通理解を図った上で、個別の声かけや支援を行った。中には通級による指導の開始を検討した者もいた。ただし、5月のQ-U得点のうち、承認得点、被侵害得点、友達関係得点、学習意欲得点、学級の雰囲気得点の全てにおいて全国平均よりやや高い値であり、SST実践の期間中、一部児童の行動面の問題は観察されたが、平均値が大幅に下がることはなく、10月のQ-U得点についても全国平均よりやや高いという結果であった。

　2年生（表6−5）は有意な正の変容はなかったが、承認得点と友達関係得点において、5月の段階で全国平均より下回っていたが、10月の段階では全国平均を上回った。

　5年生（表6−8）は有意な正の変容はなかったが、どの得点も5月の段階で全国平均よりかなり高い平均値を示しており、10月の段階でも継続できているともいえる。

　6年生（表6−9）は、友達関係得点（両側検定：$t(56) = 2.28, p < .05$）、学級の雰囲気得点（両側検定：$t(56) = 2.68, p < .01$）に関して、5月から10月にかけて有意な正の変容が認められた。行動観察からは、人を傷つけるような言葉が減少した、友だちの意見を否定しなくなった等の変容がみられた。

（2）担任教師及び児童の自由記述・感想を検討する

実践後、担任教師及び高学年児童（4～6年生）を対象に、「にこにこタイム」の振り返りを実施した。全担任教師の自由記述・感想を類型化して表6－10に示す。

表6－10　担任教師の自由記述・感想

【SST実践についての記述（実践内容、システムを含む）】
　にこにこタイムが定着し、ありがたい／<u>学校全体で取り組めるのが素晴らしい</u>／全校一斉に曜日を決めて取り組んだのは、統一感があり良かった／<u>にこにこタイムの指導方法を特別支援教育コーディネーターの先生に教えていただき、安心して取り組むことができた</u>／にこにこタイムの導入、ぐんぐんタイムの導入は児童にとって意味のあるものだと感じている

【児童の様子についての記述】
　子どもたちが、にこにこタイムをとても楽しみにしていた／にこにこタイムを通して身につけた<u>技能を授業の話し合い活動に活かすことができた</u>／にこにこタイムの積み重ねは大きいと感じた。毎週木曜日に実践することで、学校生活の様々な場面において、<u>子どもたちの話し合い活動がスムーズになってきた</u>と思う／にこにこタイムのおかげで、<u>人見知りをする性格の児童も打ち解けが早かった</u>ように思う／△ 攻撃的な子や自己肯定感の低い子には「いいとこみつけ」は難しい（4年）

【今後に向けての記述（課題を含む）】
　にこにこタイムは、今後も継続していくと、子どもたちにより定着していくと思う／来年度以降もにこにこタイムは全校で、継続的に実践していきたい／△ 1年生が軌道に乗るのは、2学期からだと思う。1年生の1学期は、にこにこタイムを別内容にしてほしい（2）／△ ファイルの準備片付けや振り返りカードの記入があり、1時間目に食い込んだ。継続して行うのであれば、10分で活動が終わるものが良いのではないか（3）／△月毎にプログラムを変えると、回数に偏りができる

注1：アンダーライン部分は、結果及び考察に対応している記述を示す。
注2：△印は、課題や改善点を記述しているものを示す。同義の記述は、代表的なものを掲載し、（ ）に記述した人数を記す。

担任教師の自由記述・感想（表6－10）では、SSTの意義を理解し、学校全体で取り組めることがよい、エクササイズのやり方を教えてもらえたので安心して取り組めた等の肯定的な記述が多かった。自分一人ではなく、校内システムのもと、学校全体で取り組めることや、学級でのSST実践に際して事前のリハーサルがあることから、安心してSST実践に取り組んでいることが分かる。

児童の様子については、授業の話し合い活動に活きた、人見知りの児童も打ち解けが早かった等、SST実践の内容が学校生活や授業に生きてきたという内容の記述が多かった。また、児童が楽しそうに活動する姿を見ることで、担任教師のSST実践への意欲が高まったことが分かる。今後もSSTを継続したいという意見が多かった。一方、エクササイズの内容が学年の実態に合っていなかった、朝の短学活の時間だったためににこにこタイムが1時間目に食い込んでしまった、というような内容及び方法の改善を求める記述があった。

児童の自由記述・感想については、Q-Uで正の変容が認められなかった4年生（表4－7）と、正の変容が認められた6年生（表6－9）の記述を、表6－11に掲載する。児童の自由記述・感想は類似した記述が多いため、代表的な記述を抽出して示した。

表6－11　児童の自由記述・感想（抽出）

【4年生の自由記述・感想から】
　毎週木曜日になると<u>にこにこタイムが楽しみ</u>で、今日はどんなことがあるのかワクワクしています。わたしはにこにこタイムの中では、いいとこみつけが一番好きです。なので、もう終わりは残念です／とても楽しかったのでよかったです。いいとこみつけやアドジャン、いろいろいつの間にかにこにこ顔になっていたのでびっくりしました。1番はアドジャンです。アドジャンは、みんなでにこにこ顔になっていたきがするので1番でした／にこにこタイムができてよかったです。どうしてかというと、<u>自分のいいところをいってもらえたら本当にうれしいし、あんまりしゃべったことない人のいいところをかこうと思えたからです</u>／<u>にこにこ顔で活動できるときもできないときもあったけど</u>、少ない時間で自分のいいところを知ったり、みんなでいろいろなことができてうれしかった／
　△面白かったけど、ほかにもやりたかった。もっと種類があった方がよかった／△たのしいときもあったけど、<u>たのしくなかったときもあった</u>

【6年生の自由記述・感想から】
　あまり、このような人の良い所を探す機会がなかったのでよかったです。にこにこタイムは、<u>人の良い所や、自分の良い所を探すので</u>、相手も自分もうれしい気持ちになりました。自分にも自信がつきました／にこにこタイムをやって、友達が増えて、いろんな人としゃべれるようになった気がしました。にこにこタイムはみんなを笑顔にする。すごいと思いました。一人が笑顔になると、みんなも笑顔になるので、笑う「力」はすごいなと思いました／一番楽しかったのがアドジャンです。なぜかというと、自分のことをいろんな友達にいえるからもっと自信が持てて、<u>自分のことを恥ずかしがらずに言うことができるようになるからです</u>／みんながぼくのこと、どう思っているのかも分かりました。それをずっとキープしておきたいです／まだやれていない人も何人かいるから、できないのが残念です／4月は「なんだこの企画は」と不思議でちょっとめんどくさいかんじだけれど、アドジャンとかいろいろな活動をして、だんだん楽しくなってきたし、<u>相手の顔を見て話をきくことが、ふだんの会話や、先生の話をきくときでも、それが出来るようになりました。相手のいい所を見つける能力も上がりました</u>／ぼくは前まで<u>人と話すことが苦手でした。けど、にこにこタイムをやって、友達と楽しく話し合えるようになりました</u>／うなずきながら聴いた、にこにこ顔で活動したことで、にこにこタイム以外でもうなずきながらにこにこ顔でいられることができました。また、<u>自然にあいさつができるようになりました</u>。にこにこタイムをすると、相手との距離が縮まったことがあります。なので、この活動をいつまでも続けてほしいです

注1：アンダーライン部分は、結果及び考察に対応している記述を示す。△印はネガティブな記述を示す。
注2：類似した記述が多いため、代表的な記述を掲載する。

　4年生は、にこにこタイムが楽しい、自分のいいところを言ってもらえて嬉しい、にこにこタイムが好き、よかった、というポジティブな記述が多かった。その一方で、にこにこ顔で活動できるときもできないときもあった、たのしくなかったときもあった、と記述している児童がいた。表6－10の担任教師の記述に、「攻撃的な子や自己肯定感の低い子には「いいとこみつけ」は難しい（4年）」とあるように、エクササイズを実施する中で、同じグループの人の答えを笑う、攻撃的な言葉を投げかける等の行動が、一部の児童に観察された。

　6年生は、自他のよさを見つけることができた、自分に自信が持てた、自分のことを人に言えるようになった、だんだん楽しくなった、というようなにこにこタイムの活動の意義を感じている内容がほとんどであった。好きなエクササイズを挙げて説明する具体的な記述が多かった。また、相手の顔を見て話を聞く、うなずいて聞く、人と楽しく話せる、あいさつする等、自分の行動が変容したと感じている記述も多かった。

（3）管理職・教務主任・特別支援教育コーディネーターの取り組みを評価する

　管理職は、学校改善運営委員会の開催を提案し、委員会の場で、学校全体で取り組む「クラスワイドのSST実践」に必要なことを協議し共通理解を図った。これが校内支援システム整備の土台となった。また、管理職がPTA総会の場でプレゼンテーションソフトを活用して視覚に訴えながら保護者に説明したことや、総会に参加した保護者全員を対象にエクササイズを体験してもらったことで、「学校の取り組もうとしていることがよく分かった」「（SSTは）ゲームみたいで楽しい」「子どもたちに（SSTを）やってもらえて嬉しい」という保護者からの言葉（感想）をいただいた。

　その他、SST実践校への視察派遣では、視察から戻った担任教師が、「イメージが湧いた」「やり方が分かった」と管理職に報告したり、自主的に伝達講習したりした。このように、視察がSSTの理解促進や実践への動機づけにつながった。教頭が旅費を確保し教務主任が日程調整をしたことで、複数名の視察派遣が可能になった。

　教務主任は、児童がSSTで身につけたSSを発揮できるような授業づくりを励行した。その結果、授業の中で、発表者を見て聞く、うなずきながら聞く、ペア活動で肯定的に意見を交換するという児童の姿が見られるようになった。

　コーディネーターは、実践プログラムの作成と修正、エクササイズのリハーサル、担任教師のSST実践の観察と評価、プリント類の作成等を担当した。SST実践を進める中で、例えば、1年生から6年生までの発達段階に応じた内容の変更や、時間超過への対応、担任教師の理解の差への対応のような、内容や方法の修正が必要になった時には、コーディネーターが随時修正をした。また、児童の実態によっては、エクササイズの実施が困難なケースもあり、コーディネーターがSST実践に関する悩みや困り事への相談にのることで、担任教師の支援を行った。

　管理職・教務主任・コーディネーター合同の取り組みは、SST実践時に各教室を回って児童の活動状況と担任教師の指導を観察することと、随時コーディネーター会議を開いて情報共有するとともに課題への対応策を協議することであった。4～5月は担任教師のSSTへの理解が浅く、各教室で観察をした時に気づいたことをその日のうちに伝えながら理解促進を図った。コーディネーター会議では、行動観察でポジティブな変容が見られない学年への対応策についても協議した。それらの取り組みの結果、5月末には各教室でのSST実践が、円滑に進められるようになった。

4 スクールワイドSSTの導入方法の検討　−考察−

（1）クラスワイドのSST実践の効果を考察する

　第6章では、学校全体でSSTを実施するための校内支援システムを整備し、その上で各学級の担任教師が学級集団を対象とした継続的な短時間SST実践を実施する。その内容と方法について検討するとともに効果を分析することで、学校規模（スクールワイド）でのSSTの導入方法を検討することを目的とした。

　はじめに、SST実践の内容と実践方法について検討する。E小学校では意思の疎通が苦手な児童間のトラブルが多発し、また自身の意見や考えを話せない児童も多く、児童間のコミュニケーションに課題があった。このような実態をふまえ、ターゲットスキルを「聞き方、話し方、あいさつ」に焦点化し、それを明示したことが有効だった。担任教師は常にターゲットスキルを意識して指導・支援にあたることができた。児童は、楽しく活動する中で、「聞き方、話し方、あいさつ」が上手になるための時間であると意識しながら参加することができた。プログラムについては、入学後間もない1年生にとっては学級全員で行うエクササイズがわかりやすく、2年生、3年生と学年が上がるにつれてペアや3～4人グループのものにもスムーズに取り組むことができるようになった。児童は、どのエクササイズにも楽しく取り組んだが、中でも「いいとこみつけ」では自分のいいところに〇（丸）をつけてもらえるために、嬉しそうな表情を見せていた。

　実践後、担任教師からは、SSTタイム（にこにこタイム）を継続してほしいという声が多かった。しかしその一方で、1年生には難しいので別内容のプログラムにしてほしい、学年に応じた内容にしてほしい、ファイルの片づけやカード記入で1時間目に食い込んだ等の課題も挙げられた（表6－10）。学年末の協議では、課題を改善してにこにこタイムを継続する、という方向で教職員間の共通理解が図られた。

　次に、SST実践の効果について考察する。測定尺度、担任教師及び児童の自由記述・感想、児童の行動観察より、特に3年生、次に6年生において、より大きな効果が確認できた。児童相互のかかわりが円滑になり、学級集団全体に自然に交流ができる温かい雰囲気が生じた。4年生についても、一定の効果があったと考える。学校適応の問題に対して予防的な対策をおこなうためには、問題が顕在化していない段階で、将来起こり得る問題を予測することが必要である[43]という指摘があるが、4年生の一部の児童はすでに学校適応の問題が顕在化しはじめていた。そのため、該当の児童に対しては、学級集団へのSSTだけでなく、個別の声かけや働きかけを同時に実施する、問題となる言動が回避できるような簡略なエクササイズにする等の工夫が必要となった。4年生へのSST実践の結果により、実施にあたっての課題がみえたことも一つの成果であった。

　曽山（2012）は、担任教師による実践は児童が担任教師とのかかわり方を学ぶ機会、担任教師からサポートを受ける機会として効果的に機能すると示唆している。加えて、担任教師にとって、学校生活のさまざまな場面において児童のSS（ソーシャルスキル）に目が留まり、

その場面ごとに指導を繰り返すことにより、児童のSSが定着する流れが生まれる[44]とも提言している。小野寺ら（2003）は、実践を日常の教育活動の中で般化することが課題である[45]と指摘しているが、担任教師の自由記述・感想（表6-10）からも、児童の自由記述・感想（表6-11）からも、児童が、SSTタイム（にこにこタイム）内だけでなく、学校生活のいろいろな場面でスキルを意識し、活用できるようになってきていることが分かる。例えば「人見知りをする性格の児童も打ち解けが早かった」とあるように、人見知りや引っ込み思案等の人とのかかわりが苦手な児童は、SSTタイムのメンバーチェンジをしながらのエクササイズで、楽しく人とのやり取りを体験することで話し方や聞き方を練習し、それを現実の場面（生活場面や授業場面）で活用できるようになったと考えられる。それに伴ってかかわりの苦手さが軽減され、日常場面でのスキルの活用が進んだのではないかと推察される。また、6年生児童の「前まで人と話すことが苦手でした。けど、にこにこタイムをやって、友達と楽しく話し合えるようになりました」「自然にあいさつができるようになりました」という記述のように、自分のポジティブな変容を自覚している記述が多かった。エクササイズを通して互いを知り合うことで相手とのコミュニケーションがとれることを知り、さらに楽しくエクササイズに取り組み、自分が以前より上手に話したり聞いたりできるようになっていることに気づき始めたのではないかと思われる。

　このSST実践を通して、児童だけでなく担任教師にもポジティブな効果がみられた。担任教師がこれまでの児童とのかかわり方を振り返り、自身が児童の発言をうなずいて聞く、児童を見て聞いたり話したりする等、SSを意識したかかわり方をするようになった。また、SSTタイムだけでなく、授業や学校生活全体で、児童のSSの実態に応じた指導の工夫をしたり、SSTタイムでの指導事項を授業や学級経営で活用したりするようになった。さらに、児童へのSST実践を実施することで、会議の場で肯定的に話を聞く、打ち合わせ時に話す人を見て話を聞く等、教師集団がSSTを受けたような効果が観察された。

（2）校内支援システムの機能を考察する

　第6章では、管理職・教務主任・コーディネーターが、連携を図りながら、それぞれの立場からの取り組みを進め、担任教師によるSSTを支えたことが重要なポイントであった。この三者が効果的に機能したのは、前年度末に学校改善運営委員会とコーディネーター会議を開き、校内支援システムや役割分担を検討したことが基盤にあったからと考える。また、この2つの会議での検討により、共通理解と合意のもとでSST実践をスタートさせることができたといえよう。これは、第5章にあるスクールワイドの学習支援のための校内支援システム構築プロセスと同じである。そのため、スクールワイドの学習支援に関する検討と、スクールワイドの行動支援に関する検討を、同時に実施することが可能になった。これは、時間のない学校現場にとって有効な方法である。さらに、コーディネーター会議は、当初に考案した3つの校内委員会の1つであり（第1章）、「個への支援」だけでなく、「スクールワイドの支援」においても有効に機能する委員会となった。運用する中で、進化し発展した

機能である。

　実際にSST実践に取り組んでみて明らかになった課題もあった。指導内容及び時間超過の課題や、担任教師の理解の差への対応等、細かな軌道修正や変更が必要であった。また、児童の実態によっては、エクササイズの実施が困難な状況が発生した。このようなSST実践についての悩みや困り事については、教務主任やコーディネーターが担任教師の相談にのり、担任教師への支援を行った。さらに、表6－10に「指導方法をコーディネーターの先生に教えていただき、安心して取り組むことができた」とあるように、コーディネーターが具体的な方法を示すことで、担任教師たちは安心してSSTに取り組むことができた。特に実践のプログラムを作成したコーディネーターBは、もともと特別支援教育に関する専門性を備えており、その上でSSTに関する研修会に積極的に参加して自身の専門性を高め、担任教師への支援に当たった。それもあって担任教師たちからの信頼を得ることができたと思われる。

　上記のように、教務主任やコーディネーターがそれぞれの役割を自覚し、研修の企画運営や実践プログラムの作成、課題への対応、担任教師への支援等、SST実践の実施に向けて主体的に取り組みを進めたことが効果的に機能した。教務主任やコーディネーターがミドルリーダーとしての役割を果たしたことで、全校体制でのSST実践の運用が円滑に進んだと考える。もちろんコーディネーターと担任教師たちの、常日頃からのかかわりに基づいた信頼関係が土台にあったことは言うまでもない。

　また、教務主任やコーディネーターが困った時は、管理職に相談をしたり、SVの指導助言をもらったりしながら対応策を検討した。管理職やSVがミドルリーダーをバックアップするという形で実践が進んだ。

　このように、その都度課題に対応しながらSST実践を進めたことが、よりよいシステムの構築につながったのではないかと考える。

（3）スクールワイドSSTの導入方法を検討する

　SST実践における効果と校内支援システムについて検討してきたが、ここで効果的なSSTの導入方法へと論を進める。

　まず、導入方法として有効であったのは、授業時間の実践ではなく、毎週木曜日の朝短学活という枠で時間を確保したことが挙げられる。SSTを実施する時間は15分と短いが、同じエクササイズを1か月間継続実施することで、担任教師は準備等の負担も少なく、無理なく指導することができた。

　次に、担任教師によるSST実践であることが挙げられる。SST実践により、児童のSSが向上するだけでなく、担任教師が児童とのかかわり方の振り返りをしたり、授業や学級経営等、学校生活全体で児童のSSを意識して指導したりするようになった。そしてそれがまた、児童のSSの育成につながったと考える。

　さらに、学級集団へのSST実践であったことが挙げられる。学級内の行動面で著しい困

難を示す児童だけでなく、かかわりが苦手な児童や話を聞けない児童にもポジティブな変容がみられた。学級児童全員を対象とする取り組みであったことから、困難さを示す児童だけでなく、周囲の児童もSSが向上する結果となった。藤枝ら（1999）[46]の指摘のように、個別のSSTより般化効果が高まったのではないかということが示唆された。

　加えて、効果的なSST実践を行うためには、その土台として校内支援システムがあったことを確認したい。校内支援システムを整備して、学校全体で組織的にSST実践に取り組んだからこそ、スクールワイドSSTの導入方法の検討が可能になったということを追記したい。

　以上、効果的なSSTの導入方法を、①朝短学活枠での継続的な時間の確保、②担任教師によるSST、③学級集団へのSST、④全校SSTの土台となる校内システムの整備、と整理した。

（4）今後の課題を検討する

　第6章における全校体制での継続的な学級集団SSTは、増南ら（2015）[47]の指摘のように、学校適応の問題が顕在化していない段階で行えば、将来起こり得る問題に対する予防的な対策になりうるかもしれないことが示された。学校がSSTの導入方法の検討をし、実践モデルとして整理することで、各学校で再現可能なモデルを提案できる可能性がある。学校現場の抱える多様な教育課題の解決に向けて貢献できることを願うのみである。

　学校適応の問題に対する予防的な効果が示唆された一方で、すでに問題が顕在化している一部の児童に対しては効果がみられなかった。足立（2015）は、集団SSTの実施のみでは個人が抱えている課題には対応できず、個別にSSTを実施していくことや担任教師による細やかな支援を併せて実施することが必要である[48]と指摘している。実際に、顕著な変容が認められなかった一部の児童に対しては、個別の支援や通級による指導の開始を検討し実施したが、実践終了時点でポジティブな変容がみられないケースもあった。スクールワイドの行動支援を継続するとともに、集団への支援だけでは効果がみられない児童への支援方法を検討し実施していくことが、課題として示された。

　最後に、本実践研究では、効果の分析方法の一つとしてQ-Uを用いたが、学級集団SSTの効果がQ-Uの得点結果に正確に反映されるとは限らないことも付け加えたい。測定尺度としてのQ-Uの限界性もふまえた上で、効果の分析方法を検討していくことも今後の課題である。

【注及び引用文献】
(1) 文部科学省（2022）通常の学級に在籍する特別な教育的支援を必要とする児童生徒に関する調査結果について．
(2) 橋本創一（2016）教育心理学に基づく特別支援教育の研究動向 2015－実践と研究におけるエフォートとアジェンダ－．教育心理学年報，55，116-132．
(3) 山﨑英則・片上宗二編（2003）教育用語辞典．ミネルヴァ書房．
(4) Liberman, Robert Paul, M. D. (2008) Recovery from Disability Manual of Psychiatric Rehabilitation. American Psychiatric Pub, c2008：pbk（西園昌久総監修，池淵恵美監訳，SST普及協会訳（2011）精神障害と回復 リバーマンのリハビリテーションマニュアル．星和書店）
(5) 相川充（2009）新版 人づきあいの技術 ソーシャルスキルの心理学．サイエンス社．
(6) 相川充（2009）同上．
(7) King,Cheryl A. & Kirschenbaum,Daniel S. (1992) Helping Young Children Develop Social Skills : The Social Growth Program. Brooks/Cole Pub. Co. c1992（佐藤正二，前田健一，佐藤容子，相川充訳（1996）子ども援助の社会的スキル 幼児・低学年児童の対人行動訓練．川島書店）
(8) 戸ヶ崎泰子・佐藤正二（2010）対人関係のスキル・トレーニングはどのように生まれ、発展してきたか．児童心理臨時増刊，64(15)，20-28．
(9) 金子幾之輔・青山龍男・春日作太郎・内山喜久雄（1982）Social Skill訓練による引込み思案児童の行動変容．日本教育心理学会総会発表論文集，24，966-967．
(10) 戸ヶ崎泰子・佐藤正二（2010）前掲．
(11) 小林正幸（2010）対人関係のスキル・トレーニングを行う際の留意点．児童心理臨時増刊，64(15)，75-80．
(12) 佐藤正二（1996）子どもの社会的スキル訓練．相川充・津村俊充編．社会的スキルと子どもの対人行動．誠心書房．174-200．
(13) 藤枝静暁・相川充（2001）小学校における学級単位の社会的スキル訓練の効果に関する実験的検討．教育心理学研究，49(3)，371-381．
(14) 小林正幸・相川充（1999）ソーシャルスキル教育で子どもが変わる．図書文化社．
(15) 河村茂雄（2001）グループ体験による学級育成プログラム．図書文化社．
(16) 佐藤正二・相川充（2005）実践！ソーシャルスキル教育 小学校．図書文化社．
(17) 河村茂雄・品田笑子・藤村一夫（2007）いま子どもたちに育てたい 学級ソーシャルスキルCSS．図書文化社．
(18) 藤枝静暁・相川充（1999）学級単位による社会的スキル訓練の試み．東京学芸大学紀要，50，13-22．
(19) 後藤吉道・佐藤正二・佐藤容子（2000）児童に対する集団社会的スキル訓練．行動療法研究，26，15-24．
(20) 金山元春・後藤吉道・佐藤正二（2000）児童の孤独感低減に及ぼす学級単位の集団社会的スキル訓練の効果．行動療法研究，26(2)，83-96．
(21) 石川信一・山下朋子・佐藤正二（2007）児童生徒の社会的スキルに関する縦断的研究．カウンセリング研究，40(1)，38-50．
(22) 後藤吉道・佐藤正二・佐藤容子（2000）前掲．
(23) 藤枝静暁・相川充（2001）前掲．
(24) 戸ヶ崎泰子・佐藤正二（2010）前掲．
(25) 小林朋子・渡辺弥生（2017）ソーシャルスキル・トレーニングが中学生のレジリエンスに与える影響について．教育心理学研究，65(2)，295-304．
(26) 小野寺正己・河村茂雄（2003）学校における対人関係能力育成プログラム研究の動向－学級単位の取り組みを中心に－．カウンセリング研究，36(3)，272-281．
(27) 小野寺正己・河村茂雄（2005）ショートエクササイズによる継続的な構成的グループ・エンカウンターが学級適応に与える効果．カウンセリング研究，38(1)，33-43．
(28) 曽山和彦（2012）小学校における継続的なソーシャル・スキル・トレーニング実践とその効果．教育カウンセリング研究，4(1)，37-45．
(29) 曽山和彦（2012）同上．
(30) 第6章の内容は、「堀部要子（2018）小学校におけるクラスワイドソーシャルスキルトレーニングの導入方法の検討－全校体制での継続的な短時間SST実践の効果の分析を通して－．人間発達学研究，9，91-102．」に基づく（一部、改変あり）。
(31) 河村茂雄（1999）楽しい学校生活を送るためのアンケート Q-U実施・解釈ハンドブック．図書文化社．
(32) 曽山和彦（2010）小学校における学級づくりコンサルテーションの実践とその効果－「Q-U」、「K-13法」、「関係づくり技法」を取り入れて－．教育カウンセリング研究，3(1)，48-55．
(33) 20XX-1年度のコーディネーターは2名であった。コーディネーターAは校務主任（連絡調整・相談窓口の役割）で、コーディネーターBは特別支援学級担任（アセスメントや支援内容の検討等の専門性を要する役割）であった。この時には、まだ通級指導教室が設置されておらず、校内で専門性の高い人材が特別支援学級担任であったために、この2名の指名となった。
(34) 曽山和彦（2016a）学校と創った教室でできる関係づくり「王道」ステップ ワン・ツー・スリーⅡ．文溪堂．
(35) 滝沢洋司（1999）アドジャン．國分康孝監修，エンカウンターで学級がかわる ショートエクササイズ集．図書文化社．
(36) 河村茂雄（2001）前掲．
(37) 曽山和彦（2008）小学校通常学級における発達障害が疑われる児童への支援－校内委員会へのコンサルテーションの進め方と留意点－．教育カウンセリング研究，2(1)，42-50．

(38) 曽山和彦 (2016a) 前掲.
(39) 曽山和彦 (2016b)「気になる子」が在籍する学級における短時間グループアプローチの実践と効果. 名城大学教職センター紀要, 13, 53-61.
(40) 上島国利・丹羽真一 (2008) NEW 精神医学 改訂第2版. 南江堂.
(41) 相川充 (2009) 前掲.
(42) 第6章は、注 (30) で述べたように、「人間発達学研究, 9, 91-102.」を改変したものである. 表6-6についても誌上掲載しているが、一部の数値 (3年の全国平均) の誤植があり、本書ではそれを修正して表に記載した (全国平均：承認得点 (17.8 (4.1))、被侵害得点 (12.7 (4.3))、友達関係得点 (9.8 (1.7))、学習意欲得点 (9.9 (1.6)、学級の雰囲気得点 (10.3 (1.7))). なお、該当編集委員会には報告済みである.
(43) 増南太志・藤枝静暁・相川充 (2015) 小学校におけるソーシャルスキル教育を中心とした心理教育の縦断実践研究－三水準モデルにおける行動的機能の変化の影響－. 埼玉学園大学紀要人間学部篇, 15, 139-150.
(44) 曽山和彦 (2012) 前掲.
(45) 小野寺正己・河村茂雄 (2003) 前掲.
(46) 藤枝静暁・相川充 (1999) 前掲.
(47) 増南太志・藤枝静暁・相川充 (2015) 前掲.
(48) 足立文代・佐田久真貴 (2015) ソーシャルスキルトレーニング実施が学級適応感や自尊感情に及ぼす効果について. 兵庫教育大学学校教育学研究, 28, 45-53.

第7章

スクールワイドの行動支援を行う
－学校全体で取り組む継続的な短時間 SST 実践の有用性－

　第6章では、学校全体で SST（Social Skills Training：以後、SST）を実施するための校内支援システムを整備し、その上で各学級の担任教師が学級集団を対象とした継続的な短時間 SST 実践を実施し、その内容と方法について検討するとともに効果を分析することで、学校規模（スクールワイド）の SST の導入方法を検討した[1]。

　翌年、第6章で明らかにした SST の導入方法に基づいたスクールワイドの SST に取り組んだ。その内容は、ターゲットスキル（以後、スキル）を「聞き方、話し方、あいさつ」に設定し、担任教師による学級集団への週1回の短時間 SST 実践を、学校全体で「1年間」継続的に実施するというものである。さらに、第6章で示された課題に対応するために、多層（3層）の行動支援へと発展させ、取り出し小集団 SST にも着手した。これらの実践を分析対象としたものが第7章である。

　第7章では、特別な教育的ニーズのある児童を含む学校に在籍する児童全員を対象とした学校規模（スクールワイド）の行動支援を実施しその効果を検証する、という取り組みを報告する。

1　スクールワイドの行動支援をスタートさせるまでに検討したこと

　スクールワイドの行動支援をスタートさせるにあたり、前章（第6章）で示された課題への対応策を検討し、加えて多層（3層）の行動支援モデルを構想した。

　第6章における課題を見直すと、以下の2点があげられる。

① すでに学校適応の問題が顕在化している児童には学級集団 SST の効果がみられなかった
② 担任教師から実践上の改善点（時間が超過する、一部のプログラムが学年の実態に合っていない等）が出された

　まず、1つ目の課題について検討する。集団 SST の実施のみでは個人が抱えている課題に対応できず、個別に SST を実施していくことや担任教師による細やかな支援を併せて実施することが必要である[2]。学校適応の問題が顕在化している児童へは、彼らへの効果的な支援方法を検討し、学級集団 SST と併せて実施していくことが求められるのである。この課題に対応するために、行動面の困難さへの支援についても、第4章、第5章の学習支援で効果を確認した多層（3層）の指導モデルの活用を考えた。

ここで行動支援モデルの例を示す。米国の階層的なアプローチである行動支援モデルのSWPBS（School-Wide Positive Behavior Support: 以後、SWPBS）[3]では、第一次的予防介入を全体に対して実施し、そこから漏れる児童生徒がいた場合に第二次、第三次へと順次サポートを厚くしていくという「階層的予防アプローチ」の発想をもつ[4]（図7-1）。この発想の一部を、勤務校でのSST実践に活かすことが可能であると考えた。

　そこで第7章では、「第1層」の1次的な取り組みとして全校児童を対象にした「スクールワイドSST」、「第2層」の2次的な取り組みとして抽出された児童を対象にした「取り出し小集団SST」、そして「第3層」の3次的な取り組みとして特に学校適応の問題が顕在化している児童等を対象にした通級指導教室での「個に特化したSST」、という多層（3層）の行動支援モデル（図7-2）を構想し、実践することにした。

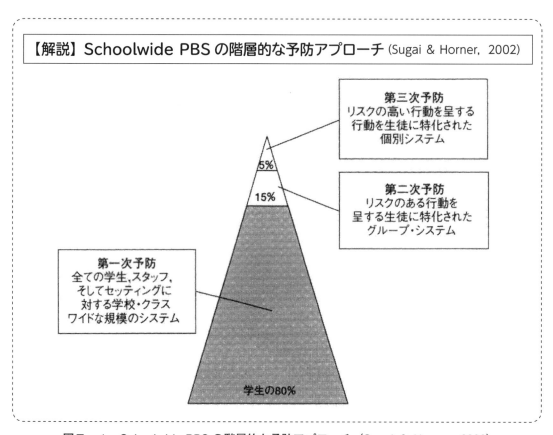

図7-1　Schoolwide PBSの階層的な予防アプローチ（Sugai & Horner, 2002）
　　武藤崇（2007）特別支援教育から普通教育へ－行動分析学による寄与の拡大を目指して－．より引用
　　注：SWPBSでは学校内の安全や暴力といった逸脱行動の提言が問題解決の中心的話題になっており、授業内での学業行動の改善に対する積極的な関与はない[4]。

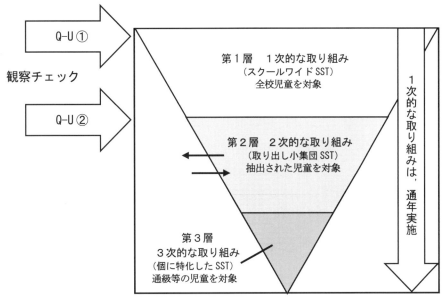

図7－2　「スクールワイドの行動支援」の多層（3層）の行動支援モデル

　ただし、物理的な課題として、学校現場は授業時間の確保が大変であり、対人関係育成のプログラムを教育課程の中に位置付けたり授業時間の中に組み入れたりするのが苦しい状況にある[5]。しかし前章（第6章）で提起したSSTの導入方法であれば、第1層にあたる1次的な取り組み「スクールワイドSST」の長期的・継続的な実施が可能となり、前章の半年間の取り組みより、さらに大きな効果が期待できる。そこで、第1層の「スクールワイドSST」を「1年間」継続的に実施することにした。

　この第1層の1次的な取り組み「スクールワイドSST」は、第2層の2次的な取り組みを実施している時も、第3層の3次的な取り組みを実施している時も、それらと並行して長期的・継続的に1年間を通して行われる。また、第3層では、通級指導教室等で「個に特化したSST」を行うが、ここには第2層を経ずに早い段階から第3層の通級指導教室[6]で指導を受けている児童も含まれる。つまり、第7章における多層（3層）の行動支援モデル（図7－2）は、対象を絞り込みながら順次「層」を進むモデルではなく、各層の取り組みが同時並行的に行われるモデルであることを、ここで確認しておきたい。

　なお第7章では、前章に引き続き集団へのSSTを検討の対象としており、したがって、第1層（スクールワイドSST）及び第2層（取り出し小集団SST）での児童への行動支援とその効果に関することに焦点化して論を進める。第3層（個に特化したSST）の詳細については、別稿にゆずる。

　次に、2つ目の課題について述べる。担任教師からは複数の改善点が提案された。大きくは、プログラムの内容とSSTの実施時間に分けられる。プログラムの内容については、1年生には難しいので別内容にしてほしい、学年に応じた内容にしてほしい、月毎にプログラムを変えると回数に偏りができる等であった。SSTの実施時間については、ファイルの片づけやカード記入で1時間目に食い込んだ、10分以内で終わる内容にしてほしい等であった。

これらの課題については、年度末の学校改善運営委員会とコーディネーター会議で検討し対応した（具体的な対応策は後述する）。そのためにも、土台となる校内支援システムの見直しは必要不可欠であり、本章ではスクールワイドの行動支援を実施するためのシステムも分析対象として論を進める。

以上より、第7章では、第6章の導入方法に基づいた1年間の継続的な短時間SST（スクールワイドの行動支援）を行い[7]、第1層（スクールワイドSST）と第2層（取り出し小集団SST）の行動支援の内容と方法について検討するとともに、効果の分析を通して本SST実践の有用性について検討することを目的とした。さらに、SST実践の土台となる校内支援システムの構築・運用プロセスにおける校長を含む教職員の役割を検討することで、各学校で再現可能な校内支援システムについて考察する。

2 スクールワイドの行動支援の実施
－第1層（スクールワイドSST）と第2層（取り出し小集団SST）の内容と方法－

（1）効果の分析方法を検討する
〈ア〉児童のアンケート結果の検討

1年間のスクールワイドSSTの終了後、在校児童全員を対象に、コーディネーターが作成したアンケート（自由記述・4件法質問紙）を実施した。自由記述は全てテキストデータにし、計量テキスト分析のソフト「Text Mining Studio（NTTデータ数理システム）」を使用して単語頻度分析を行った。質問紙では、児童の意欲とスキル実施の自覚について調査し検討した。

第2層にあたる取り出し小集団SSTについては、短期間（12月後半からの3か月半）であったこと、その実施期間に対応可能な評定尺度がなかったことから、取り出し対象児童へのアンケート結果を検討した。

〈イ〉測定尺度得点の結果の分析

測定尺度は、第6章と同様、Q-Uを用いた。5月と10月の2回、2年生から6年生までの児童全員にQ-Uを実施し、その変容からSSTの効果を測定した。なお、1年生については、入学直後の5月段階では学校生活に慣れていないこと、質問文の読みと内容理解に個人差が想定されることから、Q-Uを実施しなかった。

Q-Uは質問紙が1～3年生用（低学年用）と4～6年生用（高学年用）に分かれており、まず低学年・高学年別の変容を検討した。次に、Q-U得点の低い児童に着目するために、5月の得点結果に基づく群（低群・高群）を設け、群別の変容を検討した。

〈ウ〉教師による観察及び教師の自由記述の検討

　第1層のスクールワイドSSTについては、実践終了時期に開催した評価検討会で出された教師による観察の記録と、実践終了後のSST実践に関する教師の自由記述を、分析の対象とした。教師21名の観察記録と自由記述は、実験者効果が混入しないようにSST指導者である担任教師以外の3名（E小学校コーディネーター・他校通級指導教室担当者・筆者）で合議の上、分類し妥当性を検討した。

　第2層の取り出し小集団SSTについては、関係教師の自由記述を検討した。

（2）スクールワイドのSST実践に向けて準備をする

〈ア〉内容の検討と校内支援システムの構築

　20XX年2月、学校改善運営委員会を開催し、スクールワイドの行動支援の実践方法について検討した。スクールワイドSST（第1層）の実践方法については、前章で検討したSSTの導入方法をふまえて、表6-1にあるクラスワイドのSST実践の方法を継続することになった。

　取り出し小集団SST（第2層）の実践方法については、概要を表7-1に示す。まず、どの時間に取り出しをするかを検討した結果、取り出し学習支援の時間「ぐんぐんタイム」（表5-1）を活用することになった。この時間は、取り出された児童と教室に残された児童双方の教育課程履修に支障のない時間（朝短学活15分間）であり、「取り出し学習支援」の対象児童も教室から出ているために、「取り出し小集団SST」の対象児童を取り出すことが可能であると考えられた。ただし、「取り出し学習支援」と、「取り出し小集団SST」を、同じ時間に行うことから、学習支援が必要な児童はそちらを優先し、「取り出し小集団SST」の対象から除外することになった。したがって、対象者は、通常の学級に在籍し、他者とのか

【解説】第1層（スクールワイドSST）と第2層（取り出し小集団SST）の実施に向けて

♥どんな学校でスクールワイドSSTと取り出し小集団SSTを行ったか♥
　D市立E小学校の全校児童及び教職員。通常の学級は12学級（全学年2学級）、特別支援学級は3学級の計15学級、通級指導教室が1教室あり、20XX年度当初の全校児童数は320名（男子174名、女子146名）で、通常の学級に在籍する児童は316名でした。教師は、学級担任を含む21名でした。

♥どのような期間にスクールワイドSST（第1層）と取り出し小集団SST（第2層）を行ったか♥
　20XX年2〜3月に実施方法や役割分担等を検討・改善し、校内システムを整備しました。
　第1層にあたるスクールワイドSSTは、20XX年4月から20XX+1年3月までの1年間、毎週1回朝短学活の時間（木曜日8:30〜8:45）に、全学級で実施しました。
　第2層にあたる取り出し小集団SSTは、20XX年12月後半から20XX+1年3月までの3か月半の間、週1回朝短学活の時間（火曜日8:30〜8:45）に、取り出しで実施しました。
　これらは、第6章の実践の翌年に実施したものです。

♥どのように倫理的な配慮を行ったか♥
　第6章と同じ論理的な配慮を行いました。

第Ⅲ部 「集団」への支援② ― 「行動面」の困難さに着目して

表7－1　取り出し小集団SST（第2層）の概要

時　間 （時期）	毎週火曜 朝短学活 15分間（8:30～8:45）　ぐんぐんタイムの時間を活用 （時期は、Q-U②（2回目）以降、かつ12月個人懇談会後）
対象者 （抽出方法）	通常の学級に在籍し、他者とのかかわりの面で支援が必要と思われる児童 （コーディネーター会議で、Q-U②の結果と日常的な観察をもとに抽出を検討）
指導者（場所）	コーディネーターB（通級指導教室）
支援内容	少人数SST
説明（保護者へ） 説明（本人へ）	主に担任教師が、12月の個人懇談会の場を活用して説明 主に担任教師が、学校生活の場・時間を活用して、個別に説明
評　価	日常的な児童の観察（発言、行動）、自由記述・感想や聞き取り

　かわりの面での教育的ニーズがあると思われる児童で、かつ学習支援が必要なほどの学習面の困難さがみられない児童ということになった。対象児童（以後、対象児）の抽出は、コーディネーター会議の場で、Q-U②（2回目）の結果と日常の観察をもとに協議することになった。指導者としては、コーディネーターB（通級指導教室担当者）が、取り出された児童を対象に通級指導教室で小集団SSTを実施することになった。

　取り出し小集団SST（第2層）が12月開始になったのは、スクールワイドSST（第1層）における活動及び教室での活動の様子を観察する期間が必要であったこと、Q-U②（2回目）の結果を抽出の検討資料にするために11月以降の開始にする必要があったこと、さらに、保護者に取り出しについて説明し参加の意向を確認するのは12月の個人懇談会の場が適切であろうと判断したことからであった。

　次に役割分担であるが、特に大きな改善の必要がないという方向で協議が進み、前章の役割分担を継続することになった（表6－2）。20XX年4月より、コーディネーターが3名になり（表1－1）、教務主任とコーディネーター3名が中心となってスクールワイドのSST実践を推進することになった。SV（スーパーバイザー）との連絡や保護者への説明は引き続き校長が担当することになった。

　3月、教務主任がSST実践のスケジュール案を作成し、コーディネーター会議で検討した（表7－2）。コーディネーター会議での検討事項は、研修会の内容、Q-Uの実施時期、実践の評価方法だった。

　研修会は、教職員の指導力を高めるために重要な機会である。そこで、内容を再検討し、①Q-Uを活用した事例検討会、②SSTで獲得したスキルを授業でどのように生かすことができるかを追究する授業研究会、③年度末の評価検討会、を実施することになった。

　Q-Uについては、担任教師が学級経営に活用できること、保護者への説明のためにも単年度使用ではなく継続使用が望ましいことから、教職員の共通理解の下、引き続き使用することになった。Q-Uの実施時期については、年度当初（5月）と年度途中（11月）の2回実施することになった。これは、2回目を年度末に実施すると、Q-Uの結果を学級経営に活か

せないという理由から、年度途中の11月に2回目を実施することになった。

また、第6章の最終項の今後の課題で、測定尺度としてのQ-Uの限界性に触れたが、研究効果の検証のために多種類の尺度を使用して担任教師や児童に時間的負担を課すのはよくない、という意見が出され、最終的に、Q-Uを引き続き実施し、年度末に実践内容に即したアンケートを作成し追加実施することになった。

表7－2　実践スケジュール

前年度末 (2月～3月)	・学校改善運営委員会で、SST実践の具体的な方法を検討（見直し改善） ・コーディネーター会議で、役割分担を明確化 ・SVへの依頼、SVとのSST実践についての相談及び確認
4月	・運営委員会、職員会議でのSST実践についての提案と説明 ・PTA総会で保護者に説明（SST体験、Q-U実施）、文書での説明・周知 ・「にこにこタイム」におけるスクールワイドSST（第1層）の開始 　（4月～3月、毎週木曜朝15分間）
5月	・Q-U①（1回目）の実施 ・研修会①（SVによるSST実践の観察・助言、事例検討会、講演）
11月	・Q-U②（2回目）の実施 ・研修会②（SST実践を生かした授業研究会（研究授業・研究協議）、講演）
12月	・コーディネーター会議で、取り出し小集団SSTの対象児童を検討 ・対象候補になった児童の保護者へ、個人懇談会で説明及び参加の意向確認 ・「ぐんぐんタイム」における取り出し小集団SST（第2層）の開始 　（12月後半～3月、毎週火曜朝15分間）
2月～3月	・研修会③（SVによるSST実践の観察・助言、評価検討会、講演） ・SST実践の振り返り（児童・教師：アンケート、自由記述等） ・学校改善運営委員会・コーディネーター会議で評価、見直し改善
毎週木曜	・SST実践の振り返り（主にコーディネーターB、打ち合せ時）
随時	・エクササイズの説明とスタッフトレーニング（コーディネーターB、エクササイズ変更前） ・コーディネーター会議でSST実践の課題について検討 ・SST実践校視察（県内外小中学校）

〈イ〉スクールワイドSST（第1層）のプログラムの作成

前章に引き続き、スキルを「聞き方、話し方、あいさつ」に絞ったプログラムを作成した（表7－3）。負担感のない短時間の活動、ルールと型が徹底された活動、繰り返し行える活動、友だちとのかかわりを楽しめる活動であることを条件にエクササイズを選択した。前年度の担任教師の自由記述・感想（表6－10）に、1年生の1学期は（エクササイズを）別内容にしてほしい、準備片づけやカード記入で1時間目に食い込んだ、10分で活動が終わるものがよい等の意見があった。そこで、コーディネーターBが中心になって、学年の実態を考慮しながら内容と実施時期を再考し、さらに1時間目に影響がでないように時間短縮するとともに、振り返りカードを簡略化した上で、プログラムを作成した（表7－3）。

第Ⅲ部 「集団」への支援② ― 「行動面」の困難さに着目して

表7-3 スクールワイドSST（第1層）のプログラムの内容とねらい，実施回数（計：25回）

エクササイズ名	内容 [ ]内は形態	ねらい	回数
あいさつジャンケン	音楽が止まったら、近くの人とじゃんけんをして、勝った人から名前を言う[全員]	「おねがいします」「ありがとうございました」と、自分の名前を、相手の顔を見て言う	2回
後出しジャンケン	教師が出したじゃんけんの出し方を見て、後出しであいこを出す。その後、勝つ出し方、負ける出し方も行う[全員]	ルールを理解して活動する 注意深く見る	2回
おちたおちた（1年生用）	教師の指示する落ちたものに合わせて動作をする[全員]	ルールを理解して活動する 注意して言葉を聞き取る	3回 （1年のみ）
ゴジラとゴリラ	ゴジラ役とゴリラ役を決め、役名を呼ばれた方が相手の手を両手ではさみ、呼ばれなかった方は手をはさまれないように手を上げる[ペア]	ルールを理解して活動する 注意して言葉を聞き取る あいさつをする	2回（1年） 3回（2〜6年）
アドジャン	「アドジャン」の掛け声でジャンケン（指0本から5本まで可）をして、その合計数の1の位の話題を順番に答える[3〜4名グループ]	相手の顔を見て聞く うなずきながら聞く あいさつをする 自分のことを伝える	6回（1〜4年） 4回（5、6年）
いいとこみつけ	互いに相手のいいところ2つ（3つの場合もある）に○をつけ合い、いいところを伝え合う[3〜4名グループ]	友だちや自分のよいところを見つける あいさつをする	5回（1年） 7回（2〜6年）
どちらをえらぶ	ご飯・パン、夏・冬、山・海のような2つの選択肢から1つを選び、自分の選んだものを伝える[ペア]	相手の顔を見て聞く うなずきながら聞く あいさつをする 自分の考えを伝える	5回
1分間スピーチ	1週間の出来事をお題に、1分間スピーチをし、全員終わったらスピーチに関する内容を交流する[3〜4名グループ]	グループの人の顔を見て話す 相手の顔を見てうなずきながら聞く、あいさつをする	2回（5、6年）

注1：エクササイズの参考文献は、表6-4と同じ。

エクササイズの実施月一覧は参考①に示す。また、エクササイズの「アドジャン」「いいとこみつけ」は、参考②、参考③に進め方とシート、カードの例を示す。

参考① エクササイズ月別一覧

実施月	実施したエクササイズ	実施月	実施したエクササイズ
4月	あいさつジャンケン	11月	アドジャン
5月	後出しジャンケン	12月	いいとこみつけ
6月	おちたおちた（1年） ゴリラとゴジラ	1月	どちらをえらぶ
7月	いいとこみつけ	2月	アドジャン
10月	どちらをえらぶ	3月	いいとこみつけ 1分間スピーチ（5、6年）

注：回数は表7-3を参照
注：上記はおおまかな月別一覧であり、月をまたいでエクササイズを実施したこともあった。

参考② アドジャン話題シート（高学年用）

グループで指0本〜指5本のジャンケンをして、合計数の1の位の話題を順番に答える

1の位	質　　問
0	学校の教科で何が好き？
1	仲良しの友達とどんな遊びをしたい？
2	今、食べたいものは？
3	飼ってみたいペットは？
4	好きなテレビ番組は？
5	E小学校でいいなと思うところは？
6	家で何をしている時が一番楽しい？
7	好きな有名人は？
8	3日続けて食べても平気な料理は？
9	ちょっと「自慢」できることは？

＜15分SSTの進め方＞アドジャンの例から
①インストラクション（言語教示3分）：アドジャンの方法と今日のめあてを、担任教師が説明する。
②モデリング（模範提示3分）：1つの児童グループに演示させ、全員に方法を理解させる。
③リハーサル（実行3分）：全児童がグループに分かれ、話者の顔を見て話を聞く、自分のことを端的に話して伝える、始めと終わりの挨拶をする等のねらいを意識した「聞き方、話し方、あいさつ」を練習する。
④フィードバック（評価6分）：担任教師からの評価を聞き、各自で活動を振り返りワークシートに記入する。

参考③ いいとこみつけカード（高学年用）

互いに相手のいいところをシートから3つ選んで〇をつけ合い、いいところを伝え合う

いいとこみつけカード

〇を3つ　つけましょう。

【①　　　】さんの「いいところ」	書いてくれたメンバーの名前			
	②	③	④	⑤
1 大きな声であいさつをしている				
2 話を最後まで聞いている				
3 がんばり屋				
4 いつも笑顔でいる				
5 「ありがとう」を言える				
6 気持ちのいい返事をしている				
7 おもしろい				
8 だれとでも仲良くしている				
9 友だちをよくはげましている				
10 自分の意見が言える				
11 しっかりしている				
12 優しい				
13 元気がある				
14 何でもよく知っている				
15 思いやりがある				

（3）スクールワイドSST（第1層）を実施する

　4月、運営委員会と職員会議で、SST実践についての提案をし、合意を得るとともに共通理解を図った。年度当初の職員会議の時間に、コーディネーターが説明を加えながら、全教職員の理解と練習のためのリハーサル（5分）を実施した。その後、予定のエクササイズの内容や年間計画、指導上の留意点や評価等の具体的な方法を説明し、実施の依頼をした。

　4月末より、各教室で担任教師が学級の児童（交流している特別支援学級在籍児童を含む）を対象に、ペアやグループを替えながら同一エクササイズを2～3回継続して実施し、1年間で計25回のSSTを実施した（表7-3）。

　保護者へは、4月のPTA総会の場を活用して、校長がSSTの内容と意義、Q-Uの内容と実施について説明をした。後日、SST実践の実施について文書で説明・周知をした。

　児童への直接的なSST実施者は担任教師であり、それを管理職・教務主任・コーディネーターで支えるという校内支援システム（仕組み）を整備し運用した。各教師の取り組みの内容とそのねらいを表7-4に示す。

　管理職（校長・教頭）は企画、システム運用のサポート、外部関係者との連携、教師全体の動機づけ等に係る役割を、教務主任は教育計画と教師への指導に係る役割を、コーディネーターはSST実践の実務と担任教師への支援等に係る役割を担った。

表7-4　スクールワイドSST（第1層）の実施に伴う担任教師・管理職・教務主任・特別支援教育コーディネーターの取り組み

取り組み	ねらい
【担任教師】	
SSTの実施：実践方法を理解し、担任教師が学級でSSTを実施	…児童のスキルの向上、学級経営への効果
実践の評価：児童の参加の様子を観察、ワークシートの点検	…実践方法の改善、担任教師のモチベーションの向上
般化の促進：SST実践での話し方、聞き方等を授業や日常活動で活用	…児童のスキルの向上、担任教師の指導の質の向上
【管理職（校長・教頭）】	
協議の企画：校内システム整備運用のための学校改善運営委員会の開催	…合意と共通理解に基づくSST実践のスタート
保護者説明：PTA総会での学校経営方針とSST実践、Q-U実施の説明	…保護者への理解啓発
保護者理解：PTA総会に出席した保護者全員参加のSSTの実施	…保護者のSST実践の体験、保護者の理解促進
教師の支援：担任教師やその他の教師をSST実践校へ視察派遣	…教師のSSTへの理解促進、実践への動機づけ
外部と連携：SVとの連絡調整、SVへの指導に関する具体的な依頼	…SST実践の効果促進、担任教師の力量向上
情報の発信：SST実践のホームページ掲載	…保護者・地域への情報の発信、教育活動の理解啓発
【教務主任】	
実践の計画：SST実践のスケジュールの作成と検討	…全教育活動におけるSST実践の位置づけの明確化
研修の実施：研修会（SST実践方法、Q-U活用）の企画運営	…教師の力量向上、理解促進
教師へ説明：教師への提案と説明（SST実践の実施、Q-Uの実施）	…全教師の共通理解促進と円滑な活動の推進
般化の励行：SST実践で身につけたスキルの授業への導入の励行	…SSの般化、児童の授業への参加度の向上
【特別支援教育コーディネーター（Co）】	
実践の計画：実践プログラムの作成と検討	…全教師の共通理解のもとでのSST実践の実施
教師へ提案：教師への提案と説明（SST実践方法、Q-U活用方法）	…全教師の共通理解促進と円滑な活動の推進
教師の練習：打ち合わせ時に行う次のエクササイズのリハーサル	…全教師でのリハーサル（スタッフトレーニング）
教材の作成：児童用プリント、振り返りワークシートの作成	…担任教師の負担軽減、全学年の系統性の確保
実践の評価：毎週木曜日業後の打ち合わせ時のフィードバック	…担任教師のねらいの明確化、実践方法の改善
教師の相談：SST実践についての悩みや困っていることへの相談	…教師のモチベーションの回復、実践方法の修正
実践の修正：随時、実践プログラムの修正	…学年や学級の実態に応じた内容への変更
【管理職・教務主任・特別支援教育コーディネーター（Co）】	
実践の評価：毎SSTタイムに教室を回って観察、写真撮影	…児童観察、SST実践の評価、記録の作成
実践の改善：コーディネーター会議での情報共有と対応策の協議	…課題解決のための方策の検討、SST実践内容の充実
SSTの実施：他学級のSSTを参観できるように担任教師に代わって実施	…担任教師のSSTの理解促進、児童への動機づけ

E小学校では、業務後の教職員打ち合わせを週2回（月曜、木曜）行っていた。スタッフトレーニングは、エクササイズが替わる週の月曜日夕刻の打合せ時に、5分程度の時間をとって実施した。コーディネーターBが木曜日にスタートするエクササイズの説明（インストラクション）をし、モデルを見せ（モデリング）、実際に体験させ（リハーサル）、その後実践上の留意点を補足説明（フィードバック方法の説明）した。また、木曜日朝に各教室で行われているSSTを、管理職・教務主任・コーディネーターが巡回しながら観察・記録し、その日の業務後の打ち合わせ時にコーディネーターが気づきや振り返りを伝えた。

　SSTを継続する中で発生する時間超過や担任教師の理解の差、SSTへの参加困難児童への対応等の課題には、コーディネーターが相談にのり、担任教師の支援をした。検討課題が生じた時には、コーディネーター会議を開催し、対応策を検討した。

（4）取り出し小集団SST（第2層）を実施する

　12月、コーディネーター会議を開催し、Q-U②（2回目）の結果と日常の観察（第1層のスクールワイドSSTでの活動の様子や日常的な教室での活動での様子の観察）をもとに、他者とのかかわりの面での支援が必要であり、取り出し小集団SSTを実施したほうがよいであろうと思われる児童を検討した。ただし、取り出し学習支援と同じ時間に実施するため、学習支援が必要な児童はそちらを優先し、学習支援が必要なほどの学習面の困難さがみられない児童の中から対象児を抽出した。候補となった児童については、12月の個人懇談会で担任教師が保護者への説明と参加の意向確認を行い、また児童本人にも担任教師が説明と参加意思の確認を行った。

　12月後半より、コーディネーターB（通級指導教室担当者）が、取り出された児童を対象に、通級指導教室で小集団SSTを実施した。例えば、ジェンガ[8]のような、小集団で楽しくコミュニケーションスキル（あいさつや声かけ等）の練習ができるようなゲームを導入し、取り出し小集団SST（第2層）を実施した。

3　スクールワイドSST（第1層）を実施した結果とその考察

（1）児童へのアンケートの結果から考察する

　実践終了後の児童へのアンケートの結果を図7-3、図7-4に示す。

　全校児童のSSTについての自由記述を単語頻度分析した結果、「良い」「楽しい」「嬉しい」というポジティブな単語が上位を占め、さらに「自分」「友達・友だち・ともだち」「人」等の人や集団とのかかわりに関する単語も頻度が高かった（図7-3）。これらより、児童がSSTの活動をポジティブに捉えていることと、SSTを通して対人関係に注目していることが示された。

第Ⅲ部 「集団」への支援② －「行動面」の困難さに着目して

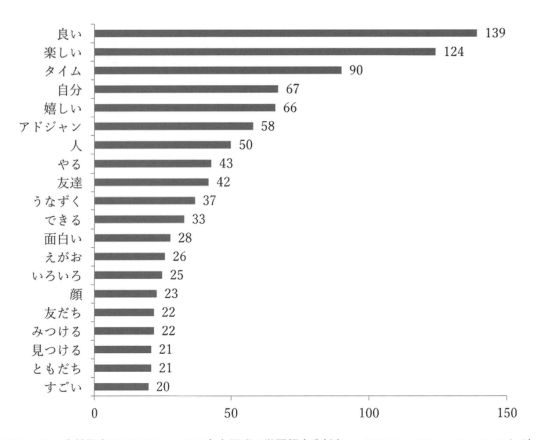

図7－3 全校児童のSSTについての自由記述の単語頻度分析（n＝315, Text Mining Studio による）
注：頻度分析対象単語は，同一単語であっても，漢字の使用の有無によりそれぞれ独立して計上されている（例：友達・友だち・ともだち，みつける・見つける）。アドジャンはエクササイズの名称を示す（表7－3，参考②）。

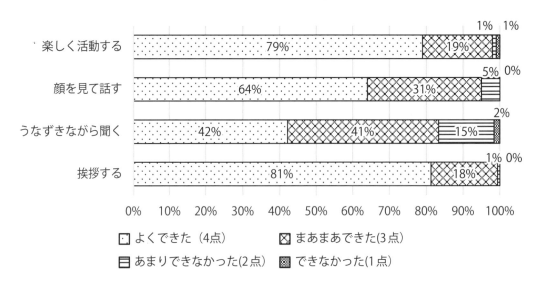

図7－4 全校児童の活動意欲とスキル実施の自覚に関する自己評定（n＝315）
注：問1「楽しく活動する」，問2「顔を見て話す」，問3「うなずきながら聞く」，問4「挨拶する」に，4よくできた，3まあまあできた，2あまりできなかった，1できなかった，で回答する4件法質問紙で自己評定した。

全校児童のスキル実施の自覚に関する自己評定の割合は、「楽しく活動する」「あいさつする」は、「よくできた」「まあまあできた」が98%、99%を占め、「うなずきながら聞く」は83%だった。ねらいとするスキルに関しては、「あいさつする」「話す」「聞く」の順にできたと評定していた（図7－4）。

　SSTの成否は、子ども同士でかかわる機会を増やし、本当に面白く楽しい活動することにかかっている[9]が、児童の自由記述の単語頻度分析（図7－3）では、ポジティブな単語や人や集団とのかかわりに関する単語の頻度が高く、児童が楽しみながら活動に参加していることが読み取れる。また、図7－4の自己評定項目「楽しく活動する」では、児童が楽しく活動していることが分かる。週1回のSSTを楽しみにしている児童が多く、楽しくかかわりを体験できる有意義な時間であったことが確認できた。

　図7－3では、児童は「あいさつする」「話す」「聞く」の順に自分自身のスキルの実施を評価しており、「聞く」に関する評価が低かった。しかしながら、児童が話す人の方を見て聞くようになったことや、全校集会での話の聞き方がよくなったことが観察されており、児童の聞き方に関するスキルの向上が確認されている（後出の表7－8を参照）。この異なった結果は、設問にある「うなずきながら」という行為が児童にとって難しかったであろうことによると考えられる。設問に課題が残った。

（2）評定尺度得点の結果から考察する

　5月と10月のQ-U各得点（承認得点、被侵害得点、友達関係得点、学習意欲得点、学級の雰囲気得点）を対応のあるt検定で分析した（表7－5）。有効回答数は、低学年（2、3年生）99名、高学年（4～6年生）156名であった。

　5月からの5か月間で、高学年の承認得点（両側検定：$t(155) = 2.27, p < .05$）、被侵害得点（両側検定：$t(155) = 3.82, p < .001$）、友達関係得点（両側検定：$t(155) = 2.28, p < .05$）、に関して、有意な正の変容が認められた。高学年には学校適応の問題が顕在化し

表7－5　2～6年生（255名）のQ-U各得点平均値の比較

	2、3年生（99名）			4～6年生（156名）		
	5月	10月	t値	5月	10月	t値
承認得点	18.6 (4.1)	18.7 (3.8)	0.24	19.6 (3.2)	20.2 (3.2)	2.27*
被侵害得点	11.5 (4.0)	11.1 (4.0)	1.23	9.5 (3.6)	8.6 (3.0)	3.82***
友達関係得点	10.2 (1.9)	10.4 (1.7)	1.40	10.6 (1.5)	10.8 (1.4)	2.28*
学習意欲得点	10.2 (1.7)	9.9 (2.0)	1.79	10.1 (1.6)	10.0 (1.7)	0.79
学級の雰囲気得点	10.6 (1.7)	10.9 (1.5)	1.82	10.8 (1.4)	11.0 (1.3)	1.79

*** $p < .001$　** $p < .01$　* $p < .05$　（　）内は標準偏差
注：被侵害得点は、プラスの変容があると得点平均値が下がる。その他の得点は、プラスの変容があると得点平均値が上がる。

ていた児童が複数在籍しており、前年度（第6章）のSST実践では4年生、5年生のQ-U各得点平均値には有意な正の変容が認められなかった。しかし本年度（第7章）のSST実践では、1学年上がった5年生、6年生を含む高学年の方に、有意な正の変容がより多く認められた。低学年については有意な正の変容が認められなかった。

さらに、児童の測定尺度の得点結果の程度によってQ-Uの各得点（承認得点、被侵害得点、友達関係得点、学習意欲得点、学級の雰囲気得点）の変容に違いが出たかを検討するために、

表7－6 低学年（2、3年生）のQ-U各得点の低群・高群別の変化

		5月		10月		F		
		低群	高群	低群	高群	指導経過要因（被験者内）	児童間要因（被験者間）	交互作用
	N	28	35	28	35			
承認得点	MEAN	14.0	22.4	16.8	20.8	1.98	112.04***	25.96***
	SD	2.9	1.6	3.6	3.1			
被侵害得点	MEAN	15.0	8.8	12.6	9.6	3.07	33.79***	11.33***
	SD	3.7	2.9	4.0	3.9			
友達関係得点	MEAN	8.3	11.7	9.4	11.5	9.93**	75.66***	18.54***
	SD	1.9	0.6	2.0	0.7			
学習意欲得点	MEAN	9.0	11.2	8.8	10.9	1.37	32.38***	0.23
	SD	2.2	0.9	2.3	1.2			
学級の雰囲気得点	MEAN	9.1	11.8	10.2	11.5	7.27**	38.32***	19.35***
	SD	2.0	0.4	2.0	0.7			

*** $p < .001$ ** $p < .01$ * $p < .05$
注：被侵害得点は、プラスの変容があると得点平均値が下がる。その他の得点は、プラスの変容があると得点平均値が上がる。

表7－7 高学年（4～6年生）のQ-U各得点の低群・高群別の変化

		5月		10月		F		
		低群	高群	低群	高群	指導経過要因（被験者内）	児童間要因（被験者間）	交互作用
	N	46	44	46	44			
承認得点	MEAN	16.1	23.0	18.0	22.6	7.63**	179.40***	18.93***
	SD	2.7	1.3	3.2	1.9			
被侵害得点	MEAN	13.2	6.6	10.5	6.8	22.24***	123.26***	27.07***
	SD	3.1	1.3	3.6	1.4			
友達関係得点	MEAN	9.0	11.8	10.0	11.8	9.74**	147.49***	11.73***
	SD	1.5	0.5	1.5	0.6			
学習意欲得点	MEAN	9.1	11.2	9.4	11.0	0.14	50.64***	2.31
	SD	1.7	0.9	1.8	1.1			
学級の雰囲気得点	MEAN	9.7	11.8	10.4	11.6	4.35*	62.72***	17.05***
	SD	1.5	0.4	1.5	0.8			

*** $p < .001$ ** $p < .01$ * $p < .05$
注：被侵害得点は、プラスの変容があると得点平均値が下がる。その他の得点は、プラスの変容があると得点平均値が上がる。

小林ら（2017）[10]を参考に5月のQ-U得点結果を用いた群分けを行った。群分けは、被侵害得点を他4得点と同様に上位が高得点になるように換算した上で、全児童のQ-U得点を低学年・高学年別に集計し、平均値＋標準偏差以上を高群、平均値－標準偏差以下を低群とした。群分けの結果は、低学年は低群（＜63.0，28名）・高群（＞73.2，35名）、高学年は低群（＜67.4，46名）・高群（＞76.1，44名）であった。群分け後、低学年・高学年別に、指導経過要因（5月・10月）と児童間要因（低群・高群）を独立変数とする二元配置分散分析を行った（表7－6、表7－7）。

低学年（表7－6）の被験者内の指導経過要因（5月・10月）で有意な差があったのは、「友達関係得点」（$p < .01$）、「学級の雰囲気得点」（$p < .01$）で、被験者間の児童間要因（低群・高群）では5得点全てに有意な差（$p < .001$）があった。交互作用で有意な差（$p < .001$）が認められたのは「承認得点」「被侵害得点」「友達関係得点」「学級の雰囲気得点」であった。さらに、単純主効果の検定を行ったところ、「被侵害得点」（$p < .001$）、「友達関係得点」（$p < .001$）、「学級の雰囲気得点」（$p < .001$）では、低群のみに指導経過要因に有意な差があった。「承認得点」は、低群（$p < .001$）、高群（$p < .01$）ともに、指導経過要因に有意な差があった。

高学年（表7－7）の被験者内の指導経過要因で有意な差があったのは、「承認得点」（$p < .01$）、「被侵害得点」（$p < .001$）、「友達関係得点」（$p < .01$）、「学級の雰囲気得点」（$p < .05$）で、被験者間の児童間要因では5得点全てに有意な差（$p < .001$）があった。交互作用で有意な差（$p < .001$）があったのは「承認得点」「被侵害得点」「友達関係得点」「学級の雰囲気得点」であった。さらに、単純主効果の検定を行ったところ、「承認得点」（$p < .001$）、「被侵害得点」（$p < 001$）、「友達関係得点」（$p < .001$）、「学級の雰囲気得点」（$p < .001$）では、低群のみに指導経過要因に有意な差があった。

測定尺度の得点結果について考察すると、Q-U各得点平均値の低学年・高学年の比較（表7－5）で、有意な正の変容がみられたのは高学年の承認得点・被侵害得点・友達関係得点であった。石川ら（2007）は、学年が高いほうがスキルの得点が低く、年齢を経ることによって周囲の人間との正確な比較が可能になり、必要とするスキルの水準も高くなるために、自己に対する社会的スキルの評定が厳しくなる可能性がある[11]と指摘している。しかしながら本章（第7章）におけるSST実践では、前章（第6章）で有意な正の変容が認められなかった4、5年生（本章では5、6年生に進級した）を含む高学年の方に有意な正の変容が認められた。自己に対する評定が厳しくなる可能性がある高学年の児童も、学級集団SSTを継続的に行い、回数を重ねることでスキルを少しずつ獲得し、学級内の他児との関係がスムーズになり、その結果、承認得点・被侵害得点・友達関係得点の自己評定が高まったと考えられる。その一方で、低学年では有意な正の変容が認められなかった。高学年になると、表面的な行動よりも、相互の信頼関係が友人意識の中核となってくる[12]が、低学年児童の自己評定が高学年に比べて表面的な傾向にあるために、自己評定得点の変容が小さかったのではないかと推測される。

さらに、Q-U各得点の低群・高群別の変容へと論を進める。低学年（表7－6）、高学年（表

7-7）ともに、全ての得点において児童間要因で有意な差がみられ、交互作用においても学習意欲得点を除いて有意な差がみられた。指導経過要因では、低学年は2得点項目に、高学年は4得点項目に有意差があった。これは、5月時点で低かった低群の得点が10月時点で大きく上昇し、併せて、5月時点で高かった高群の得点が10月時点で維持または微減した結果と考えられる。実際、10月時点の高群の結果は低群の結果より依然として高く、高群の学級満足度も学校生活意欲も問題はない。単純主効果の検定結果では、低学年の3得点項目、高学年の4得点項目で、低群のみに指導経過要因に有意な差があり、低群児童の自己評価の高まりが明らかになった。

SSの程度の低い児童は、学級への集団SSTによって自己評価に変化が起こらなかったという報告がある[13]。それに対し、本実践研究では、自己評定に有意な変容のある得点項目が半数以上あったのは低群児童であり、より顕著だったのは、高学年の低群児童だった。低群児童にとって、SSTタイムがスキルの練習の場であると同時に、他児とかかわる貴重な機会であった。低群児童は、単発の集団SSTではなく、長期間（1年間）にわたって継続的に短時間SSTを繰り返すことでスキルが向上し、他児とのかかわりが良好になったために自己評定が高まった、という可能性が示唆された。

（3）教師による観察及び教師の自由記述の結果から考察する

SST実践終了時期の教師（21名）の観察結果記録と実践終了後の自由記述を、SST指導者である担任教師以外の3名で合議し、児童の変容、教師の変容、校内システム、実践方法、その他の5項目に分類し妥当性を検討した（表7-8）。

表7-8　教師による観察の記録と自由記述（N＝21）

【児童の変容】 児童のスキルが高まった（14：話し方5、聞き方3、あいさつ6）／児童がスキルを意識するようになった（8）／授業や日常生活での般化がみられた（9：話し合い活動8、全校集会1）／児童間の関係がよくなった（11）
【教師の変容】 教師が自身のスキルを意識して指導するようになった（15：話し方4、聞き方5、あいさつ6）／教師が児童のスキルを意識して指導するようになった（5）／授業方法が変化した（5）／教師のスキルが高まった（3）
【校内システム】 SSTのやり方をCoに教えてもらえたので安心して取り組めた（7）／毎回コーディネーターの先生にSSTのフィードバックをしてもらえたので留意点を確認できた（3）／他学年のSSTを観る機会があってよかった（3） 【実践方法】 全校で取り組めたのがよかった（7）／毎週木曜日朝に時間を設けて定期的に続けたのがよかった（4：スキルの向上3、普段の授業に生きる1）／短い時間だから無理なく続けることができた（2）／小さいうちから行うことの良さが分かった（1）／エクササイズが子ども同士のかかわりのきっかけになった（4）／特別支援学級の児童にとって通常の学級の児童と話せる・聞いてもらえる大切な機会だった（1）
【その他】 有意義な取り組みなので続けていきたい（6）／子どもの楽しむ姿が嬉しかった（2） 改善点（15：方法の見直し6、エクササイズの見直し5、慣れへの対応3、個別SSTの必要性1）

注1：（　）内の左の数字は人数、：の右はその内訳を示す。1名が内訳の内容を複数記述していた場合は、その両方に計上した。
注2：表内にある「Co」は、コーディネーターを示す。

児童の変容については、児童の話し方、聞き方、あいさつに関するスキルが高まったこと、児童がスキルを意識して行動するようになったこと、授業や日常活動で身についたスキルを活用する等の般化が観察されたこと、児童間の関係がよくなったことが挙げられていた（表7−8）。具体的には、「話せなかった子が話せるようになった」「話す人を見て話を聞くことができるようになった」「普段話さない児童同士が話すことで関係がよくなった」「児童間のトラブルが減った」「対人関係に課題のある児童だけでなく学級児童全体のスキルが高まった」というスキルの向上に関する記述や、「授業中、SSTタイムのようにとの声掛けで上手に話し合えるようになった」「教室内だけでなく、体育館内の全校集会での聞き方もよくなった」等のスキルの活用に関する記述があった。

　教師の変容については、教師が自身の話し方・聞き方・あいさつに気をつけて指導するようになったとのべ15名が記述しており、そのうち13名が経験年数10年未満の教師であった。また、児童のスキルを意識して指導するようになったこと、授業で少人数の話し合いを多設するようになったこと等、授業方法の変化があげられた。

　校内システムについては、コーディネーターによるスタッフトレーニングや毎SST後のフィードバックの意義について計10名の担任教師が記述しており、そのうち7名が経験年数10年未満で、3名が経験年数10年以上20年未満であった。また、他学年のSSTを観る機会があってよかったことがあげられている。これは、SST実践の途上で、「他の先生の実践を見たい」「活動に慣れて新鮮味が薄れてきた」という担任教師から出された課題に対応するために、担任教師以外の教師も含めSSTの指導者を全面的に入れ替え、空いた担任教師が他の教師の実践を参観できる機会を数回設けたことから出された記述だった。

　実践方法については、全校で取り組めてよかったと7名が記述していた。毎週朝に時間を設けて継続して行ったこと、15分という短い時間だから続けることができたという担任教師の記述も複数あった。特別支援学級担任からは、特別支援学級の児童にとって大切な機会であったという記述があり、有意義な交流及び共同学習の場であったことが示された。その他、SSTを続けたいという要望や改善点の提案があった。

　これらの結果を踏まえ、考察をする。学級全体に対するSSTは、対象児のみならず、周囲の児童のスキルも向上するために、個別のSSTよりもトレーニングの般化効果が期待でき、学級全体のスキルを向上させれば、全児童が相手の行動変容に対して敏感に気づくようになる[14]。本実践でもSSTにより学級児童全体のスキルが向上し、児童相互のかかわりや学級の雰囲気が良好になった結果、低群児童にとって学級内で承認されている、あるいは侵害されないと感じられるようになり、それも自己評定が肯定的に変容した一つの要因と考えられる。高群児童も自身のスキルだけでなく他児の行動変容に気づくようになり、互いの変容を認め合う雰囲気が醸成されたとも推測される。実際、表7−8では、児童間の関係がよくなったと11名の教師が記述している。児童間のトラブル多発やコミュニケーションの課題等、児童の実態から生じた課題が改善の方向に進んだ。

　では、教師に視点を移して考察を進める。コーディネーターがスタッフトレーニングと毎

SST後のフィードバックを行ったが、経験年数10年未満の担任教師の多くが、教えてもらえたので安心して取り組めたと記述している。経験の少ない担任教師にとって、負担なく実践できるシステムだったといえる。また実践途上で、要望により他の教師の実践を参観できる機会を設けたが、このような運用上の課題に柔軟に対応できる仕組みも有効だった。

加えて、児童のスキルが向上し般化がみられたと多くの教師が感じている。児童だけではなく、教師もスキルを意識して指導するようになり、話し合い活動を授業に積極的に取り入れる等、授業方法が変化したと認識している。教務主任は年間行事計画の中にSST実践のスケジュール（表7-2）を組み込み、全教師の共通理解を図りながら、SSTで身につけたスキルを発揮できるような授業づくりを励行した（表7-4）。その結果、授業の中で、発表者を見て聞く、うなずきながら聞く、ペア活動で肯定的に意見を交換するという児童の姿が見られるようになった。システム運用に際し、教務主任がスキルの授業への導入を励行し、担任教師がスキルを活かした指導を授業や日常活動に意識的に取り入れたことも重要なポイントであった。

実践方法については、全校で取り組んだのがよかった、毎週木曜日の朝に時間を設けて定期的に続けたのがよかった、短時間のため無理なくできたという記述が多かった。佐藤・相川（2005）は、学校全体でSSTを行うメリットの一つとして、継続的・発展的指導が可能という点をあげている[15]。本実践研究は「学校全体の取り組み」であるために、朝の15分という時間設定が可能となり、授業時間を保障した上での時間的に無理のないSST実践が可能になった。加えて、単発ではなく、SSTを継続的に重ねることができた。

以上のように、児童のスキルの向上と般化、児童間の関係の改善、教師の指導の変容、学校の教育課題の改善において、スクールワイドSSTの有用性が確認できた。

4 取り出し小集団SST（第2層）を実施した結果とその考察

（1）取り出し対象児童へのアンケートの結果から考察する

取り出し小集団SST（第2層）については、短期間（12月後半からの3か月半）であったこと、その実施期間に対応可能な評定尺度がなかったことから、取り出し対象児へのアンケートの結果と、関係教師の自由記述の結果から検討する。

12月当初のコーディネーター会議で、Q-U②（2回目、10月）の結果と日常の観察から取り出し小集団SSTの対象児の候補として検討されたのは17名であった。すでに通級による指導を受けている者と、取り出し学習支援を受けている者（時間が重複するために学習支援を優先した）を除外して対象児を絞り込み、さらに個人懇談会で保護者に説明と参加の意向確認を行い、取り出し小集団SSTへの参加児童は最終的に7名（2年生2名、3年生2名、5年生3名）になった。この7名の児童を対象に、コーディネーターB（通級指導教室担当者）が、12月後半から3月までに間に、計9回の取り出し小集団SSTを実施した。

表7-9　対象児童の取り出し小集団SST（第2層）に関する記述（N＝7）

	①ぐんぐんタイムがあったほうがいいと思う理由、②ぐんぐんタイムをどう思うか
2年男児	①みんなでできるから楽しい、②たのしくてうれしい。みんながたのしめるし、自分もたのしい
2年女児	①みんながニコニコになれるから、②とても楽しい
3年男児	①とにかくたのしい、②おもしろいし、このかつどうをすることで<u>友だちがふえる</u>
3年女児	①しらないがくねんのひとでも　たのしくできるから、②<u>たのしく人となかよくできる</u>
5年男児A	①まだ、<u>コミュニケーションをとるのが上手じゃないし、自分たちも大人になって大変だから今のうちにやっておきたいから</u>、②みんなでいっしょに遊んだり勉強をやったりして楽しくコミュニケーションを覚えられる場所
5年男児B	①楽しみながら　他学年と関われるから、②ふだんは他学年の人と遊んだり、ジェンガで遊ぶこともあまりないので、これからもつづけたいです。
5年男児C	①楽しいから。楽しいと友だちと仲よくできるから、②笑顔になれる所。<u>ぐんぐんタイムに行ってから友達と仲よくできるようになりました。</u>

注1：表にある「ぐんぐんタイム」は、取り出し小集団SST（第2層）を実施する時間を示す。
注2：アンダーライン部分は、結果及び考察に対応している記述を示す。記述は、全員、原文どおりに記載した。

表7-10　対象児童のスクールワイドSST（第1層）に関する自己評定（N＝7）

	問1	問2	問3	問4	自由記述
2年男児	4	4	3	4	友だちのいいところがわかった。
2年女児	4	4	3	4	みんなは　私のことをこう思っているんだと思った。みんなのすきな色や食べものをしることができた。とても楽しかった。おもしろかった。うれしかったです。
3年男児	<u>1</u>	<u>2</u>	<u>2</u>	3	<u>アドジャンいがいはそんなにたのしくなかった</u>
3年女児	4	3	3	4	やっているとき、自分がやったチームとかだとすごくたのしいし、みんなえがおでいやなかんじにもなっていなくてたのしかったし、たのしくないとおもったことがないほどたのしい。
5年男児A	4	4	4	4	にこにこタイムをやって　友達のいい所や自分のいいところも分かって、ほかのやつや<u>自分でも友達のいい所を見つけたいと思った。</u>
5年男児B	3	3	<u>2</u>	4	一年間で、初めての活動がたくさんあっておもしろかったです。先生が変わったことも初めてで、面白かったです。
5年男児C	<u>1</u>	3	4	4	相手の顔を見て聞いたり　友達のいい所を見つけるようになった。先生の話を聞くことができた。友達の話をうなずきながら聞くことができた。自分のいいところに気ずいていこうと思った。<u>にこにこタイムは楽しくやろうと思った。</u>

注1：問1「楽しく活動する」、問2「顔を見て話す」、問3「うなずきながら聞く」、問4「挨拶する」に、4よくできた、3まあまあできた、2あまりできなかった、1できなかった、で回答する4件法質問紙で自己評定した。
注2：アンダーライン部分は、結果及び考察に対応している記述を示す。記述は、全員、原文どおりに記載した。
注3：表7-10には、図7-3、図7-4にある全校児童対象のアンケートのうち、取り出し小集団SSTの対象児童7名分のみを取り出して掲載した。

対象児童7名への3月段階でのアンケート結果を、学年別に、表7-9に示した。「ぐんぐんタイムはあったほうがいいと思いますか（このぐんぐんタイムは、取り出し小集団SSTの時間を示す）」という設問に対して7名全員が「あったほうがいい」と答えており、その理由（①）と、ぐんぐんタイムをどう思うか（②）という設問への回答を原文通りに記載した。「楽しい」「なかよくできる」「友だちがふえる」という記述が多く、高学年になると、「コミュニケーションをとるのが上手じゃないし、自分たちも、大人になって大変だから　今のうちにやっておきたい」「ぐんぐんタイムに行ってから友達と仲よくできるようになりました」という、自分のかかわりの苦手さや自分の変容を意識した記述がみられた。

　次に、スクールワイドSST終了後の全校児童対象のアンケート結果（図7-3、図7-4）から、取り出し小集団SSTの対象者7名の回答を取り出して、表7-10に示した。スキル実施の自覚に関する自己評定では、問4の「挨拶する」では「4（よくできた）」が多く、問2「顔を見て話す」と問3「うなずきながら聞く」では、「2（あまりできなかった）」と

表7-11　教師の取り出し小集団SSTに関する記述

【取り出し小集団SST指導者】（N=1）
・SSTでは、始めはぎこちなくても、だんだんお互いを応援できるようになったり、笑顔で帰っていくことができたりしたので、必要だなと感じます。各クラスの先生も、ぐんぐんでがんばったこと、できたことについて子どもと共有してもらえると、子ども達のモチベーションがもっと高まるのではないかと思っています。
児童に関する記述
≪2年女児に関する記述≫
・表情がかたい時間が長かったのですが、5年生とペアを組んでフォローしてもらう中で笑顔が増えていきました。
≪3年男児に関する記述≫
・開始直後は「何で来るの?」と表情も暗かったが、だんだん笑顔が増えて、ちくちく言葉が減ってきました。終了時には、笑顔で「楽しかった」と言ってくれました。
≪5年男児Aに関する記述≫
・不安そうな表情から、はじけんばかりの笑顔に変わっていきました。「ジェンガをしても、みんながにこにこしてくれている」の言葉が印象的でした。

【学級に取り出し小集団SST対象児童が在籍する担任教師】（N=2）
2年生担任
・SSTグループでジェンガをやった○○君は、とっても晴れやかな顔で帰ってきていました。その後の授業も機嫌よく受けてくれたように感じます。他の子もぐんぐんから帰ってくると、いつも笑顔です。先生方にあたたかい言葉をかけていただいて感謝です。
3年生担任
・SSTグループに2人入りましたが、最初こそ「えーっ、行くの?」という反応でしたが、今では「いってきまーす。」と楽しそうにでかけます。教室の中での大きな変化はまだ感じられませんが、今後きっと効果が現れてくると思います。
児童に関する記述
≪3年女児に関する記述≫
・楽しいと言っている。
≪3年男児に関する記述≫
・面倒くさいと言いながら、行くときの顔つきが変わってきたと思います。嬉しそうに教室を出ていきます。

注1：下段の担任教師の記述は、「ぐんぐんタイム」に関する自由記述を求めたため、ほとんどの担任教師が取り出し学習支援について記述していた。取り出し小集団SSTについて記述していたのは該当担任教師5名のうちの2名のみだった。
注2：アンダーライン部分は、結果及び考察に対応している記述を示す。記述は、全員、原文どおりに掲載した。

答えている児童がいた。問1の「楽しく活動する」については、2名が「1（できなかった）」と答えており、そのうちの3年男児は「アドジャンいがいはそんなにたのしくなかった」と記述し、5年男児Cは「にこにこタイムは楽しくやろうと思った」と記述している。この2名にとって、毎週木曜日朝15分間の学級でのSSTでは、楽しく活動できなかったことが示された。一方、その2名は取り出し小集団SSTでは、3年男児は「とにかくたのしい」と答えており、5年男児Cは「笑顔になれる所。ぐんぐんタイム（取り出し小集団SST）に行ってから友達と仲よくできるようになりました」と答えている（表7－9）。学級全員で行うSSTと取り出し小集団で行うSSTでは、「楽しく活動する」ことについて差があったことが示された。

　最後に、教師の取り出し小集団SSTに関する記述を表7－11に示す。上段は、取り出し小集団SSTの指導者であるコーディネーターB（通級指導教室担当者）が記述したものである。7名の児童が、始めはぎこちなかったのが互いに応援できるようになり笑顔で帰っていくようになるという、児童のポジティブな変容が記されている。また特に3名の児童を取り上げ、開始時の様子からどのように変わっていったかが、具体的に記されている。

　下段は、学級に取り出し小集団SST対象児が在籍する担任教師の記述である。7名の児童は5学級から集まってきていたので、5名の担任教師の記述があるのが望ましいが、実際には取り出し小集団SSTについて記述していたのは2名のみであった。対象児童が、最初は反応がよくなかったものの今は楽しそうに出かけることや、晴れやかな顔で戻ってきてその後の授業も機嫌よく受けること等が記述されている。教室の中での大きな変化は感じられないが、今後効果が現れてくるであろうという期待を込めた記述もあった。

　以上の結果から、取り出し小集団SST（第2層）について考察する。確認のためにあえて繰り返すが、取り出し小集団SSTの対象は、取り出し学習支援と同じ時間（ぐんぐんタイム）であり、両方に該当する場合には学習支援を優先したため、学習面の困難さがみられない児童7名の小集団であった。取り出し小集団SST開始当初（12月後半）は、教室から取り出されての小集団SSTに抵抗感を示していたのが、回を重ねるうちに笑顔が増えたり楽しそうに活動したりするようになった（表7－11）。15分×9回の取り出し小集団SSTの終了時点では、7名の対象児童は、この時間を楽しめるようになっている（表7－9）。ただし、低学年に比べ、高学年では自分のコミュニケーションのとり方が上手くないことや、友だちと仲よくできないことを自覚していると思われる記述がある。取り出しでSSTを行う場合は、できるだけ早い段階（低学年）から開始することで、今後積み重ねていくであろう対人関係の苦手さを軽減できるのではないかということが示唆される。

　また、表7－10では、2名の児童（3年男児、5年男児C）が、学級でのSSTについての問1で、楽しくなかった（自己評定4件法項目の1）と答えている。その一方でこの2名は、取り出し小集団SSTを楽しいと言い、笑顔になれると答えている。児童期の後半になると、子どもは友人に対して相互的な親密性や信頼感を求めるが、引っ込み思案の子どもは、自分から積極的に他児に働きかけることがなく、他児からの働きかけに対しても十分に応答でき

ないことが多い[16]。この2名は、学級児童全員でのSSTでは積極的に働きかけたり十分に応答できなかったりしたために、楽しく活動できなかったことが推測される。しかし、同年齢の学級という固定的な集団ではなく異年齢の開かれた集団でSSTを行うことで、活動を楽しめるようになったのではないかと推察される。このように、固定的あるいは多人数の集団では、コミュニケーションをとりにくい児童が存在しているのは事実であり、その意味でも、第2層にあたる取り出し小集団SSTは意義があると考える。

5 SST実践の土台となる校内支援システムの検討

（1）SST実践を支えた校内支援システムを分析する

　次に、継続的な短時間SST実践の土台となった校内支援システムについて検討を進める。校長を含む教職員の役割を検討し、各学校で再現可能な校内支援システムについて考察する。校内支援システムの構築及び運用過程で、担任教師、校長、教頭、教務主任、コーディネーターA〜C、学年主任、養護教諭のうちどの立場の者が中心的にかかわったかを整理して表7－12に示した（各立場別の取り組みの詳細は、表7－4を参照）。最も中心的なかかわりをした者（◆）、中心的・積極的なかかわりをした者（●）、補助的・部分的なかかわりをした者（○）、かかわりのない者（空欄）のそれぞれについての役割を見ると、支援システムの構築過程においては、校長と、コーディネーター、教務主任が中心的な役割を果たしていることが示された。また、構築過程におけるSVへの依頼と保護者への説明は、管理職が行った。

　運用過程に目を向けると、実践に向けては、主にSST実践を担当したコーディネーターBと教務主任が、プログラムの作成や教職員への提案や説明、研修の計画・立案等の中心的な役割を担った。

　第1層のSST実践（スクールワイドSST）では、コーディネーターBによるスタッフトレーニングを経た担任教師が、各教室でSSTを実施し、児童の評価までを行った。その様子を、管理職・教務主任・コーディネーターは教室を回って観察し、実践の評価を行った。これが、コーディネーター会議での見直し改善の検討に役立った。

　第2層のSST実践（取り出し小集団SST）では、コーディネーター会議（管理職・教務主任・コーディネーター）で対象児を検討し、対象児本人と保護者への説明と参加の確認、周囲の児童への説明は、管理職やコーディネーターのサポートを受けながら担任教師が行った。そして、実際の取り出し小集団SSTの指導者はコーディネーターBだった。

　これらのように、校内支援システムの構築過程では管理職と教務主任とコーディネーターが中心となって行ったこと、運用過程ではコーディネーターBが教務主任や他2名のコーディネーターと連携しながら、担任教師をサポートしたことが示された。保護者へは、基本的に担任教師が連絡や説明を行ったが、ここでも管理職をはじめ、コーディネーター、教務主任で担任教師をサポートした。第5章におけるスクールワイドの学習支援と同様に、本章

表7-12 スクールワイドの行動支援に関するシステムの構築及び運用過程における立場別のかかわり方一覧

	事項 \ 立場	担任	校長	教頭	教務	CoA	CoB	CoC	学主	養教
構築過程	学校改善運営委員会での実践方法の検討		◆	○	●	●	●	/	○	○
	コーディネーター会議での役割分担の検討		◆	○	●	●	○	/		
	実践スケジュールの立案と検討		○	○	◆	●	●	/		
	委員会、職員会等での提案、協議、共通理解	●	○	○	●	○	◆	○	●	○
	SVとの連絡調整、SVへの依頼		◆	●	○		○			
	保護者への説明（プレゼン、文書）	○	◆	●					○	
運用過程	実践に向けて	ターゲットスキルの決定		●	○	●	●	◆	○		
		プログラムの作成				○		◆			
		教職員への提案と説明	●	○	○	●	○	◆	○	○	○
		研修会の計画・立案				◆	●	●			
		Q-Uやアンケート実施の説明	○			◆		●	○	○	
		視察派遣の計画		●	●	◆					
	第1層実践	教材・プリントの作成	○					◆			
		エクササイズの練習（スタッフトレーニング）	○	○	○	○	○	◆			
		全学級でのスクールワイドSSTの実施	◆					●	●	●	
		SSTタイムの即時評価（児童の評価）	◆					●	●	●	
		〃　　　　　（実践の評価）	●	●	●	●	●	◆	●		
	第2層実践	取り出し小集団SST対象児童の検討	○	●	●	●	●	◆	●		
		本人への説明と参加の確認	◆				○	○	○		
		保護者への説明と参加の確認	◆	○	○	○	○	○	○		
		学級児童全体への説明	◆			○					
		取り出し小集団SSTの実施	○					◆			
	評価	担任教師の支援、相談	○			●	●	◆		○	○
		実践の即時評価と修正	○					◆	○	○	
	研修の実施、視察派遣の実施		●	●	◆	○	○			
	コーディネーター会議での見直し・検討		●	○	●	●	◆	○		
	授業でのスキルの活用の励行				◆	○	○			
	情報（学校の取り組み）の発信		○	◆						

注1：◆…最も中心的なかかわりを示す。●…中心的・積極的なかかわりを示す。○…補助的・部分的なかかわりを示す。
注2：「Co」はコーディネーター、「教務」は教務主任、「学主」は学年主任、「養教」は養護教諭を示す。

のスクールワイドの行動支援でも、校内支援システム構築・運用過程において、露口（2008）の指摘[17]にあるように、管理職（主に校長）はシステムの未整備状態から構築に向かう初期過程において中心的・積極的なかかわりをしたことや、システム運用過程において、ミドルリーダーであるコーディネーターと教務主任がリーダーシップを発揮して、担任教師を支えていることが示された。

　第7章では、3名のコーディネーターが、実践全体の計画、教職員への提案、SSTの内容や方法に関する事項（プログラム作成・プリント等の作成・スタッフトレーニングの実施）の検討、取り出し小集団SSTの実施、担任教師のサポート、研修会の企画運営、実践の評価（観察助言・評価尺度及びアンケート）等の多くの役割を果たした。コーディネーターAは主に連絡調整の役割を担い、コーディネーターBは専門性を要するSSTに係る役割を担い、コーディネーターCはコーディネーターBを補助した。SST実践においては、コーディネーターBを中心に頻繁に相談し合い、自分の担当する役割もそうではない役割も協働するという形で、3名で連携を図りながら校内支援システムを機能させた。これが1～2名だったら時間的・仕事量的に負担が大きく、実施は困難であったと思われる。

　しかし、重要なのは人数だけではない。E小学校のコーディネーターは、SST実践だけではなく、第1章・第2章の個への支援や、第5章の取り出し学習支援においても学校全体を動かすような取り組みをしている。これらの包括的な支援を進めていく中で、コーディネーター自身が成長した。教育的ニーズに気づく眼、個への支援を具現化するためのノウハウ、スクールワイドの支援を展開するための方略等を獲得し、彼ら自身の専門性と力量が高まったと考えられる。業務遂行可能な力量を備えたコーディネーターが「3名」いたから、校内支援システムの構築と運用が可能になったといえよう。

　さらに言えば、この3名のミドルリーダー（コーディネーター）を、校長、教頭、教務主任がサポートしたことが重要なポイントであり、その場を提供するという役割を担ったのがコーディネーター会議であった。第1章で記したが、当初は、より効果的な支援を実施するために、校内委員会を機能別に「校内委員会全体会」「ケース会議」「コーディネーター会議」の3つに分けた。そのうちのコーディネーター会議は汎用性が高く、本来の目的以外の用途や場面での活用が可能だった。第7章の実践においても、コーディネーター会議が、役割分担の検討、実践の評価、取り出し対象児童の検討、課題の検討を行う場となった。

　スクールワイドの取り組みを進めるためには、実施に伴う多様な事項を検討する場が必要である。E小学校では、コーディネーター会議が効果的に機能したからこそ、スクールワイドのSST実践が可能になったといえる。

（2）SST実践を実施するための校内支援システム構築及び運用の要件を整理する

　以上、SST実践を支えた校内支援システムについて検討を進めてきた。これを踏まえ、校内支援システム構築及び運用の要件を、次の8点に整理する。

① 事前の校内検討の場を設ける
② 役割分担とスケジュールを明確にする
③ 児童の実態に応じたターゲットスキルを設定し、プログラムを作成する
④ 学校の実情に合った効果的な実施時間を設定する
⑤ 取り出し小集団SSTの対象児童を測定尺度等（例えばQ-U）の結果及び観察に基づいて検討する
⑥ 保護者・本人への説明及び参加の確認を担任教師が行う
⑦ 第1層は担任教師が学級児童へ、第2層は担任教師以外の指導者チームを編成し（対象が少ない場合は指導者1名も可）、取り出した児童への行動支援に当たる
⑧ システム運用時の課題や配慮事項を検討する場を設ける[18]

各学校において、上記の要件を整備すれば、継続的な短時間SST（スクールワイドの行動支援）は実現可能なものになるであろうと提言したい。

6 学校全体で取り組む継続的な短時間SST実践に関する総合考察と今後の課題

第7章では、行動面での教育的ニーズのある児童への行動支援方法としてSSTを導入し、学校規模での行動支援を実施した。前述したように、学校に在籍する全ての児童を対象としたSST実践[19]の結果、児童のスキルの向上と般化、児童間の関係の改善という効果が明らかになった。中でも、児童の自己評定において、低学年より高学年により大きい有意な正の変容が認められ、自己評定の高い群より低い群により大きい有意な正の変容が認められた。高学年や自己評定の低い群は正の変容が起きにくい[20]という指摘があるが、本実践においては、高学年や自己評定の低い群に正の変容が認められた。具体的には、前章（第6章）では学校適応の問題が顕在化していた児童が複数在籍しているために有意な正の変容が認められなかった学年（第6章では4、5年生）を含む高学年の方に、翌年（第7章）、有意な正の変容が認められた。すなわち、正の変容が起きにくいと考えられる群や、前年度の半年間で正の変容が起きなかった学年に、有意な正の変容が生じたということが本実践（第7章の実践）の特徴ともいえる。その要因として、短時間であったこと、継続的であったことが挙げられる。

まず、短時間であったことについて考察する。教師の立場からみても時間的な負担が少なく、児童の授業時間を保障できるという側面はもちろん、かかわりの苦手な児童にとっても短時間であることで、精神的な負担が少ないと考えられる。1回あたりの時間が短く、その回数を積み重ねたことに意味があると考える。

継続的に実施したことも有意義であった。毎週1回のSSTの時間が、教室の中で実際にかかわりを体験する機会であり、それを1年間、継続的に実施したことが有意義であった。

SSTタイムは、スキルの練習の場でもあるが、それと同時に、実際に学級の他児とコミュニケーションをとる場でもあった。互いの好みや良さを言い合う中で、このように会話をすれば他児とコミュニケーションが図れることに気づいた児童や、SST（にこにこタイム）が相手と仲よくなるきっかけになったという児童がいた。継続的に、長期間にわたってかかわりを体験することで、何もなければかかわることもなかった他児とかかわり、相手がどんな子かを知り、相手とのかかわり方を習得していったのではないかと推察される。

　佐藤ら（2005）は、学校全体でSSTを行うメリットの一つとして、継続的・発展的指導が可能[21]という点を挙げている。第7章の取り組みは、学校全体で取り組むSST実践であるために、毎週1回の朝15分という、授業時間を保障した上での時間的に無理のない時間設定が可能になった。だからこそ、授業時間を使った単発的な集団SSTではなく、継続的・長期的な集団SSTを実現することができた。

　また、学校全体でのスクールワイドの取り組みだからこそ、校内支援システムを構築し運用することができた。効果的な時程を組む、担任教師をサポートする、校内連携を図る等が可能になった。スクールワイドだからこそ、児童は学年が上がっても担任間・学年間の相違を感じることなく、身に付いたスキルを維持できる可能性がある。さらに低学年、中学年、高学年の発達段階を見通した支援方法について教職員間で検討を進めることもできる。学校全体でのスクールワイドの取り組みであったことが最も重要な要件であった考える。

　第7章での取り組みを振り返ると、特に学校に在籍する全ての児童を対象に行う1層目のスクールワイドSSTが有効であった。スクールワイドであるが故に、多様な教育的ニーズのある児童に対応できる効果的な方法であり、より多くの児童の行動面の困難さを軽減できる方法であると考える。スクールワイドの取り組みでより多くの児童の行動面での困難さを軽減することができれば、公立小学校にあるさまざまな教育課題に対応できる可能性がある。また、飽和状態にある通級指導教室を、本当に必要としている重篤な状態にある児童に提供できるようになるであろうと期待できる。

　もちろん、学級集団のような多人数の中では支援が届きにくい児童や、個別の支援の方が有効な児童が存在するのも事実である。学校適応の問題が顕在化している児童も存在する。小集団でSSTを行うという発想や、さらには、通級指導教室等を活用した個に特化したSSTを行うという発想も必要であろう。多層の行動支援モデルは、多様な教育的ニーズのある児童への効果的な支援方法であると提唱したい。

　ただし本章における多層の行動支援モデルは、障害の発見・対応を目的とするRTIやSAMのような、対象を絞り込む多層モデルとは意を異にする。第1層のスクールワイドSSTは、第2層、第3層の取り組みが実施されている間も、それらと並行して1年間継続的に実施される。つまり全ての児童が、全教室でスクールワイドSSTを行っているのである。また、第2層を経ずに早い段階から第3層での通級指導教室での個に特化したSSTを受けているケースもあり、段階的に層を進むという概念を含まない。

　本実践は公立小学校という教育現場で行われたものであり、学校に在籍する多種多様な特

別な教育的ニーズのある児童を含む全ての児童への支援を具現化するための、スクールワイドの多層の行動支援であることを強調したい。

最後に今後の課題について述べる。第1層のスクールワイドSSTについては、第6章に引き続き実践を積み上げ、効果を明らかにすることができた。しかし、第2層の取り出し小集団SSTについては、3ヵ月半の取り組みであり、十分な検討を行うことができなかった。また取り出し学習支援と同じ時程で取り出し小集団SSTを行ったために、学習面と行動面の両方に困難さがある場合については、学習支援を優先せざるを得なかった。時程の設定に課題が残った。これらを改善した上で取り出し小集団SSTをさらに継続し、測定尺度を活用して効果を検証していく必要がある。

また、SST実践の効果検証では、統制群を設定する困難さと他の介入変数の除去が課題である[22]。E小学校におけるSST実践は1年間を通した取り組みであり、介入以外の多様な教育活動が行われていること、意識的に授業や日常活動へのスキルの般化を励行したことから、他の介入変数の除去ができなかった。さらに本実践研究は学校全体で取り組む実践であり、校内での統制群の設定は不可能であった。客観的な研究効果の検証のために、可能な形での統制群の設定等の効果の検証方法を検討する必要がある。

以上の課題はあるものの、校内支援システムを整備して行う学校規模での継続的な短時間SST実践の研究報告は他に例を見ない。この意味でも本実践研究は有意義であり、各学校の教育課題解決に寄与するものと考える。

【注及び引用文献】

(1) 堀部要子(2018) 小学校におけるクラスワイドソーシャルスキルトレーニングの導入方法の検討－全校体制での継続的な短時間SST実践の効果の分析を通して－. 人間発達学研究, 9, 91-102.（一部、改変あり）
(2) 足立文代・佐田久真貴(2015) ソーシャルスキルトレーニング実施が学級適応感や自尊感情に及ぼす効果について. 兵庫教育大学学校教育学研究, 28, 45-53.
(3) 例えば、Crone,D.A., & , Robert H. Horner,R.H.(2003) Building Positive Behavior Support Systems in Schools : Functional Behavioral Assessment. The Guilford Press.(野呂文行・大久保賢一・佐藤美幸他訳, 2013, スクールワイドPBS－学校全体で取り組むポジティブな行動支援－. 二弊社.) 子どもの問題行動に対して学校全体で積極的に支援するスクールワイドPBS(Positive Behavior Support)が米国で広がっている。スクールワイドPBSでは、はじめにすべての子どもに対するユニバーサルな学校・学級規模の介入が行われる。
(4) 武藤崇(2007) 特別支援教育から普通教育へ－行動分析学による寄与の拡大を目指して－. 行動分析学研究, 21(1), 7-23.
(5) 小野寺正己・河村茂雄(2003) 学校における対人関係能力育成プログラム研究の動向－学級単位の取り組みを中心に－. カウンセリング研究, 36(3), 272-281.
(6) D市の通級による指導は、「巡回方式」であった。拠点校に設置された通級指導教室の担当者が市内各校に赴き、通級による指導を行っていた。20XX-1年度までは、数名の児童が、来校した他校の通級指導担当者による指導を受けていたが、20XX年度に通級指導教室が設置されたことにより、指導を受けられる児童数が大幅に増えた。（第5章の【注及び引用文献】(4)の一部を再掲）
(7) 第7章の第1層（スクールワイドSST）に関する内容は、「堀部要子・樋口和彦・曽山和彦(2019) 学校全体で取り組む継続的な短時間SSTの有用性. 授業UD研究, 8, 73-87.」に基づく（一部、改変あり）。
(8) イギリス発祥のテーブルゲーム。54本の細長いブロックを互い違いに組み合わせた塔から、1本ずつ順番にブロックを抜いて、塔の上に積み上げていく。バランスを崩し塔が崩れたら負け。
(9) 小林正幸(2010) 対人関係のスキル・トレーニングを行う際の留意点. 児童心理臨時増刊, 64(15), 75-80. 金子書房.
(10) 小林朋子・渡辺弥生(2017) ソーシャルスキル・トレーニングが中学生のレジリエンスに与える影響について. 教育心理学研究, 65(2), 295-304.
(11) 石川信一・山下朋子・佐藤正二(2007) 児童生徒の社会的スキルに関する縦断的研究. カウンセリング研究, 40(1), 38-50.
(12) 小林真(2010) 人間関係の発達. 櫻井茂男編著, たのしく学べる最新発達心理学 乳幼児期から中学生までの心と体の育ち. 図書文化社. 125-142.
(13) 藤枝静暁・相川充(2001) 小学校における学級単位の社会的スキル訓練の効果に関する実験的検討. 教育心理学研究, 49(3), 371-381.
(14) 藤枝静暁・相川充(1999) 学級単位による社会的スキル訓練の試み. 東京学芸大学紀要, 50, 13-22.
(15) 佐藤正二・相川充(2005) 実践！ソーシャルスキル教育 小学校. 図書文化社.
(16) 小林真(2010) 前掲.
(17) 露口健司(2008) 学校組織のリーダーシップ. 大学教育出版.
(18) ここでは、コーディネーター会議が該当する。研修の実施、スタッフトレーニングの実施、校内人材が不在の場合はSVを招聘、状況や変化に合わせて実践課題に対応等、実践を進めるに伴う検討事項は多様であった。
(19) ここにある「学校に在籍する全ての児童を対象としたSST実践」とは、第1層のスクールワイドSSTを指す。通常の学級に在籍する児童だけでなく、特別支援学級に在籍する児童も含む。
(20) 「石川信一・山下朋子・佐藤正二(2007) 児童生徒の社会的スキルに関する縦断的研究」（前掲）では、年齢を経ることによって周囲の人間との正確な比較が可能になり、必要とするスキルの水準も高くなるために、自己に対する社会的スキルの評定が厳しくなる可能性があるとしている。
「藤枝静暁・相川充(2001) 小学校における学級単位の社会的スキル訓練の効果に関する実験的検討」（前掲）では、SSの程度の低い児童は、学級への集団SSTによって自己評価に変化が起こらなかったと報告している。
(21) 佐藤正二・相川充(2005) 前掲.
(22) 小野寺正己・河村茂雄(2003) 前掲.

第Ⅳ部

スクールワイドの
多層支援モデルの開発
−「個」と「集団」、「学習面」と「行動面」を
　包括する支援モデルへ

第8章　スクールワイドの多層支援モデルを開発する

第8章

スクールワイドの多層支援モデルを開発する

　本実践研究は、公立小学校に在籍する特別な教育的ニーズのある児童を含む全ての児童を対象とする、包括的な支援のためのスクールワイドの多層支援モデルの開発を目的とした。
　第Ⅰ部（第1章～第3章）、第Ⅱ部（第4章・第5章）、第Ⅲ部（第6章・第7章）では、校内支援システムを構築・運用して、「個」と「集団」への支援、「学習面」の困難さと「行動面」の困難さへの支援という包括的な支援を行い、その内容と方法及び校内支援システムについての検討と、効果の検証を行った。支援モデルは、各章の実践によって得られた結果を踏まえて開発する。
　第Ⅳ部（第8章）では、第1章から第7章にわたる実践研究の結果をもとに、まず総合的な考察をし、その上で開発したスクールワイドの多層支援モデルを提示する。そして最後に、研究の意義と今後の課題を述べる。

1 各章における実践結果の概観

　各部、章ごとの実践研究結果の概要は、次のようになる。

第Ⅰ部　「個」への支援：機能する校内支援システムとは

　第1章「校内支援システムを構築する」では、多様な教育的ニーズのある児童への支援のために、「支援のための仕組み（システム）」を構築・運用し、その有用性の検討を目的に公立小学校の教職員による実践研究を行った。課題を検討した上で構築した校内支援システムの主な内容は、複数（3名）の特別支援教育コーディネーターシステム、3つの校内委員会の機能別設置、支援者（保護者・教職員）への支援システム、教職員間の共通理解と連携のためのシステムであった。
　第2章「システムを運用して「個」への支援を行う」では、システム運用による個への支援を2事例で論じた。事例1では3名のコーディネーターを中心に校内支援システムが運用され、役割分担に基づく複数コーディネーターの意義と、ケース会議と校内委員会全体会の有用性が示された。事例2では、管理職と養護教諭を中心に支援がなされ、保護者参加のケース会議を含む保護者との連携及び相談システムの有用性が示された。
　第3章「実践の結果から、構築・運用した校内支援システムの有用性を考察する」では、1年間の校内支援システムの運用の結果を論じた。効果的な支援を具現化できるようになる

とともに、3つの校内委員会の意義、3名のコーディネーターシステムの有用性、保護者への支援としての相談システムの効果、教職員への支援システムと担任教師へのサポート体制の意義、教職員間の共通理解と連携の促進等が認められ、第Ⅰ部における校内支援システムの有用性が示された。

しかしながら、校内委員会全体会の対象となった通常の学級に在籍する特別な教育的ニーズのある児童の割合は全体の11.7％であり、時間や人的資源の制約から、この全員に対して校内支援システムを運用した支援を実施することは難しかった。公立小学校に在籍する特別な教育的ニーズのある児童の人数は多く、多様な困難さを示しているより多くの児童への支援の実施が課題として示された。

第Ⅱ部　「集団」への支援①：「学習面」の困難さに着目して

そこで第Ⅱ部では、多様な教育的ニーズのあるより多くの児童への支援を実現するために、支援の対象を「個」から「集団」へと拡大し、「学習面」の困難さに着目した支援を実施することにした。第4章ではニーズ児が在籍する通常の学級「集団」における学級規模（クラスワイド）の学習支援を紹介し、第5章では学校規模（スクールワイド）の学習支援を紹介した。

第4章「クラスワイドの学習支援を行う－「書き」の効果に着目した多層の読み書き指導モデル－」では、読み書き障害周辺群を含む通常の学級児童全員への多層（3層）の指導モデルを用いた指導を実施し、その効果の検討を目的に、特殊音節表記を指導内容とした読み書き指導を行った。

指導の結果、「読み」「書き」ともに指導実施群の得点が比較対照群の得点を上回り、さらに「書き」においては指導実施群の低得点者がいなくなり、3層の読み書き指導の効果が明らかになった。学級「集団」への対象を絞り込みながらの3層の指導を行うことによる、学習面の困難さを抱えた児童の早期発見と、より早い段階での困難さの改善の可能性が示された。中でも、補足的な指導で児童の誤りを修正した2層目と、集中的な指導で児童の重篤な困難さを改善した3層目の重要性が示された。さらに、「読み」よりも「書き」に、特別な指導の効果が早く現れたことから、「書き」の習得で得られた効果が「読み」の習得に影響を与える可能性が示唆された。

通常の学級「集団」を対象とした多層（3層）の指導は、担任教師にもう一人加わり、二者が連携を図れば実現可能である。二者間での時間の調整と、取り出しに向けての説明者と説明方法が課題であり、それを解決できればどの学級でも実施可能であり、有効に機能する支援システムになり得ると考えた。

その一方で、第2層の指導が始まったところから第1層で指導を受けた多くの児童へのその後の指導がない、早い段階から著しい困難を示している児童には層の段階を踏まずにより早く集中的な指導を開始した方がよい、という課題が示された。多様な教育的ニーズのある児童を含む「全ての児童」への指導・支援が可能になる方法を追究する必要があると考えた。

第5章「スクールワイドの学習支援を行う－学校全体で取り組む継続的な短時間取り出し学習支援－」では、対象集団の規模を拡大し、学校規模（スクールワイド）の多層化された学習支援に関する実践検討を行った。第4章の課題より、第1層として通常の学級に在籍する全ての児童を対象に1年間を通してユニバーサルな取り組みを行い、学習面の著しい困難が認められた児童については、第2層を経ずに第3層の集中的な取り組みに進むことにした。その上で、公立小学校では第1層にあたる全員への指導（通常教育）はすでに各学級で行われており、第3層にあたる集中的な指導（個に特化した指導）は特別支援学級または通級指導教室で行われているが、第2層にあたる介入指導はどの学校現場でも実施されていないというのが実情であろうことから、第2層に焦点化することにした。第5章では、第2層における学習面の困難さを示す児童への取り出しによる補足的な学習支援「取り出し学習支援」の内容と方法及び学習支援システムの在り方について検討するとともに、その効果の検証を行うことを目的とした。

全校スクリーニング検査（3月、11月）と観察の結果から、取り出し学習支援（第2層）が必要と考えられた児童を対象に、保護者・本人への参加確認をした上で、毎週1回朝15分間という継続的で短時間の取り出し学習支援を実施した。スクリーニング検査結果の比較では、特殊音節平仮名単語聴写とカタカナ文字聴写に有意な正の変容が認められ、計算課題に有意な正の変容が認められなかった。さらに、3群間（通常群、取り出し群、通級群）の検査結果の比較では、「取り出し群」の得点の上昇が最も大きく、第2層の取り出し学習支援の効果が明らかになった。スクールワイドの学習支援においても、クラスワイドの学習支援（第4章）のように、効果が生じることが示された。

また、スクールワイドの学習支援システム構築・運用に際して、特に有用だったのは、コーディネーター会議と保護者・本人への相談システムであった。前者ではスクリーニング検査の内容、学習支援の内容、対象児童（誰を抽出するか）を検討し、後者では担任教師が保護者・本人への説明と参加の意向確認を行えるようなシステムを整え、いずれも有効に機能した。

第5章における取り出し学習支援は、スクールワイドであるために「より多くの児童」を対象にすることが可能となる。学習面での困難さを示す児童の基礎的な学力を保障し、学習面の教育的ニーズの早期発見や後続学習へのマイナス影響の減少に貢献できる効果的な方法であると考える。しかし、通常の学級には学習面だけでなく行動面の困難さを示す児童も在籍しており、行動面の教育的ニーズへの支援（行動支援）を次章の課題として設定した。

第Ⅲ部　「集団」への支援②：「行動面」の困難さに着目して

そこで第Ⅲ部では、第Ⅱ部に引き続き支援の対象を「集団」とした上で、「行動面」の困難さに着目した支援を実施することにした。第6章ではスクールワイドSSTの導入方法の検討を目的に行った学級規模（クラスワイド）の行動支援を紹介し、第5章では学校規模（スクールワイド）の行動支援を紹介した。

第6章「クラスワイドの行動支援を行う－スクールワイドSSTの導入方法の検討－」では、通常の学級に在籍する行動面の困難さを示す児童への支援方策としてSST（Social Skills Training）を取り入れ、スクールワイドSSTの導入方法の検討を目的に、学校全体で学級集団を対象とした継続的な短時間SSTに取り組んだ。コミュニケーションに関するSS(Social Skills)の「聞き方、話し方、あいさつ」に焦点化した毎週1回15分間の学級単位の集団SSTを16回（5か月間）、全学級で実践した。

　その結果、特に3年生、次に6年生においてより顕著な効果が示され、さらに児童だけでなく担任教師にも、自身のSSを意識したかかわり方をするようになるというポジティブな変容が認められた。また、前年度末の学校改善運営会議等での協議内容（方法や役割分担）を基盤に、管理職・教務主任・コーディネーターが連携を図りながらそれぞれの立場から担任教師を支えたことで、担任教師は実践方法に迷うことなく安心してSSTに取り組むことができた。これらより、効果的なスクールワイドSSTの導入方法を、①朝短学活枠での継続的な時間の確保、②担任教師によるSST、③学級集団へのSST、④全校SSTの土台となる校内システムの整備、と整理した。

　しかし、すでに適応の問題が顕在化している一部の児童に対しては、学級集団SSTのみではポジティブな変容が認められず、彼らへの個別の声かけや支援、通級による指導の開始の検討を行う必要があった。スクールワイドの行動支援を継続するとともに、「集団」への支援だけでは効果がみられない児童への支援方法を検討し実施していくことが、課題として示された。

　第7章「スクールワイドの行動支援を行う－学校全体で取り組む継続的な短時間SST実践の有用性－」では、前章までの課題をふまえて、第1層では全校児童を対象にした「スクールワイドSST」、第2層では抽出された児童を対象にした「取り出し小集団SST」、第3層では特に学校適応の問題が顕在化している児童等を対象にした通級指導教室での「個に特化したSST」、という3層の行動支援を実施した。そのうちのスクールワイドSST（第1層）と取り出し小集団SST（第2層）に焦点化し、その有用性の検討を目的に、第6章で得た導入方法に基づいた継続的な短時間SST実践を行った。

　実践に向けての前年度末検討と、新年度の教職員間の共通理解、スタッフトレーニングと保護者周知を経て、担任教師による短時間SSTを計25回（1年間）、全学級で実施した（第1層：スクールワイドSST）。その後、コーディネーター会議で取り出す児童を検討し、保護者・本人への参加確認をした上で、12月末より短時間SSTを計9回（3か月半）実施した（第2層：取り出し小集団SST）。

　実践の結果、スクールワイドSST（第1層）では、児童のスキルの向上と般化、児童間の関係の改善が認められ、その効果が明らかになった。中でも児童の自己評定において、低学年より高学年、自己評定の高い群より低い群に、より大きい有意な正の変容が認められ、正の変容が起きにくいと考えられる群に有効な行動支援方法であることが示唆された。毎週1回のSSTの時間が、実際に他児とかかわる機会となり、長期間にわたる継続的なSSTを体

験することで、児童は相手とのかかわり方を習得していったと推察される。取り出し小集団SST（第2層）では、回を重ねるうちに笑顔が増え、学級のような固定的あるいは多人数の集団ではコミュニケーションがとりにくい児童にとっても、楽しく活動できる場となった。

このように、第1層、第2層の効果は明らかであり、継続的な短時間SST実践の有用性が示された。中でも、全校児童を対象に行うスクールワイドSST（第1層）は、特別な教育的ニーズのある児童を含む全ての児童への行動支援を可能にする方法であり、この意味でも本SST実践の意義が示されたといえよう。

以上、公立小学校において、特別な教育的ニーズのある児童を含む全ての児童への支援を行うために、校内支援システムを構築・運用して「個」と「集団」への支援、「学習面」の困難さと「行動面」の困難さへの支援という包括的な支援を実施した。各章で論述した通り、第1章から第7章にわたって行った包括的な支援の効果は明らかである。

2 校内支援システムの検討

（1）校内支援システムにおける共通理解と支援の手順を図示する

第1章から第7章までに構築・運用した「校内支援システム」を、「共通理解と支援の手順」の観点から整理して図8−1に示す。左側に「個」への支援システムを、右側に「集団」への支援システムを流れ図で示した。下部には校内組織一覧を示し、それを記号化して上部の流れ図に記入した。

図左側の「個」への支援システムでは、気づきから始まり、情報収集・相談→支援方策の検討、目標の設定・計画の作成→支援方法の共通理解→支援の実施、相談→支援経過・結果の共通理解→「個」に実施した支援の評価、というように支援の手順が進む。図右側の「集団」への支援システムでは、「集団」への支援（第1層）の実施→課題の検討、抽出児童の検討→支援方法の共通理解→取り出し「小集団」への支援（第2層）の実施→支援経過・結果の共通理解→課題の検討、抽出児童の再検討→「個」に特化した支援（第3層）の実施、というように支援の手順が進む。このように手順を明らかにして教職員に示すことで、支援者（教職員）が見通しをもって支援に当たることができ、途上での現在地がわかるというメリットがあった。

また、校内組織と対応させて考察すると、左側の「個」への支援システムではケース会議と校内委員会全体会、教育支援（就学指導）委員会で、右側の「集団」への支援システムではコーディネーター会議と校内委員会全体会、職員会議で、支援に関する協議がなされるとともに教職員間の共通理解が図られている。つまり、「集団」への支援を行うのであれば、コーディネーター会議のような中核的な検討組織が重要であり、その上で全教職員が参加する職員会議での協議と、校内委員会全体会での対象児童に関する情報交換が必要なのである。

教育支援（就学指導）に着目すると、「個」への支援システムにおいては、通級指導教室や特

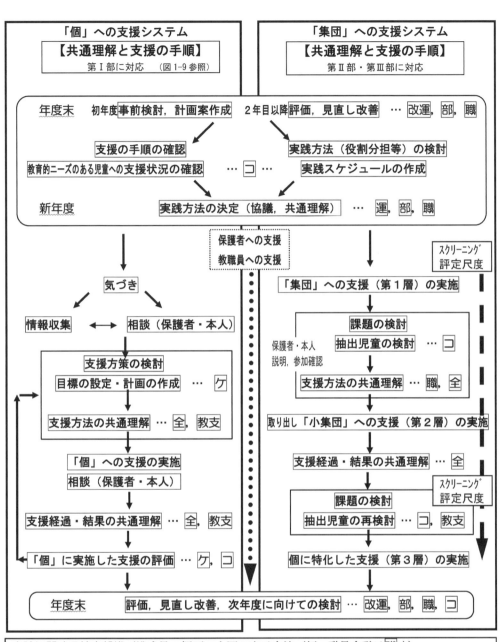

図8-1 「共通理解と支援の手順」を観点とした「個」・「集団」への支援システム図

別支援学級への入級を検討するケースもあるため、教育支援委員会での協議が必要になる。「集団」への支援システムにおいても、第2層の支援を実施した後の抽出児童の再検討では、通級による指導の開始について協議することもあるため、教育支援委員会が関わってくる。

　このように、「個」への支援システムと「集団」への支援システムでは、関係する校内組織が異なっており、いずれかの組織のみで「個」と「集団」の両方の支援を実施するのは難しいであろうことが示された。両方の支援を実施するには、そのための校内組織を用意するか、あるいは役割を兼ねることができる校内組織を整備し、それをふまえたシステムを構築すべきであろう。

　さらに対比させて考察を進める。左「個」と右「集団」への支援システムで共通している部分（角丸四角形枠の部分）がある。年度末の「事前検討、計画案作成等」から新年度の「実践方法の決定（協議、共通理解）」の部分（左図と右図の両方にかかる上方の枠：以後、上の共通部分）と、年度末の「評価、見直し改善、次年度に向けての検討」の部分（左図と右図の両方にかかる下方の枠：以後、下の共通部分）の2か所である。

　まず上の共通部分に着目する。前年度末に学校改善運営委員会を開催し、初年度の場合は事前検討、計画案作成を行い、2年目以降は前年度の評価、見直し改善を行った。この年度末の学校改善運営委員会は、次年度の実践に向けての合意と共通理解の礎となる重要な場であった。それをさらにコーディネーター会議で詳細な検討を進め、新年度当初に職員会議で協議し教職員全員での共通理解を図る、という手順で実践に備えた。

　次に下の共通部分に視点を移す。1年間の実践が終了した年度末に、評価、見直し改善、次年度に向けての検討を、学校改善運営委員会、部会、職員会議、コーディネーター会議で行った。

　上記の2か所の共通部分（上の共通部分と下の共通部分）では、「個」と「集団」それぞれの支援システムの検討のために、別々に委員会や会議を開催したのではない。例えば年度末の学校改善運営委員会は2～3回開催したが、その中で学校行事の精選や校内研究の方針等について検討し、その上で、さらに「個」への支援システムについて、また「集団」への支援システムの学習支援（第1層の授業のユニバーサルデザイン化、第2層の取り出し学習支援）や行動支援（第1層のスクールワイドSST、第2層の取り出し小集団SST）についても検討した。これはコーディネーター会議、職員会議でも同様であった。協議題を分けて開催すると回数が多くなり、集まって話し合う場を設けることに時間をとられてしまい、業務に支障がでてしまう。つまり、1回の委員会や会議で複数の協議題について検討することが必須であり、またそのために効率よく協議を進める工夫が必要であった。そこを教務主任とコーディネーターが効率的な運営に努めたことで、2か所の共通部分の委員会や会議で、複数の協議題について検討することができた。

　共通理解の場の兼用は、時間のない学校現場にとって有効な方法である。このようなシステム運用の工夫があったからこそ、「個」への支援システムと「集団」への支援システムの同時運用が可能になったと考える。

（2）校内支援システムの各内容について考察する

　先行研究から導き出された実践課題をふまえ、校内支援システムの内容を、特別支援教育コーディネーター、校内委員会、支援者（保護者・教職員）への支援、教職員間の共通理解及び連携とした。第1章から第7章までの実践を概観して、校内支援システムの各内容について考察する。

　まず1つ目に、複数（3名）コーディネーターシステムについて考察する。コーディネーターAは、主に校外との連絡調整、会議・研修等の企画運営を担当し、コーディネーターBは、主に校内の連絡調整、支援に関する実務を担当し、コーディネーターCは、コーディネーターBの補助をした（表1-1）。「3名」でのコーディネーターシステムの意義は、まず業務を分担し一人あたりの仕事量を減らすことができるため、負担を軽減できるということがある。また、3人で相談することで精神的な負担が軽減され、それぞれの得意分野を生かした役割分担をすることで、チームで業務にあたることができたとコーディネーター自身が感じている。裏返せば、それぞれの役割が曖昧であれば業務の分担は難しく、相談し合える関係性を築けなければチームで業務にあたるのは難しいということになる。複数コーディネーターの場合は、それぞれの役割を明示すること、コーディネーター指名の際にチームとして協力できる人選をすることが、機能するシステムにするための重要な要件となる。

　担任教師にとっても、コーディネーターが3名いるのでそれぞれに声をかけたり話をしたりすることができ、学級児童への支援に関して相談しやすい環境であった。例えば、支援の方法を聞きたい時はコーディネーターBへ、ケース会議を開いてほしい時はコーディネーターAへというように、役割分担に応じた相談がなされており、各コーディネーターの役割を教職員に示してあったことも有意義であった。

　また、スクールワイドの学習支援と行動支援の実施においても、コーディネーターは重要な役割を果たした。第5章の取り出し学習支援ではコーディネーターAが中心的な役割を果たし、第6章・第7章のスクールワイドSSTと取り出し小集団SSTではコーディネーターBが中心的な役割を果たした。このように中心的な役割を分けたのは、全てにおいて一人が中心になるとその人物の負担が大きくなってしまうためであり、さらにそれぞれの得意な領域を生かすためでもあった。ただし、いずれにしても3名の協働的な取り組みが前提であった。

　スクールワイドの実践では、全校児童が対象であり、したがって、ほぼ全教職員が関係してくる。コーディネーターが3名いたからこそ、このような規模の大きい取り組みが可能になったといえよう。なお、コーディネーターが3名いることで、そのうちの誰かが異動になってもそれまでの支援のシステムを継続できる、というメリットもあった。

　ここで、複数コーディネーターシステムの人数に着目して、本実践研究で得られた知見を整理する。コーディネーターの指名については、「3名」が有効であった。コーディネーターは、時間の面（授業時間中に連絡調整や相談等の業務に当たることができる等）と、仕事量の面（支援の実施、連絡調整の仕事、専門性を要する仕事等、仕事量が多い）から、複数指名が望ま

しい。ただし、役割分担と職務の調整がその必要条件である。

　指名に際しては、複数のうちの1名は調整力・行動力のある人物であり、主任（教務主任、校務主任等）のようなミドルリーダーであることが望ましく、1〜2名は通級指導教室担当者のような専門性の高い人物が望ましい。学級担任は児童の在校時間にコーディネーターとしての業務に当たることが難しいため、できれば児童の在校時間に業務に当たることが可能な立場にある者がよいが、専門性の高い学級担任を指名したい場合は、それ以外に、例えば授業時間に学校外部（関係機関や保護者）との連絡調整ができる教頭や主任を併せて指名すると、効率的かつ円滑に業務を進めることができると考える。なお、「2名」では互いに相手への配慮で公平な役割分担がしにくく仕事量の軽減が図りにくい。「4名」では人的リソースの面から指名が困難であり、さらに人数が増えれば増えるほど共通理解が難しくなる。やはり、「3名」が望ましいであろう。

　2つ目に、校内委員会について考察する。本実践では、①共通理解をねらう「校内委員会全体会」、②支援方策検討を行う「ケース会議」、③支援方策検討とシステム運用状況の確認を行う「コーディネーター会議」というように、担う機能を整理して3つの校内委員会を設置した（表1-2）。前項では、「個」への支援システムではケース会議と校内委員会全体会、「集団」への支援システムではコーディネーター会議と校内委員会全体会が大きく関係することを確認した。校内委員会全体会は、全教職員の共通理解の下で支援を進めるために重要な場である。これがあったために教職員によるチーム支援が可能となった。

　ケース会議では、状態把握に基づいた支援方策と、保護者との合意形成を図るための具体的な方法を話し合った。ケース会議での検討事項（表1-2、項目①〜⑦）に沿って検討する、ケース会議1回開催につき複数児童について協議する、事前の情報収集と資料の用意をする等の、コーディネーターによる運営上の工夫が功を奏し、必要な事項を欠くことなく短時間で効率的に協議を進めることができた。しかし、時間や人的資源の制約から、特別な教育的ニーズのある児童全員についてのケース会議を開催することができなかった。ケース会議を設けて協議することができなかった児童については、コーディネーターからの助言をもとに、担任教師を中心とした支援を行った。3名のコーディネーターは、校内委員会全体会、ケース会議の運営をはじめ、ケース会議で協議することができなかった児童への支援に対しても、積極的にかかわった。

　コーディネーター会議は、3名のコーディネーターが共通理解を図る場が必要であることから設けられた。しかし、構成員が管理職と教務主任とコーディネーター3名であったことから協議内容についての汎用性が高く、いい意味で当初の想定を超え、実践に関する事項や教育課題への対応等についても検討できる場となった。その結果、第5章の取り出し学習支援に関する協議や、第6章・第7章のスクールワイドSSTや取り出し小集団SSTに関する協議を行うことができた。教務主任が同席しているのでスケジュールや教務内容との調整ができ、さらに、管理職も同席しているので、判断しかねる事項についてもこの場で相談でき、事後報告をする手間も省けた。特にスクールワイドの取り組みにおいて、コーディネー

会議は有用であった。

　このように、3つの校内委員会はそれぞれの機能をもち、重要な役割を果たした。しかし、時間がかかることが課題であった。特に顕著だったのは校内委員会全体会で、対象児が多いために、コーディネーターが工夫をしても時間内に終わることが難しかった。E小学校では、3つの校内委員会全てに管理職が構成員として参加しており、時間が長引く場合は、最終的に管理職が勤務時間の配慮を行うという対応策をとった。そう考えると、管理職を校内委員会の構成員にすることが、機能するシステムとしての要件の一つであるともいえよう。

　ここで、校内委員会の設置に関して、本実践研究で得られた知見を整理する。校内委員会全体会とケース会議は「個」への支援では両方設置することが望ましい。全教職員の共通理解を図る場は必要であり、「個」への支援方策を検討する場も必要だからである。コーディネーター会議は、コーディネーター複数指名の場合に、彼らが協議する場として効力を発揮する。さらにこの場に、構成員として管理職や教務主任が加わることで協議内容の汎用性が高まり、活用の範囲が広がる。E小学校でコーディネーター会議が「個」への支援だけでなく、「集団」への支援においても有効に機能したように、運用する中で機能が進化し発展することもある。校内委員会の目的とその機能を明らかにすること、構成員を工夫することで、より効果的な校内委員会の設置と運用が可能になると提起したい。

　3つ目に、支援者（保護者・教職員）への支援システムについて考察する。保護者へは多様な相談窓口を設け、それをPTA総会や文書で説明・周知した。効果的な相談システムであっても、保護者が相談窓口を知らなければ、活用されないし機能もしない。この保護者への説明・周知というプロセスは、機能する相談システムとして欠かせない要件であった。

　第2章では、2つの事例で保護者との相談プロセスを紹介したが、保護者との合意形成は、1回の相談では難しかった。複数回の相談の場をもつことが必要であり、円滑な支援方策の検討や合意形成の土台となる信頼関係を築くことが重要であることが示された。また担任教師にとっても、保護者との信頼関係を築くために、相談の場は重要である。管理職やコーディネーターが、相談の場に同席したり直接的に保護者との相談にあたったりしたことで、担任教師は安心して保護者に対応できると感じていた。

　第5章と第7章で行った教室からの取り出し（学習支援・行動支援）では、保護者・本人への説明と参加の意向確認が必要となり、児童と過ごす時間が一番多い担任教師がそれを担当した。その際には、事前に用意してあった保護者への説明用の資料や文言例を活用しながら説明を行ったが、このような事前の備えも教職員への支援システムの一環として有意義であった。

　本人へは、日常的に接しており相談の時間をとりやすい担任教師が、説明と参加の確認を行ったのが有効であった。担任教師が相談することで、本人の気持ちに寄り添った対応をすることができ、また適時に周囲の児童への説明をすることができる。しかしそれは担任教師任せにするということではなく、管理職やコーディネーターが担任教師をサポートする体制を整えた上でのことであり、これも機能するシステムの要件であった。

ここで、支援者（保護者、教職員）への支援システムに関して、本実践研究で得られた知見を整理する。保護者への支援で一番重要なのは、相談等を礎に「信頼関係」を構築することである。相談者を担任教師に限定せずに、校内の者（管理職や教務主任、コーディネーター、養護教諭等）が積極的に関与し、保護者と一緒に問題を解決しようとすることで信頼を得られるケースが多い。教職員への支援で一番重要なのは、児童や保護者への支援に関する具体的な方法を提示することである。特に担任教師は、児童への支援の中心人物であり、中でも若い教師については経験も少ないことから、スタッフトレーニングやマニュアルのような具体的な支援方法の提示が望まれる。
　4つ目に、校内での共通理解及び連携のシステムについて考察する。校内での共通理解の手順（図8-1）については前項で考察したので、ここでは主に連携のシステムについて検討する。教職員間の連携は、3名のコーディネーターが関係者と連絡を取り合って情報交換することや、校内委員会を活用して情報共有や協議を進めることで促進された。ここでもコーディネーターが重要な役割を果たした。
　連携ツールは「個別支援ファイル」（第1章）と「ぐんぐんファイル（取り出し学習支援ファイル）」（第5章）を活用した。「個別支援ファイル」は特別な教育的ニーズのある児童全員に作成されており、特にケース会議の時や、学年が上がる引き継ぎの時に効果を発揮した。課題は中学校進学時のファイルの取り扱いであった。ファイルを作成した児童全員について、小中連絡会でその内容を伝達するものの、紙面はそのまま保管する、処分する、保護者に手渡す、というようにケースによって異なっていた。ファイルのその後の取り扱いについてそれぞれ個別に検討した結果ではあるが、基本的な取り扱いルールを定めておく必要があった。
　「ぐんぐんファイル」（図5-3）は、指導担当者と担任、保護者をつなぐツールとして、指導者が指導記録を記入し、担任から保護者へ渡した。中には質問やお礼を記入してくる保護者もあり、効果的な連携ツールとなったが、その一方でファイルを確認しない保護者もあり、指導者チームからは保護者との連携の難しさが報告された。
　教職員間の連携では、当初に共通理解を図ったはずであったが、学年相応レベルの学習指導をコーディネーターに要望した担任教師がおり、取り出し学習支援のねらいと指導内容について、両者の食い違いが生じた。児童を教室から取り出して支援を行う場合、保護者・本人と学校間、教職員間の連携が必要不可欠である。共有すべき情報については、繰り返し伝え確認し合うことが重要である。
　ここで、校内での共通理解と連携のシステムに関して、本実践研究で得られた知見を整理する。校内における共通理解と連携を促進するには、「役割」と業務の遂行「方法」を明文化する、相談及び共通理解の「場」を設ける、校内の各取り組みを統括する「人」を指名する、連携のための「ツール」を用意することが有効である。
　まず、「役割」と業務の遂行「方法」を明文化することで、それぞれがその「役割」と具体的な「方法」に従って職務にあたることができる。役割や方法が曖昧であると各自がどの

ようにしたらよいか分からず、それ故に協働は困難になり連携は図りづらくなる。

　また、相談及び共通理解の「場」（例えば、コーディネーター会議や学校改善運営委員会、校内委員会全体会等）を設けることで、皆で話し合う時間と機会が生じ、その場にいることで他人事ではなく自分事として参加意識を高めることができる。「場」を設けずにして、話し合いや共通理解が自然発生するとは思われない。

　さらに、各取り組みを統括する「人」を指名することで、例えばコーディネーターが得意分野を生かした役割を果たす中でリーダーシップを発揮したように、そこが拠点となってよりよい取り組みが展開されるであろうと考える。誰が責任者かがはっきりしていたほうが他の教職員も相談もしやすいし、そのキーパーソンを中心に連携が広がっていく。その「人」自身の力量向上も期待できる。

　最後に、連携のためのファイル等の「ツール」を用意することで、共通理解の内容が形として残され、記録としても活用できる。また、本人や実施した支援に関する具体的な情報を時系列で綴っていくことができるので、課題に気づきやすいというメリットもある。

　以上、第Ⅰ部から第Ⅲ部（１章〜７章）までの実践を概観して、校内支援システムの内容について総合的に検討を行い、さらにそれぞれから得られた知見を整理し提起した。

（３）校内支援システムの構築・運用過程における教職員の役割を整理する

　校内支援システムの構築・運用プロセスにおける教職員の役割に着目して、第３章における「個」への校内支援システム（表３−５）、第５章における取り出し学習支援のシステム（表５−11）、第７章におけるスクールワイドの行動支援に関するシステム（表７−12）を踏まえて検討を進める。

　上記３つの校内支援システムの構築・運用過程における教職員の役割で、共通点と相違点を列挙する。

①　校内支援システムの構築過程では、管理職と教務主任、コーディネーター（コーディネーター会議の構成員）が中心となって、システム構築に向けての役割を果たした。

②　校内支援システムの運用過程では、管理職・教務主任と連携を図りながら、コーディネーターが中心となって、支援者である担任教師をサポートした。
　　ただし第５章（取り出し学習支援）では、スクリーニング検査と児童の抽出についてはコーディネーターが、保護者・本人への説明・参加の意向確認については担任教師が、実際の学習支援の実施については指導者チーム（担任教師以外の６名）が中心となる形で、役割分担がなされていた。

③　校内支援システムの運用過程における保護者・本人への取り出しに関する説明及び参加の意向確認は担任教師が行い、それを管理職やコーディネーターがサポートした。

④　校内支援システムの運用過程における相談を中心とした保護者への支援は、基本的に担任教師や学年が行うが、それを管理職、コーディネーター、教務主任等の全員でサポートし、かつ直接的な相談も行った。

⑤ 校内支援システムの構築過程及び運用過程において、以下のように「リーダーシップ」が発揮された。
- 管理職（主に校長）は、システムの未整備状態から構築に向かう初期過程において中心的・積極的なかかわりをしてリーダーシップを発揮した。
- システム構築過程では、管理職、教務主任、コーディネーターが中心となりリーダーシップを発揮した。
- システム運用過程では、ミドルリーダーであるコーディネーターと教務主任がリーダーシップを発揮して、担任教師をサポートした。
- 第5章（取り出し学習支援）では、システム未整備状態から構築に向かう初期過程においても、ミドルリーダー（教務主任、コーディネーター）がリーダーシップを発揮した。

これらのことを踏まえて、校内支援システムの構築・運用に伴う教職員の役割について整理する。まず管理職（主に校長）は、学校にある特別な教育的ニーズのある児童に起因する教育課題を改善するために、3名のコーディネーターを指名するとともに、ミドルリーダー（教務主任、コーディネーター）に包括的な支援の実施を提案し、その土台となる校内支援システムの在り方について協議した。

校長、教頭、教務主任、コーディネーターは、協働して校内支援システムを構築し、その後、ミドルリーダーである教務主任、コーディネーターがリーダーシップを発揮して、実質的な支援者である担任教師をサポートしながら校内支援システムを運用した。運用中に生じた課題の検討や実施した支援の評価はコーディネーター会議で行い、その後、全教職員で共通理解を図った。

管理職は、ミドルリーダー（教務主任、コーディネーター）が方法等に困った時に相談にのって共に方策を検討する、保護者の了解が得られない場合や担任教師の理解が得られない場合の対応について相談して策を考える、困難事例について積極的に参画する、等を行うことでミドルリーダーをサポートした。最終的には、「支援の実施者である担任教師」を「ミドルリーダーである教務主任、コーディネーター」がサポートし、その「ミドルリーダー」を「管理職」がサポートする形でのシステムが構築された。

管理職の関与に視点を向けると、長谷部ら（2012）は、小・中学校におけるコーディネーターの役割ストレス要因を探った結果、校長、同僚教師などからサポートを受けていると感じているコーディネーターの役割ストレスが低かった[1]と報告している。露口（2008）は、「学校成果の説明量は、校長が20％、ミドルリーダーが20％と捉えることができ、相互に関連性を有している（連鎖的効果）。校長の変革的リーダーシップが発揮されていれば、ミドルリーダーのリーダーシップも当然促進されるが、ミドルリーダーのリーダーシップの促進は、校長が変革的リーダーシップを発揮できている状況下に限定されていた。つまり、校長が変革的リーダーシップを発揮できていないにもかかわらず、ミドルリーダーに仕事を委ね

ても、ミドルリーダーは十分な働きができない」ことを明らかにした[(2)]。このように、校長（管理職）の関与は重要であり、支援の効果が明らかになったことから、E 小学校における管理職のサポートあるいは関与が有効であったことが示唆される。

校長は「もう一人の隠れた特別支援教育コーディネーター」であるという認識が大切である[(3)]。文部科学省は「校長の責務」や「校長のリーダーシップ」を唱導している[(4)]が、実際どのようにリーダーシップを発揮するかという、その手続きと効果評価の観点については、必ずしも具体的に示されていない[(5)]。その意味においても本書は、校内支援システムの構築や支援の手続きに際しての「校長の関わり方」を示した実践研究として、有意義であろう。

ミドルリーダーに視点を向けると、志水（2005）は、欧米の学校効果研究で強調されているのは校長のリーダーシップであるが、「日本の学校の場合は、必ずしもリーダー＝校長というわけではない。重要なことは、教務主任や学年代表といったミドルリーダーをふくめ、リーダーが層として存在することである。効果のある学校で発揮されているリーダーシップとは、実際にはそのリーダー層とその他の教師たちとの円滑なコミュニケーションであり、一人ひとりの教師の積極的参加と学校への愛着の促進である。」[(6)]と指摘している。

ここにあるように、本実践研究では、教務主任と 3 名のコーディネーターという計 4 名のリーダー層がリーダーシップを発揮して校内支援システムを機能させたからこそ、一人ひとりの教師の参加による包括的な支援が具現化したと考える。Gronn（2002）は、単独の英雄的リーダーへの依存は限界があり、多くの組織構成員の着想、技術、イニシアチブを動員することが組織変化の能力を高めるとして、「分散型リーダーシップ（distributed leadership）」の意義を論じている[(7)]。学校改善の過程は、校長のリーダーシップに加えて、組織の「あらゆる場所」、「あらゆる場面」において発生しているミドルリーダーらの優れたリーダーシップ実践によって支えられている[(8)]。

最後に、本実践研究における教職員の負担と労力について、特に強調したい点を述べる。「個」への支援だけでなく「集団」への支援を併せて行い、しかも「学習面」と「行動面」の支援を行うことは、その対象が増え内容も多様化するために、教師集団の負担が増えるように思われる。確かにシステム未整備状態から支援システム構築に向けて着手する段階では、校長、教頭、教務主任、コーディネーターによる協議検討や担任教師への説明依頼等に多大な労力を要した。直接的な支援者である担任教師も、例えば SST の実施や保護者・本人への取り出しに関する説明は初めてのことであり、当初に負担感を抱いたことは否めない。

しかしながら、校内支援システムの運用が軌道に乗り包括的な支援が順調に進むようになると、例えば SST に楽しそうに参加する児童の姿や取り出された児童の喜ぶ姿が見られるようになり、教職員集団のモチベーションが高まった。その影響も加味されて、さらに校内支援システムが機能するようになり、児童集団がポジティブに変容していき、次第に問題行動やトラブルが減少していった。

このように、システム構築に着手する時の労力と、システム構築に向けての創意工夫は必要であったが、結果として児童への支援に要する労力の総量は減少し、教師集団の負担は軽

くなった。これこそが、本書における校内支援システムの有用性を示すものであると考える。

3 公立小学校における全ての児童へのスクールワイドの多層支援モデルの開発

　これまでに述べた実践研究の結果をふまえ、先行研究によって得られた見解と統合し整理するならば、公立小学校における多様な教育的ニーズのある児童を含む全ての児童への学校規模（スクールワイド）の包括的な支援を、「個」への支援モデル（図8-2）と「集団」への支援モデル（図8-3）を融合した多層支援モデル（図8-4）として描くことができると考える。なお、このモデルは、11学級〜15学級規模の公立小学校での実践研究に基づいて開発したものであり、12〜18学級規模の公立小学校[9]を想定している。

　まず、図8-2の支援モデルから解説する。公立小学校には特別な教育的ニーズのある児童が多数在籍しており、彼らへの支援が必要不可欠である。このような対象児童、つまり「個」への支援を行うに際し、本人のみに支援を行うのではなく、その周囲を囲む支援者（保護者・教職員）への支援を併せて行うことで、実施される支援がよりよいものになる（第1章〜第3章）。それをモデル図にしたものが図8-2の「個」への支援モデルである。中央に軸としてあるのが特別な教育的ニーズのある児童（対象児童）であり、その周囲を支援者（保護者・教職員）で囲むモデルである。軸にあたる対象児童へは、気づき、情報収集・相談による実態把握、ケース会議等の校内委員会での検討、支援の実施、評価という手順で、上から下に向かって支援が行われる。

　しかし、通常の学級に在籍する対象児童が全校児童の10％を超える場合もあり、時間や人的資源に制約があることから、この全員に対して校内支援システムを運用した個別の支援を実施することが困難な状況にある。さらに通常の学級には、「学習面」あるいは「行動面」の困難さを示す児童、学校適応の問題が顕在化している児童、困難さが気づかれにくいあるいは今後困難さが生じる可能性がある児童等の、多種多様な教育的ニーズのある児童が在籍しており、より多くを対象とした「集団」への支援が必要である。

　そこで、「集団」への指導・支援として、多層（3層）の指導モデル[10]を用いた第1層の学級全員への指導、対象児童を絞り込みながらの第2層の補足的な指導と第3層の集中的な指導を行った（第4章）。その結果、指導の効果は明らかになったものの、スクールワイドへと対象の規模を拡大しても効果が生じるかどうかを検討する必要がある、第2層の指導が始まったところから第1層（全員）で指導を受けた多くの児童への事後の指導がなされない、著しい困難を示している児童にはより早くから集中的な指導を開始した方がよい、という課題が示された。

　これらの課題をふまえて第5章のスクールワイドの学習支援へ実践を進め、さらに第6章、第7章のスクールワイドの行動支援へと実践を進めた。この一連の実践を普遍化してモデル

図にしたものが図8-3である。これは「集団」への支援モデルであり、学習支援と行動支援を併せた多層（3層）の支援モデルである。

3層の入れ子の形状をした円柱は、学習支援（左側）と行動支援（右側）に共通した支援モデルとして、中央に描かれている。この円柱の高さが1年という期間を示し、上（年度当初）から下（年度末）に向かって支援が進められる。また、底面全体は、特別な教育的ニーズのある児童を含む全ての児童への、「スクールワイド」の支援であることを示している。

先に図8-3の円柱と、その左側にある学習支援の流れについて解説する。これは、第5章のスクールワイドの学習支援を普遍化したものである。3層の入れ子の形状をした円柱の一番外側の層が第1層であり、全校児童を対象に1年間を通して「ユニバーサルな支援：授業のユニバーサルデザイン化（以後、授業のUD化）」を行うことを示す。その内側の円柱が第2層であり、スクリーニングや観察で学習面の困難さが認められた抽出児童を対象に「補足的な支援：取り出し学習支援」を行うことを示す。これも年度末まで継続的に実施される。そして、一番内側にある円柱が第3層であり、著しい教育的ニーズのある児童を対象に、通級指導教室等で「集中的な支援：個に特化した学習支援」を行うことを示す。特に著しい困難が認められた児童については、第2層を経ずに年度当初から第3層の集中的な支援に進むこともある（円柱中央下向きの矢印）。

次に図8-3の円柱と、その右側にある行動支援の流れについて解説する。これは、第7章のスクールワイドの行動支援を普遍化したものである。3層の入れ子の形状をした円柱の一番外側の層が第1層であり、全校児童を対象に1年間を通して「ユニバーサルな支援：スクールワイドSST」を行うことを示す。その内側の円柱が第2層であり、Q-Uや観察で行動面の困難さが認められた抽出児童を対象に「補足的な支援：取り出し小集団SST」を行うことを示す。これも年度末まで継続的に実施される。一番内側にある円柱が第3層であり、著しい教育的ニーズのある児童を対象に、通級指導教室等で「集中的な支援：個に特化したSST」を行うことを示す。特に著しい困難が認められた児童については、学習支援と同様に、第2層を経ずに年度当初から第3層の集中的な支援に進むこともある（円柱中央下向きの矢印）。

以上の「集団」への支援モデル（図8-3）において、重要なポイントが2点ある。

1点目は、「集団」の支援を行うにあたり、対象を絞り込んだ後、それ以外の児童への支援を終了してしまわないことである。学校教育は障害を認定する場ではなく、全ての児童に学びを提供する場であることから、RTI[11]やSAM[12]のような対象を絞り込むモデルは本邦の学校現場にはそぐわない。公立小学校には多様な教育的ニーズのある児童が多数在籍しており、一部の児童への支援を行えばよいというものではなく、教育的ニーズのある児童を含む全ての児童を視野に入れた支援を行う必要があるのである。したがって、第1層も、第2層も、年度末まで継続実施できる内容のものが望ましい。

2点目は、学習面の困難さへの支援と行動面の困難さへの支援を併せた、包括的な支援を行うことである。公立小学校には多様な教育的ニーズのある児童が多数在籍する。学習面の

第Ⅳ部 スクールワイドの多層支援モデルの開発 −「個」と「集団」、「学習面」と「行動面」を包括する支援モデルへ

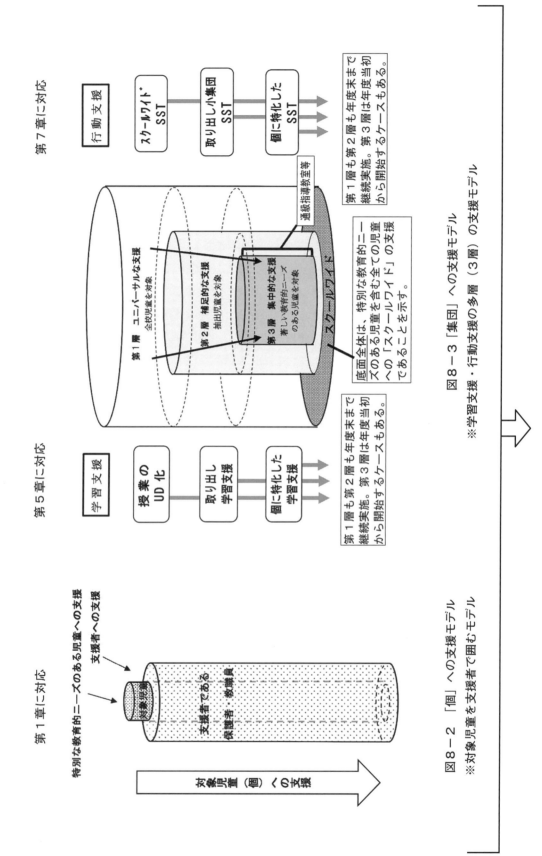

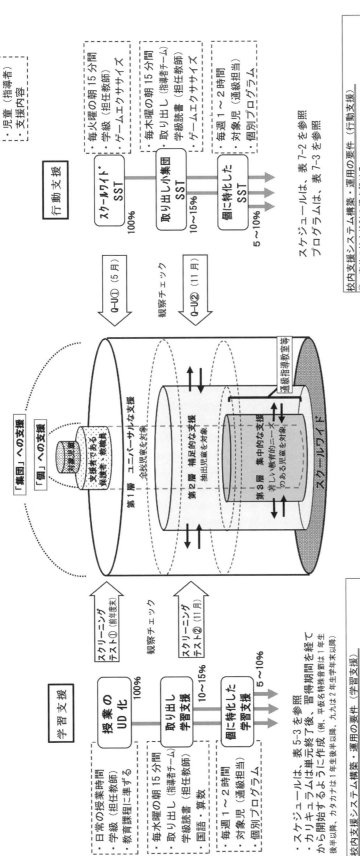

図8-4 スクールワイドの多層支援モデル

困難さを示す児童がおり、行動面も同様の児童がおり、さらに学習面と行動面の両面の困難さを示す児童もいる。学習面では例えば読み書きが苦手な児童や計算が苦手な児童等、行動面では例えば衝動性の強い児童やかかわりが苦手な児童等が在籍しており、困難さもニーズも多種多様なのである。

このように、「全ての児童を対象」にした「年度末まで継続実施できる内容」の「学習支援と行動支援を併せた包括的な支援」を行うという視点が重要である。

それでは、これまでの図8-2と図8-3の解説をふまえ、図8-4の「スクールワイドの多層支援モデル」へと論を進める。

本実践研究では、支援者（保護者・教職員）への支援も加えた校内支援システムを構築・運用し、特別な教育的ニーズのある「個」への効果的な支援を具現化した（図8-2）。しかし、時間及び人的リソースの制約から、ニーズのある児童全員に支援を実施することが難しく、そこで「集団」への支援に着目した。そして、「集団」への支援として、スクールワイドの学習支援・行動支援を行い（図8-3）、学校に在籍する全ての児童を視野に入れた包括的な支援を実現した。結果、困難さが目に留まりにくい児童を含む教育的ニーズのある児童を早い段階で発見し早期支援の開始が可能になる、子ども相互のかかわりがよくなり児童間の人間関係が改善する、という効果があった。しかし、スクールワイドの行動支援においては、「集団」への支援だけでは、すでに問題が顕在化している児童には効果がみられず、その結果「個」への支援を行うことになった（図8-2）。

このように、「個」への支援だけでも、「集団」への支援だけでも、不足なのである。そして、「個」への支援と「集団」への支援を併せて行うことは、それぞれのメリットとデメリットを補完し合い、特別な教育的ニーズのある児童だけでなく、全ての児童によい育ちを保障する方略であるという結論に至ったのである。

そこで、学校規模（スクールワイド）で「個」への支援と「集団」への支援の両方を同時に実現できる支援内容と方法及び校内支援システムを検討し、その効果の検証によって得られた結果を基に、「スクールワイドの多層支援モデル」（図8-4）を開発した。

本実践研究では、「個」への支援（モデルは図8-2）と並行して「集団」への支援（モデルは図8-3）を行った。そこで両モデルを融合させ、「集団」への支援モデルの中央部分に、「個」への支援モデルを軸として貫く形で「スクールワイドの多層支援モデル」（図8-4）を導き出した。前述したように、円柱の高さが1年という期間を示し、上（年度当初）から下（年度末）に向かって支援が進められる。また、底面全体は、特別な教育的ニーズのある児童を含む全ての児童への「スクールワイド」の支援であることを示す。

では、スクールワイドの多層支援モデル（図8-4）の「個」への支援と「集団」への支援の関連について解説する。

図8-4では、「個」への支援は、多層支援モデルの軸の部分に位置し、中心軸からみると2層になっている。対象児童を、支援者である保護者と教職員が囲み、そして、上から下に向かって対象児童と支援者への支援が行われる。

さらにその外側に、「集団」への支援として、3層の入れ子の形状をした円柱と、左側にある学習支援の流れと解説、右側にある行動支援の流れと解説、を加えて多層支援モデルが構成されている。図8－3の解説で述べたように、第1層のユニバーサルな支援、第2層の補足的な支援、第3層の集中的な支援へと、内側に向かって「集団」への支援が進む。「集団」への支援も、基本的に上から下に向かって進むが、第1層、第2層、第3層と順に支援を進めるだけでなく、早い段階から第2層の取り出しでの補足的な支援を行う場合や、年度当初から第3層での通級指導教室での集中的な支援を行う場合がある。

　「個」への支援の対象児童（中心軸の部分）は、手順に沿った支援を受けると同時に、「集団」への支援も受ける。その児童は、年度末まで第1層でユニバーサルな支援を継続する場合もあれば、年度末まで第2層の取り出しによる補足的な支援を継続する場合や、第2層、第3層と、より集中的な支援に向かう場合もある。また、学習支援か行動支援のどちらかのみで層を進むこともあれば、学習支援と行動支援の両方で層を進む場合もある。横向きの矢印にあるように、第1・2層間、第2・3層間を、動くこともある。

　いずれにしても、「個」と「集団」への包括的な支援を行うことで、特別な教育的ニーズのある児童を含む全ての児童への支援が成立するのである。

　次に、図8－4の左側にある学習支援の流れと解説、右側にある行動支援の流れと解説に着目し、「時程」「検査と対象児童」「人的リソース」「カリキュラム・プログラム」「校内支援システム構築・運用の要件」について述べる。

　「時程」については、図左側の「学習支援」では、第1層のユニバーサルな支援（授業のUD化）は日常的な授業の中で行われるもので、特にこのための時間を設けない。第2層の補足的な支援（取り出し学習支援）は毎週1回15分間（図の「毎水曜の朝」は例としての表記）の時程を組むが、重要なのは、在籍学級の授業が行われる時間ではいけないということである。取り出しの対象児童の教育課程履修を保障しなければいけない。例えば、学級読書の時間を設け、その時間に取り出す等の工夫が要る。第3層の集中的な支援（個に特化した学習支援）は通級指導教室で行われるため、週1～2時間、学校の事情に合わせて授業時間の取り出しで実施される。

　図右側の「行動支援」では、第1層のユニバーサルな支援（スクールワイドSST）は毎週1回15分間（図の「毎火曜の朝」は例としての表記）の時程を組む。全校で行うために教育課程履修に関する配慮は要らないが、特別支援学級の児童が交流学級で参加できるような時間に設定するとよいであろう。第2層の補足的な支援（取り出し小集団SST）は毎週1回15分間（図の「毎木曜の朝」は例としての表記）の時程を組むが、学習支援と同様に重要なのは、取り出しの対象児童の教育課程履修を保障しなければいけないということである。例えば、学級読書の時間をもう1回設け、その時間に取り出す等の工夫が要る。第3層の集中的な支援（個に特化したSST）は通級指導教室で行われるため、週1～2時間、学校の事情に合わせて授業時間の取り出しで実施される。つまり「時程」に関しては、15分間を週3回確保することで、スクールワイドの学習支援（第2層）と行動支援（第1層、第2層）

の実施が可能になるのである。

　「検査」は、図左側の「学習支援」において、児童の学習の習得状況を調べ、どの児童を取り出すか、つまり「対象児童」を検討するために必須である。前年度末に1回目のスクリーニングテストを行うのは、新担任より前担任の方が児童の学習面の困難さを知っており、その情報も役立つからである。また、前年度末にその学年の学習内容の理解確認テストと併せて実施することもできる。スクリーニングテストの内容は、平仮名特殊音節やカタカナの聴写や、下学年の計算問題を含む計算課題のような基礎的な内容のもので、かつ学級内で一斉に実施できるものが望ましい。学年相応の内容でスクリーニング検査を行うと、特に高学年では多数の児童が取り出し学習支援の対象となってしまい、学校にある人的リソース内で指導者チームが組めなくなってしまう可能性がある。2回目のスクリーニングテストは、学習内容の習得状況の変容を調べるために、1回目と同じ課題（問題）で実施する。また、担任教師がその後の指導に生かすことができるように、年度途中の11月に実施するとよい。

　上記のように実施したスクリーニングテストの結果と日常的な学習状況の観察から「対象児童」を検討する。図8−4では、学習支援の各層の対象児童の割合を、おおよその目安として、第1層100％（全校児童）、第2層10〜15％、第3層5〜10％と提示した。これは、第5章の実践から導き出した割合である。各学校の実態によって、割合の増減もあり得る。

　図右側の「行動支援」においては、「検査（測定尺度）」として標準化されたQ-U[13]を活用する。全校児童に対して効率的に評定尺度等を活用して評価するためには、標準化されている市販のものを積極的に活用されることを推奨する。1回目は5月、2回目は11月に行うが、これは学級編制後の児童の置かれた状況が不安定な時期より、少し学級に慣れてきた5月に実施したほうがより正しく評定できることと、年度末より年度途中（11月）に実施したほうが、担任教師がその結果を後の学級経営に活用できることからである。

　上記のように実施したQ-Uの結果と日常的な行動観察から「対象児童」を検討する。図8−4では、行動支援の各層の対象児童の割合を、おおよその目安として、第1層100％（全校児童）、第2層10〜15％、第3層5〜10％と提示した。各学校の実態によって、割合の増減もあり得る。

　「人的リソース」については、図左側の「学習支援」では、第1層のユニバーサルな支援（授業のUD化）は担任教師が行うが、その土台として教務主任の計画による校内研修や授業研究が必要となる。第2層の補足的な支援（取り出し学習支援）は、教室に残る児童が、例えば学級読書を行うとしても、担任教師は教室に居る必要がある。取り出し学習支援の指導者は、校長、教頭、教務主任、その他の主任、コーディネーター、非常勤講師等、学校の事情にあった人的リソースを活用し、5名以上で指導者チームを編成することが望ましい。5名以上であれば、全校児童の10〜15％を対象とした第2層の取り出し学習支援に対応できる。E小学校では、5名の指導者チーム（年度途中より6名）で取り出し学習支援を実施した。第3層の集中的な支援（個に特化した学習支援）は、対象児童の実態把握を基に通級指導教室担当者が行う。

図右側の「行動支援」では、第1層のユニバーサルな支援（スクールワイドSST）は担任教師が行うが、その土台としてコーディネーターによるSSTの説明やスタッフトレーニングが必要となる。第2層の補足的な支援（取り出し小集団SST）は、前述の「取り出し学習支援」と同様、校長、教頭、教務主任、その他の主任、コーディネーター、非常勤講師等、学校の事情にあった人的リソースを活用し、5名以上で指導者チームを編成することが望ましい。ただし、学習支援に比べて行動支援は取り出しへの抵抗が大きいため、全校児童の10～15%より対象が少なくなることが予想される。その場合は、指導者チームの人数は5名いなくても実施できる。第3層の集中的な支援（個に特化したSST）は対象児童の実態把握を基に通級指導教室担当者が行う。

　「カリキュラム・プログラム」については、図左側の「学習支援」の第1層「授業のUD化」では、教育課程に準じて計画を立てる。第2層「取り出し学習支援」では、スクリーニングテストでの間違いに着目し、学年にこだわらずにつまずいている部分が近い児童で小集団を作り（例えば、平仮名特殊音節とカタカナのグループ、計算グループ等）、彼らに合ったカリキュラムやプログラムを作成する。時期も重要であり、授業での単元学習終了後、習得期間を経てから開始すると効果的である（例、平仮名特殊音節は1年生後半以降、カタカナは1年生後半以降、九九は2年生学年末以降）。

　図右側の「行動支援」の第1層「スクールワイドSST」では、ゲームエクササイズでプログラムを構成する（表7-3）。プログラムを作成する際には、学年に応じた配慮が必要である。例えば、入学当初の1年生の上半期は一斉形態の簡単なエクササイズがよいこと、語彙の量が異なるため低学年のエクササイズは簡単な言葉を使用すること、高学年はグループ内スピーチのような互いの体験や考えを出し合うエクササイズの方が意欲を示す場合があること、等である。第2層「取り出し小集団SST」では、かかわりを苦手とする児童が参加するので、ゲーム感覚で楽しめるエクササイズのプログラムが望ましい。

　第3層については、学習支援も行動支援も、通級指導教室での個に特化した個別プログラムを作成する。

　「校内支援システム構築・運用の要件」については、図8-4の左下枠内に学習支援の要件を、右下枠内に行動支援の要件を示した。学習支援（左下）と行動支援（右下）の校内支援システム構築・運用の要件を比較すると、①事前の校内検討の場を設ける、②役割分担とスケジュールを明確にする、④学校の実情に合った効果的な実施時間を設定する、⑤取り出し学習支援（取り出し小集団SST）の対象児をスクリーニング検査結果（Q-U結果）及び観察に基づいて検討する、⑥保護者・本人への説明及び参加の確認を担任教師が行う、⑦第1層は担任教師が学級児童へ、第2層は担任教師以外で指導者チームを編成し、取り出した児童への学習（行動）支援にあたる、⑧システム運用時の課題や配慮事項を検討する場を設ける、という7項目が同じである。したがって、これらについては、学習支援・行動支援のすみわけができていれば混乱せずに取り組むことができる。また、1回の校内委員会で、学習支援・行動支援の両方について比較しながら効率的に検討することができる。

異なるのは、学習支援の「③児童の実態に応じたスクリーニングテストと支援の内容を検討し、カリキュラムを作成する」と、行動支援の「③児童の実態に応じたターゲットスキルを設定し、プログラムを作成する」である。文言は違っていても、児童の実態に応じたカリキュラムあるいはプログラムを作成することは共通している。児童の実態把握が必要不可欠である。

以上、「スクールワイドの多層支援モデル」（図8-4）について解説した。このモデルは、公立小学校に在籍する特別な教育的ニーズのある児童を含む全ての児童への包括的な支援を具現化するために作成された支援モデルである。

公立学校には障害に起因する教育的ニーズのある児童だけではなく、母国語や貧困の問題等に起因する教育的ニーズのある児童生徒が在籍している。さらに現代の日本では、学習困難、不登校、不適応、いじめ、虐待、非行、養護問題、慢性疾患、病気療養などの子どもの心身の発達におけるさまざまな「ライフハザード」が示すように、子どもの生活と学習・発達をめぐる諸問題が深刻化している[14]。このように、日本全国の公立小学校に共通する問題が広がり、各学校は深刻化する諸問題を目前に、在籍する児童にある多種多様な教育的ニーズへの対応を迫られている。

本書で提起した「スクールワイドの多層支援モデル」に基づく支援を行うことで、「個」と「集団」への支援、「学習面」の困難さと「行動面」の困難さへの支援という「包括的な支援」が可能になる。このような「包括的な支援」だからこそ、公立小学校に在籍する全ての児童の多種多様な教育的ニーズに対応できるのであり、特別な教育的ニーズのある児童を含む全ての児童への支援を実現できると考える。

4 本書の意義と今後の課題

これまでの研究結果を踏まえ、本書の意義と今後の課題について述べる。

本書の意義の1点目は、学校規模（スクールワイド）の実践的な研究であったために、包括的な支援を具現化できたという点である。学校規模だからこそ校内組織の見直しや会議・委員会の設置、効果的な週時程の設定や教職員の役割分担等が可能になり、全校体制での校内支援システムを構築することができた。その結果、障害に起因する教育的ニーズのある児童のみを対象として限定することなく、多様な教育的ニーズのある児童を含む全ての児童への支援を実現することができたといえよう。本実践研究のようなスクールワイドの取り組みは、筆者が校長だからできたともいえるが、逆にいえば、校長がその気になればどの公立小学校でもできるということである。発達障害児等への対応やいじめ、不登校など、現在の学校現場が抱える教育課題は多い。公立小学校にある教育課題の改善のためにも、本書で提起したスクールワイドの多層支援モデルが再現されることを願う。

2点目は、支援のために構築・運用した校内支援システムが進化発展し、さらに支援の幅

が広がったという点である。コーディネーターの複数（3名）指名や校内委員会の機能別設置は、「個」への支援をより効果的なものにするために考えたものであった。しかし、3名のコーディネーターは「個」への支援を進めるだけでなく、スクールワイドの学習支援においても、スクールワイドの行動支援においても、学校全体を動かすような役割を果たしている。包括的な支援を進めていく中で、コーディネーター自身が成長した。教育的ニーズに気づく眼、個への支援を具現化するためのノウハウ、スクールワイドの支援を展開するための方略等を獲得し、自身の専門性と力量が高まったと考えられる。また、コーディネーター会議はスクールワイドの取り組みのための重要な協議の場となり、その結果、スクールワイドの学習支援・行動支援の実施が可能になった。

担任教師も、学級の児童への包括的な支援を行うプロセスにおいて、保護者・本人への説明と参加の意向確認を行う中でかかわり方を習得し、SST実践を行う中で関連のノウハウを身につけ自身のコミュニケーションスキルを向上させた。

これらは、校内支援システムを構築・運用する中で培われたものであり、それによってさらに支援の幅が広がり、よりよい支援が実現できるようになった。本実践研究におけるスクールワイドの多層支援モデルは、コーディネーターの職務対応力の成長モデルであり、担任教師の力量向上モデルでもあるといえよう。

3点目は、学校全体で取り組んだことにより、発達段階に合った支援の在り方が浮かび上がってきたという点である。第5章の取り出し学習支援において、低学年児童はできなかったことができるようになったことを素直に喜び、中学年児童は自身の学習面での困難さに気づき周囲の目を気にするようになり、高学年児童はできない経験を積み重ね自身の学習面の困難さを自覚しつつもできた時には喜びを表した。本来は、低学年のうちに学習支援を開始することが望ましいが、高学年からでも遅くないという結論を得た。第7章の取り出し小集団SSTでは、低学年に比べ、高学年では自分のコミュニケーションのとり方が上手くないことや友だちと仲よくできないことを自覚しており、取り出しで小集団SSTを行う場合は、できるだけ早い段階（低学年）のうちから開始することが望ましいという結論を得た。

スクールワイドの取り組みの意義は、支援内容やシステムの面だけではない。児童の発達段階に合った支援のあり方が見えてきたことで、さらに低学年、中学年、高学年の発達段階を見通した支援が実現できると考える。

4点目として、取り組みの独自性について言及する。公立小学校では、第1層にあたる全員への指導（通常教育）はすでに各学級で行われており、第3層にあたる集中的な指導（個に特化した指導）は通級指導教室あるいは特別支援学級等で行われている。しかし、第2層にあたる介入指導は、どの学校現場でも実施されていないというのが実情であろう。そこに本実践研究の独自性と意義がある。スクールワイドの学習支援・行動支援として、第2層にあたる取り出しての支援方法を追究したことにより、困難さが気づかれにくいあるいは今後困難さが生じる可能性がある児童等の、多様な教育的ニーズのある児童への支援の可能性が広がったといえよう。

さらにスクールワイドの学習支援においては、国語と算数の全校スクリーニングを実施し、基礎的な読み書きや計算の取り出し学習支援を行った。このように多面的な学習領域を扱ったスクールワイドの学習支援は希少であり、それも実践の独自性と意義であるといえよう。

　最後に、本実践研究に関する今後の課題を述べる。

　本実践研究は、公立小学校に在籍する特別な教育的ニーズのある児童を含む全ての児童への、包括的な支援を行うためのスクールワイドの多層支援モデルの開発を目的とした。そのために包括的な支援の内容と方法の検討、校内支援システムの構築・運用プロセスの検討、支援の効果の検証を重視して研究を進めた。それが故に、総合的な視点で実践全体を見渡した分析及び検討を行った。今後は各層の支援について、さらに詳細に追究する必要がある。例えば、第2層でのスクリーニングテスト結果に対応したカリキュラムの作成や、第3層に位置する事例に行った支援についての詳細な検討が求められる。

　また、開発した支援モデルは、12〜18学級規模の公立小学校を想定したものである。教職員数と児童数はそれに対応しており、さらにその規模で可能な人的リソースを提案している。例えばコーディネーターの3名指名、取り出し学習支援の指導者チーム5名等の人数が該当する。本書で提案したスクールワイドの多層支援モデルが、大規模あるいは小規模の公立小学校で再現可能なものかどうか、またどの部分を取り出せば再現可能か、検討を進める必要がある。

　さらに、本実践研究は公立小学校で行われた実践を土台にした研究であるために、検証方法に課題が残った。他の介入変数の除去[15]や、群間比較の条件の統一[16]が十分にできなかったことがあげられる。教育の現場で実際に行った実践的な研究であるが故に、例えば保護者の希望に沿って方策を変更する等の、その時々の柔軟な対応が必要であった。逆にいえば、そのような柔軟性をもって教育の現場で具現化できたものであるからこそ、各学校現場に提案できるともいえよう。この価値を認めた上で、可能な形でのより客観的な効果の検証方法を検討する必要がある。

【注及び引用文献】
(1) 長谷部慶章・阿部博子・中村真理 (2012) 小・中学校における特別支援教育コーディネーターの役割ストレスに関連する要因. 特殊教育学研究, 49(5), 457-467.
(2) 露口健司 (2008) 学校組織のリーダーシップ. 大学教育出版.
(3) 上野一彦 (2004) 校内支援体制の整備と校長の役割. 教職研修, 32(10), 32-35.
(4) 1998年の中央教育審議会答申「今後の地方教育行政の在り方について」が、「学校の自主性・自立性の確立」を表明して以降、学校（校長）の裁量が拡大し、校長のリーダーシップに基づく創意工夫を活かした教育活動や特色ある学校づくりが求められるようになった。文部科学省 (2007)「特別支援教育の推進について（通知）」においては、「校長の責務」として、「校長（園長を含む。以下同じ。）は、特別支援教育実施の責任者として、自らが特別支援教育や障害に関する認識を深めるとともに、リーダーシップを発揮しつつ、次に述べる体制の整備等を行い、組織として十分に機能するよう教職員を指導することが重要である。」と明記されている。文部科学省 (2010)「特別支援教育の推進に関する調査研究協力者会議 審議経過報告」では、小・中学校においては通常の学級に在籍する発達障害のある児童生徒に対する支援が課題であり、障害のある児童生徒一人一人に対する支援の「質」を一層充実するためには、校長のリーダーシップの下、校内委員会の実質的機能発揮のための全校的体制の構築、個別の指導計画や個別の教育支援計画の作成・活用、教員配置の検討や教員の専門性の向上等に取り組むことが必要であるとしている。
(5) 大石幸二 (2006) 特別支援教育における学校長のリーダーシップと応用行動分析学の貢献. 特殊教育学研究, 44(1), 67-73.
(6) 志水宏吉 (2005) 学力を育てる. 岩波新書.
(7) Gronn. P. (2002) Distributed Leadership, in Leithwood, K. & Hallinger, P. et al. (eds.) Second International Handbook of Educational Leadership and Administration, Dorderecht : Kluwer Academic Publishers.
(8) 露口健司 (2015) 学校改善のリーダーシップ. 篠原清昭編著, 学校改善マネジメント 課題解決への実践的アプローチ. ミネルヴァ書房. 41-59.
(9) 文部科学省は、公立小学校、公立中学校ともに、全学年で計12〜18学級を適正規模としている。本モデルは11〜15学級の2校における実践を基にしており、これより小規模の公立小学校では人的資源の生み出し方が異なってくるため、一部の再現が困難であろうと予想される。
(10) 第4章では、周辺群を含む通常の学級に在籍する児童全員を対象とした介入モデルとしてのRTI（Response to Intervention）を用いた。RTIのモデルは3層から成るピラミッド型の多層構造をしており、各層ごとに徐々に専門性・個別性の高まる指導が行われる。RTIは、米国の学習障害の早期発見・早期対応を目指す校内システムであり、早期介入指導のプロセスと障害を識別するプロセスが一体化している点に特徴がある。図4−1を参照。Fuchs. D., & Fuchs. L. S. (2006) Introduction to Response to Intervention: What, why, and how valid is it?. Reading Research Quarterly, 41, 93-99.
(11) RTI (Response to Intervention) 同上.
(12) SAM (School-wide Application Model) 前掲. SAMは、RTIの3層モデルを基盤にしたモデルで、教育的取り組みを「学習面」と「行動面」の2つのシステムに分け、教育的取り組みを1次的な取り組み、2次的な取り組み、3次的な取り組みと3層構造に分けて検討することを特徴としている。
齊藤由美子・藤井茂樹 (2009) 米国における教育のシステムチェンジの試み：カリフォルニア州ラベンズウッドシティ学校区における「学校全体で取り組むモデル (School-wide Application Model: SAM)」の実践. 世界の特別支援教育, 23, 57-70.
(13) 河村茂雄 (1999) 楽しい学校生活を送るためのアンケート Q-U実施・解釈ハンドブック. 図書文化社. スクールワイドの実践において、全校児童に対して効率的に評定尺度等による評価を行うためには、標準化されている市販の評定尺度を活用するのは合理的な方法の一つである。Q-Uは標準化されており、十分な信頼性と妥当性が検証された心理尺度として、第6章、第7章の実践研究で用いた。測定尺度としてのQ-Uの限界性については第6章の課題で述べたが、校内検討の結果、第7章でも引き続きQ-Uを用いた。担任教師が学級経営に活用できる、保護者への説明のためにも単年度使用ではなく継続使用が望ましい、研究効果の検証のために多種類の評価尺度を使用して担任教師や児童への負担を課すのはよくない、という理由からであった。
(14) 高橋智 (2007) 特別支援教育・特別ニーズ教育のシステム. 日本特別ニーズ教育学会編, テキスト特別ニーズ教育. ミネルヴァ書房. 13-24.
(15) 小野寺正己・河村茂雄 (2003) 学校における対人関係能力育成プログラム研究の動向−学級単位の取り組みを中心に−. カウンセリング研究, 36(3), 272-281. SST実践の効果検証にあたり、統制群を設定する困難さと他の介入変数の除去が課題であるとしている。
(16) 第4章における指導実施群（F小）と比較対照群（J小）の2群間の学習条件を指す。堀部要子 (2019)「書き」の効果に着目した多層の読み書き指導モデルの検討. LD研究, 28 (1), 96-110.

索　引

英数字

1次的な取り組み　158, 159
2次的な取り組み　158, 159
3次的な取り組み　158, 159
3層の指導　82, 98
ICD-10　107
MIM　80, 82
　——-PM　80
MT　84
PDCA サイクル　27, 32, 49, 67
PTA 総会　36, 70, 114, 115, 144, 150, 166
Q-U　32, 141, 145, 146, 154, 160, 169
Q-U 得点　141
RTI　11, 79, 80, 99, 104, 119, 182, 201
　——モデル　79, 80
SAM　182, 201
ST　84
SV　153, 162
SWPBS　158
t 検定　120, 121, 147, 169

ア行

アクション・リサーチ　12
アセスメント　31, 44, 68
誤り修正　83, 85, 95, 98
アンケート　160, 163, 167, 168, 169, 174
意識　125
一斉　82, 206
　——指導　87
異年齢　178
インクルーシブ教育システム　9, 27, 62, 105
インストラクション　145, 165, 167
院内学級　54
運営委員会　38, 114, 143, 166
　学校改善——　111, 112, 142, 150, 152, 161, 192
運用　180
　——過程　74, 129, 178, 180, 197
エクササイズ　144, 150, 164, 166, 207
　——の説明　167
演示　84
応答（移動）　99
音　79
　——と文字の変換　98
　——の抽出　88
音韻　81, 98
　——意識　78, 79, 88, 95, 96, 98, 120, 121
　——分解　79
音声化　84, 87, 88, 98, 120, 121
音節構造　80

カ行

階層的予防アプローチ　158
解読指導　80
カイ二乗検定　92
介入指導　79, 99, 105, 120, 188
介入変数の除去　183, 210
外部講師　71, 72
かかわり　169, 172, 173, 180, 181, 182
書き　98
　——の学習効果　98, 99
　——の習得　95, 98, 187
　——の練習　85
書き取りゲーム　89
学習　128
　——意欲　128
　——形態　86
　——効果　98
　——困難　125
　——障害児　80
　——条件　100
　——到達度検査　133
　——面　97, 190
　——面（で）の困難さ　187, 188, 201
　——面と行動面の両面の困難さ　204
学習支援　12, 15, 78, 80, 99, 103, 106, 108, 109, 112, 119, 120, 161, 188, 201, 206, 207, 208, 209
　——システム　105, 109, 188
　——方法　80
　学級規模（クラスワイド）の——　187
　学校規模（スクールワイド）の——　187
　個に特化した——　201
　児童集団への——　12
　集中的な——　104, 105
学年　207
　——相応　125
　——の実態　163
学力テスト　133
数える方略　121
課題　89, 153, 173, 195
カタカナ　106
　——書字　107, 121, 117
　——単語　121
　——聴写課題　121
学級　178
　——規模　15, 96, 99

――経営　206
　　――児童全員　142
　　――集団　82, 153
　　――全体　124, 173
　　――単位　139, 140
学校　8
　　――間比較　100
　　――間要因　93, 98
　　――規模　10, 11, 15, 99, 105, 107, 140, 151, 188, 200, 208
　　――効果研究　199
　　――全体　124, 139, 157
　　――適応　151
活用　152
仮名文字　79
カリキュラム　132, 207, 208
環境調整　128, 130
観察　150, 161, 169, 167
漢字学習　107
漢字の構成要素　121
管理職　51, 59, 66, 67, 71, 73, 74, 75, 115, 130, 150, 153, 166, 178, 180, 195, 198
キーパーソン　197
記憶再生　86
基礎的環境整備　57
基礎的な学力　125, 132, 188
基礎的な内容　206
気づき　71, 167
基本訓練モデル　145
救急カード　53, 57, 60
教育課題　154, 174, 183, 194, 198, 208
教育課程履修　205
教育支援　10, 33, 190
　　――委員会　35, 54, 64, 192
教育的ニーズ　8, 9, 10, 124, 181, 186, 200, 208
　　――のある児童を含む全ての児童　8, 200
教科の補充指導　46, 105, 106
協議　150, 190, 196, 198
教材研究　29, 38
教師　15, 173
　　――集団　152, 199
　関係――　174
　担任――　32, 37, 47, 49, 50, 71, 72, 73, 74, 89, 90, 96, 108, 114, 115, 130, 145, 150, 151, 153, 166, 167, 174, 177, 178, 180, 189, 195, 197, 198, 206, 207, 209
教職員　15, 74
　　――間　50

　　――間の共通理解及び連携　193
　　――への支援　28, 70, 72, 73, 74
共通理解　32, 35, 38, 50, 60, 65, 70, 114, 125, 143, 147, 150, 151, 152, 166, 174, 186, 190, 192, 197
教頭　36
協働　180
教務主任　36, 72, 74, 150, 153, 162, 166, 174, 178, 180
業務遂行　180
記録　167, 197
緊急時対応マニュアル　54, 55, 57, 60
勤務時間　195
具体物　96
クラスワイド　12, 15, 78, 142
グルーピング　116
群
　　――間比較　210
　　――間要因　123, 124
　　――別の変容　160
　　――分け　171
　3――　188
　高――　171
　通常――　122, 123, 124
　低――　171
　低――児童　172
　取り出し――　122, 123, 124
　指導実施――　81, 83, 90
　統制――　183
　比較対照――　81, 90
　通級――　122, 123, 124
ぐんぐんタイム　111, 112, 115
ぐんぐんファイル　112, 117, 196
経験　128
　　――年数　173, 174
計算
　　――技能　107
　　――能力　107
　　――方略　122
継続的　140, 157, 159, 172, 174, 181
計量テキスト分析　160
ケース会議　29, 32, 33, 35, 44, 48, 50, 60, 66, 67, 68, 71, 186, 194, 196
ゲーム感覚　207
限局性学習症（SLD）　107
言語音　98
言語性短期記憶　95, 96, 98
研修　70, 72, 153, 162
　校内――　206

ミニ——会　29, 38
兼務　30
語彙　85
　——・知識　125
　——指導　80
合意　114, 152, 166, 192
　——形成　27, 33, 35, 60, 61, 62, 195
効果　97, 141, 152, 160, 190
　——（の）検証　100, 183, 188
　——の検証方法　210
交互作用　123, 124, 171
構成員　195
構成要素　107
後続学習　99, 133, 188
構築　128, 180
　——過程　74, 129, 178, 197
校長　36, 74, 131, 162, 166, 178, 199
　——室開放　45
　——の責務　131, 199
行動観察　147
行動支援　12, 13, 15, 154, 157, 159, 160, 161, 181, 190, 201, 206, 207, 208, 209
　——方法　138
　学級規模（クラスワイド）の——　188
　学校規模（スクールワイド）の——　157, 188
　3層の——　189
　児童集団への——　12
　集団への——　13
行動変容　147, 173
行動面の困難さ　138, 140, 188, 189, 201
校内委員会　11, 14, 27, 32, 35, 50, 67, 75, 193, 194, 195, 208
　——全体会　29, 32, 33, 35, 38, 45, 46, 48, 49, 50, 64, 65, 66, 67, 147, 186, 194, 195
　——の機能別設置　209
　3つの——　32, 33, 186
校内
　——検討　132, 181
　——支援体制　11, 14, 20
　——組織　35, 190, 208
　——連絡会　51
公立小学校　8, 11, 99, 182, 200
合理的配慮　27, 57, 59, 60, 61, 75, 131
交流及び共同学習　57, 69, 173
交流学級　145, 205
コーディネーター　29, 30, 31, 32, 33, 35, 36, 38, 44, 50, 66, 67, 69, 71, 73, 74, 110, 115, 130, 150, 153, 162, 163, 166, 167, 173, 177, 178, 180, 194, 195,

196, 209
　——会議　29, 31, 32, 33, 35, 43, 46, 49, 50, 66, 67, 68, 70, 109, 112, 114, 116, 118, 119, 131, 143, 150, 152, 162, 167, 174, 178, 180, 188, 192, 194, 198
　——業務　194
　——の複数指名　29, 30, 193, 208
　——の専任化　30
　3名の——　31, 193, 198
　特別支援教育——　11, 14, 193
　複数（3名）の特別支援教育——　186
　複数——　50, 68, 69, 186
　複数——システム　75, 193
個人懇談会　45, 90, 114, 130, 162, 174
個人差　79
語頭音　79
殊音節表記の読み書き　88
個別　105
　——指導　106, 115
　——の教育支援計画　38, 39
　——の指導計画　39
コミュニケーション　144, 178
　——スキル　167
　——の課題　173

サ行

作業療法士　42, 54
サポート　74, 180, 195, 197, 198
参加の意向確認　195, 197
算数障害　107
算数能力　107
支援　97, 153
　——員　62
　——策　79
　——者　190, 200
　——者への支援　75, 186, 193, 195
　——者を支援　27, 70
　——ツール　70
　——の仕組み　10, 11
　——の対象　27
　——の手順　27, 67, 68, 190
　——プロセス　72
　——方策　32, 33, 66, 74, 195
　——方法　154, 196
　——モデル　11, 208
　学校規模（スクールワイド）の——方法　103
　「学習面」の困難さと「行動面」の困難さへの——　11, 190
　集団への——　8, 12, 13, 14, 35, 204

集団への──モデル　200, 201, 204
　　集団への指導・──　200
　　集中的な──　205
　　「個」と「集団」への──　11, 190
　　個別──ファイル　38, 39, 45, 196
　　個への──　8, 12, 14, 35, 50, 67, 204
　　個への──モデル　200, 204
自覚　177
視覚情報　98
視覚認知処理　95, 98
時間　193
　　──設定　174, 182
　　──や人的資源の制約　132, 194, 200
自己
　　──修正機能　95
　　──認識　47, 128
　　──否定感　48, 128
　　──評価　48, 128
　　──評価の高まり　172
　　──評定　139, 168, 169, 171, 173, 175, 176, 181
仕事量　193
視察派遣　150
視写　83, 86, 88, 95
思春期　128
システム　62, 130
　　──（仕組み）づくり　12
　　──運用　174
　　──構築　74, 199
　　共通理解及び連携の──　196
　　校内支援──　11, 12, 14, 27, 29, 30, 35, 49, 61, 72, 74, 75, 103, 111, 128, 131, 132, 140, 142, 150, 151, 152, 154, 160, 161, 166, 178, 180, 182, 186, 187, 193, 197, 198, 199, 200, 208
　　校内支援──構想図　27
　　校内支援──構築・運用過程　180
　　校内──　173
　　個への支援──　190, 192
　　支援──　70, 96, 97, 99, 106, 107
　　集団への支援──　190, 192
　　相談──　70, 186, 188, 195
　　トリプルコーディネーター──　68
四則演算　107
視知覚検査　43, 45
実験者効果　111, 125, 161
実践モデル　154
実態把握　68, 71, 72, 206, 207, 208
指導
　　──Ⅰ（第1層）　84

　　──Ⅱ（第2層）　85
　　──Ⅲ（第3層）　85, 86
　　──経過要因　93, 123, 124, 171
　　──者　108, 162, 177, 206
　　──者チーム　111, 130, 131, 132, 181, 197, 206, 207
　　──体制　89, 108
　　──と支援　15
　　──プログラム　83
　　集中的な──　92, 96, 99
児童
　　──間　173
　　──間要因　171
　　──期　126
　　──全員　56, 124, 125, 132
　　──相互　173
　　──本人　167
指名　196, 198
社会的訓練プログラム　139
社会的行動スキル　139
社会的スキル　171
周囲の児童　47, 56, 127, 130, 173
自由記述　161, 168, 169
週時程　208
集団　140, 178
周知　108
習得状況　110, 206
習得率　97
授業　104
　　──研究　29, 38, 104, 206
　　──研究会　162
　　──実践　104
　　──づくり　150, 174
　　──のユニバーサルデザイン化　104, 115, 201
　　──方法　173, 174
主効果　93, 123, 124
主治医　51, 59, 61
出現頻度　121
巡回指導　72
巡回相談　26, 29, 38, 42, 54, 58, 60, 70
障害者教育法（IDEA）　79
障害者の権利に関する条約　9
小集団　207
状態像　96
状態把握　27, 33, 53, 71
少人数グループ　88, 95
情報
　　──共有　150, 196

──交換　190, 196
　　　──収集　32, 33, 53, 66, 72
　　　──提供　60
初期過程　180
職員会議　38, 114, 143, 166, 192
職務　194
書字　87, 89, 106
　　　──活動　96, 98
　　　──指導　81, 83
　　　──特徴　106
　　　──能力　106
自立活動　46, 105
事例検討会　29, 38, 72, 162
身体機能　60
人的
　　　──資源　131
　　　──な環境整備　60
　　　──リソース　206, 207
親密性　177
信頼感　177
信頼関係　171, 195, 196
心理尺度　141
心理臨床技法　139
数学的能力　107
スーパーバイザー　143
スキル　70, 163, 169, 171, 172, 173, 174
　　　──の向上　181, 189
　　　ターゲット──　144, 151, 181
　　　標的──　139
スクールカウンセラー　31, 32, 36, 46, 72
スクールワイド　12, 13, 15, 99, 103, 107, 108, 109, 110, 111, 112, 131, 132, 142, 154, 157, 161, 182, 183, 209
　　　──SST　13, 158, 159, 161, 163, 164, 166, 167, 174, 178, 189, 190, 201
　　　──の（多層）支援モデル　14
　　　──の学習支援　201, 104
　　　──の行動支援　201
　　　──の支援　201
　　　──の多層支援モデル　13, 204, 208, 209
　　　──の取り組み　180, 182, 194
スクリーニング　104, 106, 107, 108, 125, 128
　　　──検査　79, 99, 104, 109, 116
　　　──テスト　103, 111, 112, 114, 115, 116, 119, 124, 132,
　　　全校──　209
　　　全校──検査　188
　　　全校──テスト　109, 132, 133

スケジュール　112, 113, 131, 132, 143, 163, 174, 181
スタッフトレーニング　144, 167, 173, 178, 189, 196, 207
全ての児童　99, 140, 204, 208
　　　──への指導・支援　187
成功体験　128
正答率　92
説明　56, 60, 90, 130, 144, 150, 162, 167, 174, 195, 197, 207
　　　──・周知　70, 166, 195
　　　──者　90, 96, 187
　　　──方法　90, 96, 187
全校児童　168, 189, 206
全校体制　138, 142, 153, 208
全保護者　108
専門家　29, 37, 74
専門機関　29, 37, 71
専門性　31, 62, 70, 72, 153, 180, 194
早期発見　99, 133, 187, 188
相談　31, 32, 71, 74, 130, 131, 150, 153, 167, 193, 197
　　　──者　36, 45, 73, 196
　　　──の場　60
　　　──窓口　28, 32, 36, 37, 70, 195
　　　教育支援に関する──　36
　　　教育──　58, 60
　　　就学前──　37
　　　自由教育──　37
　　　保護者──　54, 71
ソーシャルスキル（SS）　138, 139, 150, 151, 152, 153, 172, 189
　　　──を意識したかかわり方　152
ソーシャルスキルトレーニング（SST）　11, 13, 138, 139, 145, 166, 167, 168, 169, 172, 173, 174, 189
　　　──実施者　166
　　　──実践　13, 142, 148, 150, 152, 153, 160, 166, 171, 174, 180, 181
　　　──タイム　152, 172
　　　学級集団──　139, 144, 154, 171
　　　学級単位の集団──　189
　　　クラスワイド──　13, 138
　　　個に特化した──　158, 159, 189, 201
　　　集団──　139, 140
　　　小集団──　162, 167
　　　スクールワイド──　159, 160
　　　短時間──　140, 151, 189
疎外感　126
促音　84
測定尺度　141, 154, 163, 171, 181, 183

タ行

第1層　104, 105, 158, 161, 178, 189, 200, 201, 205
第2層　104, 105, 109, 132, 158, 161, 178, 188, 189, 200, 205
第3層　104, 105, 158, 189, 200, 205
対応策　56
体験　150, 152, 167, 169, 182
対象児童（対象児）　110, 116, 118, 162, 173, 200, 206
対象人数　118, 119
対人関係　167, 177
　　――育成　139
　　――やこだわり等　138
多重比較　123, 124
多層（3層）
　　――の学習支援モデル　104, 157, 158
　　――の行動支援モデル　157, 158, 182
　　――（の）支援モデル　200, 201, 203
　　――の指導モデル　12, 80, 81, 95, 98, 99, 100, 187, 200
多動性－衝動性　138
多様な教育的ニーズ　10, 99, 125, 182
多様なニーズ　62, 75
多様な学びの場　105
単語構成ゲーム　88
単語頻度分析　160, 167, 168, 169
短時間　157, 172, 174, 181
単純主効果の検定　93, 98, 123, 171
チーム　130
　　――アプローチ　108
　　――支援　67, 194
逐次読み　89
知能検査　31, 32, 45, 46
中核的な検討組織　190
長音　84
聴覚認知処理　95, 96, 98
聴写　83, 85, 86, 87, 95, 117, 121
　　――課題　89, 98, 107
　　単語――課題　83
調整済み残差　92
治療法　138
治療方針　53
通級
　　――指導教室　9, 10, 35, 44, 46, 72, 105, 115, 159, 167, 182, 205
　　――指導教室担当者　206, 207
　　――による指導　9, 10, 35, 46, 99, 105, 106, 117, 118, 119, 174

通常
　　――教育　105
　　――の学級　10, 79, 200
　　――の学級「集団」　12
　　――の学級児童全員　80, 187
　　――の学級集団全体　79
　　――の学級に在籍する児童全員　81, 95
ツール　38, 39, 196, 197
つまずき　97, 106, 118, 128
抵抗感　130, 177
低成績者　97
適切な指導及び必要な支援　8, 9
手続き　106, 107
伝達講習　150
動機づけ　85, 86, 96
　　内発的――　128
同時運用　192
導入方法　153, 154, 189
同年齢　178
時程　205
特異的障害　107
独自性　209
特殊音節　83, 106
　　――表記　81, 86, 96
　　――表記の読み書き　82, 88
　　――ルール　80, 85
　　――を含む平仮名単語　121
特殊教育　9, 20
得点分布　92
特別支援学級　9, 10, 35, 53, 56, 57, 59, 69, 99, 105, 173, 205
　　――在籍児童　145, 166
　　――担任　57, 173
特別支援教育　8, 9, 20
　　――資料　10
　　――部会　38
特別な教育的ニーズのある児童　20, 187, 200
　　――を含む全ての児童　11, 183, 190, 201, 205, 208
特別な支援を必要とする幼児児童生徒　9
鳥取大学方式　80, 81
取り扱いルール　196
取り出し　85, 104, 126
　　――（による）学習支援　12, 35, 43, 48, 103, 104, 105, 106, 109, 110, 111, 112, 114, 115, 130, 132, 133, 174, 188, 201
　　――時間　89, 90, 96
　　――小集団SST　13, 158, 159, 160, 161, 162, 167, 174, 177, 178, 183, 189, 201

ナ行

仲間媒介法　139
流れ図　190
苦手　176, 177
　　――意識　96, 128
二元配置分散分析　93, 122, 171
にこにこタイム　142, 148
二次障害の予防　140
認知特性　106
ネガティブ　126
年間行事計画　174

ハ行

場　196
配慮　126, 130, 195
拍　120, 121
　　――打ち　84, 87, 88, 89
撥音　84
発見　97, 124
発達
　　――障害　9, 37
　　――性読み書き障害児　106, 121
　　――性読み書き障害周辺群　79
　　――性読み書き障害周辺児　79
　　――段階　209
　　――段階を見通した支援　209
　　――的変化　128
　　――の節目　47, 48, 128
場の兼用　192
早い段階　97, 177
般化　139, 152, 173, 174, 181, 189
　　――効果　154, 173
汎用性　180, 195
引き継ぎ　39, 196
被験者間　171
引っ込み思案　177
必要条件　194
評価　49, 98, 178, 192
　　――検討会　161, 162
病弱
　　――・身体虚弱児　51, 60, 61
　　――・身体虚弱種　53, 56
　　――教育　60
　　――教育専門家　58
標準偏差値　97
評定　171
　　――尺度　160, 169, 206
平仮名
　　――単語　83
　　――単語聴写課題　120
　　――文字　78, 86, 96
　　――文字の読み書き　88
開かれた集団　178
フィードバック　145, 165, 167, 173, 174
負担　130, 199
　　――を軽減　193
不注意　138
不適応　10
不登校　10
振り返り　163, 167
プレゼンテーション　36, 150
プログラム　140, 144, 153, 159, 163, 164, 181, 207, 208
プロフィールシート　53
文書　166
分析方法　154
ペア活動　150
変容　173
包括的な支援　11, 12, 190, 199, 200, 201, 204, 208
保護者　71, 90, 130, 162, 166, 167, 174, 178, 195
　　――・本人　37, 197
　　――周知　189
　　――全員　150
　　――との相談　36, 45, 50, 55, 58
　　――との連携　186
　　――への支援　28, 73, 197
　　――への支援システム　70, 71
　　――への説明　114
　　――面談　51
ポジティブ　125, 127, 167, 169
　　――な効果　152
　　――な変容　152, 154, 177, 189
補足
　　――説明　167
　　――的な学習支援　104
　　――的な支援　205
　　――的な指導　99
本人　71, 90, 130

マ行

マイナス影響　99, 133, 188
間違い　97
マニュアル　196
慢性疾患　51, 59
未整備状態　180
見直し改善　49, 74, 178, 192
モーラ　84
　　――分解　88

文字の想起　88
モデリング　145, 165, 167
モデル　167

ヤ行

役割　69, 129, 130, 160, 166, 180, 195, 196, 197, 209
　──分担　29, 31, 49, 69, 75, 112, 113, 131, 132, 143, 152, 181, 186, 193, 194, 208
友人意識　171
ユニバーサル　104
　──な支援　205
拗音　84
要件　132, 180, 207
養護教諭　36, 51, 59, 75
要支援児童　81
拗促音　84, 120
拗長音　84
横の関係　126
予防
　──的　154
　──的な支援　96, 103, 125
　──法　139
読み　98
　──の習得　81, 95, 98, 187
読み書き　78, 87, 97, 106, 125
　──指導　12, 81, 87
　──指導プログラム　80, 81, 84, 95
　──障害児　79
　──入門期　78

ラ行

リーダー
　──シップ　11, 69, 74, 180, 197, 198, 199
　──シップ実践　199
　──層　199
　公正的──シップ　74
　校長の──シップ　131
　変革的──シップ　74
　ミドル──　74, 131, 153, 180, 194, 198, 199
理解啓発　73
理解促進　150
リスク児　79
リハーサル　144, 145, 165, 166, 167
倫理的な配慮　30, 82, 89, 110, 142, 161
連携　69, 89
　──ツール　118, 196
　──のためのシステム　186
連絡　118
　──帳　87

──調整　31, 68, 72, 131, 180
労力　199

あとがきにかえて

　公立小学校に身を置いていると、さまざまな教育課題への対応に迫られます。中でも、多種多様な困難さを示す子どもたちに、どのように支援を進めていくかということが、私にとって一番大きな課題でした。先生も保護者も対応に困っていて、実は子ども本人も困っていました。それでも、「今、この子に何ができるか」を自問自答しつつ、よりよい支援の実現を願い、力を尽くしました。このような子どもたちへの支援の軌跡を記したものが本書です。この本を手に取っていただきました方々と、よりよい支援の実現という願いを共にできたらと思います。

　本書は、学位論文『公立小学校における特別な教育的ニーズのある児童を含む全ての児童へのスクールワイドの多層支援モデルの開発』をもとにしたものです。実践及び研究を進めるにあたり、多くの方々にご指導とご協力をいただきました。学位審査委員の山本理絵教授、堀尾良弘教授、内田純一教授、湯浅恭正教授、渡部昭男教授には、審査過程で貴重なご意見やご示唆をいただきました。心よりお礼申し上げます。愛知県立大学大学院博士後期課程に入学してから常に温かく支援してくださった山本理絵先生、小学校勤務の頃より研究協力者として研究の基礎を与えてくださった樋口和彦先生、勤務校にお越しいただきご指導くださった曽山和彦先生、研究データの解析について丁寧にご指導くださった堀尾良弘先生、三山岳先生、論文表記や記述方法について詳細にご指導くださった内田純一先生、修士論文執筆にあたって温かく励ましながらご指導くださった島田博祐先生、河辺信秀先生、論文執筆の構想や記述の方法をご指導くださった野中健一先生、また一緒に学んだ院生の皆さんに心より感謝申し上げます。本書はこれらの方々との対話といただいたご支援にもとづき生まれたものです。

　また、本書の実践の舞台となった公立小学校2校の全ての教職員の皆さま、保護者の皆さま、児童のみなさんに、心よりお礼申し上げます。最後の勤務校であった小学校では、校長の退職後も校内支援システムが機能し、スクールワイドの学習支援・行動支援が継続していると聞き、ありがたいことと感謝しています。そして、ともに校内支援システムを構築し運用したミドルリーダーの殿塚卓先生、熊谷希美先生、近藤良太先生、水野敦夫先生、坂部有紀子先生、ともに支援に取り組んでくださった教職員チームの皆さんに心から感謝します。彼らからいただいた「他校を巡回していると、自校の支援システムの確立は奇跡に近いと感じます。このシステムを構築していく過程を体験できたことは、素晴らしい財産です。」という言葉は、今でも私の宝です。

　本書にある実践及び研究にあたっては、日本学術振興会より平成29年度科学研究費補助金（奨励研究）の助成を受けることができました。また、本書の出版を心よく引き受けてくださったジアース教育新社の加藤勝博氏と、丁寧に原稿の校正をしてくださった西村聡子氏に感謝の意を捧げます。

　最後に、私の体調を心配しながらも温かく見守ってくれた家族に心からの「ありがとう」を贈ります。

2024年8月　　堀部　要子

［著者紹介］
　1958年（昭和33年）生まれ。愛知県立大学文学部を卒業後、公立小学校に教諭として勤務した。2020年3月、愛知県立大学大学院 人間発達学研究科 博士後期課程修了。博士（人間発達学）。現在は、名古屋女子大学児童教育学部教授。おもに特別支援教育の領域において、校内支援システム、読み書き支援、リーダー行動、SSTなどの研究をおこなっている。

［おもな著書］
「校内支援体制の構築」山口薫編著『親と教師のためのLD相談室』中央法規、2011年（233-241）
「校内支援体制の整備と機能化」柘植雅義編『ポケット管理職講座　特別支援教育』教育開発研究所、2014年（129-139）
「確実におさえたい！発達障害への基本的な支援の在り方」諸富祥彦編集代表『特別支援と愛着の問題に生かすカウンセリング』ぎょうせい、2022年(40-43)
「校内支援システムの構築：特別支援教育コーディネーターを中心に」曽山和彦編著『子どもを応援するための特別支援教育』北樹出版、2024年（38-48）

学校全体で取り組む！
特別な教育的ニーズのある児童を含む全ての児童への支援
－公立小学校におけるスクールワイドの多層支援モデル－

令和6年10月17日　初版第1刷発行

■著　　者　　堀部 要子
■発 行 人　　加藤 勝博
■発 行 所　　株式会社 ジアース教育新社
　　　　　　　〒101-0054　東京都千代田区神田錦町1-23　宗保第2ビル
　　　　　　　TEL：03-5282-7183　FAX：03-5282-7892
　　　　　　　E-mail：info@kyoikushinsha.co.jp
　　　　　　　URL：https://www.kyoikushinsha.co.jp/

　　　　　　　■表紙・本文デザイン・DTP　　土屋図形 株式会社
　　　　　　　■印刷・製本　三美印刷 株式会社
　　　　　　　Printed in Japan
　　　　　　　ISBN978-4-86371-702-2
　　　　　　　定価は表紙に表示してあります。
　　　　　　　乱丁・落丁はお取り替えいたします。（禁無断転載）